추천의 글

이 책은 발로 쓴 글처럼 느껴진다. 본문 곳곳에 선교현장에서 경험한 저자의 삶과 저자가 만난 동료 선교사들의 실체가 그대로 드러난다. 예컨대, 저자는 선교사들이 국내에서 일하는 사역자들이나 일반 성도에 비해 특별한 돌봄이 필요한지 묻는 질문에 적절하게 대답하고 있다.

선교사들은 상대적으로 사생활이 적은 편이다. 그들은 마치 무대 위에 놓인 듯하다. 사역자의 가정은 타인의 관찰과 지속적인 평가 대상이 된다. 그 가정이 사역에 적합한지, 전문성이 있는지, 그리고 사역의 효율성과 열매가 있는지, 그리스도를 반영하고 있는지 등 여러 평가를 받기 마련이다. 선교사들이 새로운 장소에서 새로운 임무를 수행한다는 것은 상당히 큰 도전이 아닐 수 없다. 일상에 필요한 모든 것을 채우는 일은 또 다른 도전이다. 선교사들은 항상 새롭게 줄곧 변화하는 상황 속에 몸담고 있다. 그들이 사역하는 국가에 전염병, 재정 파탄, 정국의 불안정, 통신 체계의 마비 등이 발생할 수도 있다.

따라서 이런 상황에 처한 선교사들을 돌보는 일은 주먹구구식으로 이뤄지면 안 되고 전문적인 수준에서 수행되어야 한다. 그동안 한국 교회는 선교사 파송에 대해선 많은 신경을 쓰면서도 정작 선교지에서 선교사들이 부딪히는 문제들에 대해서는 거의 모르거나, 문제를 알더라도 어떻게 대처해야 할지 모르고 있었다. 그러다가 최근에 여러 사건들이 발생하여 돌봄에 대한 논의가 커지고 있는 상황에서 이 분야의 베테랑인 저자의 책이 우리 글로 출판되는 것은 참으로 고무적이다. 이 책은 선교단체 지도자와 선교사는 물론, 선교사를 후원하는 교회의 지도자들도 반드시 읽어야 할 필독서라 강력하게 추천하는 바이다.

손창남 선교사 | 한국 OMF 동원사역 대표

선교현장에서는 과거 어느 때보다 멤버 케어에 대한 관심이 더 많아지고 있다. 어떻게 하면 선교사들이 더 건강하고 탄력적이고 효과적인 선교사역을 할 수 있도록 그들을 돌볼 수 있을까? 멤버 케어의 필요성은 점점 커지고 있음에도 그 구체적인 지침은 찾아보기 힘들다. 본서는 이런 갈증을 풀어 주고도 남음이 있는 책이라 확신하기에 선교사역에 동참하는 모든 사람에게 적극 추천한다.

이금주 박사 | 말레이시아 침례신학대학 선교학 교수

나는 오랫동안 멤버 케어 사역의 선두에 서서 대인관계의 문제, 스트레스, 탈진, 실패감 등에 시달려 귀국하는 많은 선교사를 상담했다. 다시 선교지로 돌아가지 못할 것 같은 절망을 안고 들어오지만 상담과 회복그룹에 참여한 결과 차츰 정신, 육체, 영이 건강하게 회복되어 선교지로 복귀하는 모습을 보곤 했다. 그래서 선교사들에게 시의적절한 멤버 케어가 얼마나 중요한지를 절감하고 있다. 특히 선교사의 정신건강을 도모하려면, 심리적 적응력, 사회문화적 환경과 상황에 대처하는 능력, 회복을 가져오는 탄력성, 다양한 사람들과 공존하는 역량 등을 증진시키는 총체적 멤버 케어가 무엇보다 중요하다. 그런데 한국선교는 아직도 멤버 케어의 중요성에 대한 인식이 부족한 실정이다. 이제는 '포괄적 멤버 케어 시스템' 구축에 정말로 힘써야 할 시점에 와 있다고 생각한다.

이런 현실을 감안할 때 세계적인 멤버 케어 전문가로 위클리프 성경번역선교회의 멤버 케어 시스템 구축에 크게 기여한 가드너 박사의 『선교사 멤버 케어 핸드북』의 출간은 무척 의미심장하다. 무엇보다도 저자가 멤버 케어 현장에서 오랜 기간 사역하면서 얻은 경험을 근거로 이 책을 써서 구체적인 도움을 준다. 특히 아시아인들을 위한 멤버 케어의 실제를 다루고 있어서 한국 선교계의 멤버 케어 전문가, 선교단체, 파송교회, 후원자, 선교사들에게 실질적인 유익을 주기에 조금도 부족함이 없다. 적극 추천한다. **이현숙 박사** | 터닝포인트 상담소장

한국선교는 동원과 훈련, 파송의 과정은 세밀하게 준비하고 신속하게 진행하는 장점이 있지만 파송 이후 선교사 관리는 많은 허점을 드러낸다. 나 역시 많은 훈련과 준비 과정을 거쳐 신속한 파송을 받았으나 선교지에 발을 내딛는 순간 모든 것이 낯설고 막막했던 경험이 있다. 멤버 케어의 개념에 관심을 갖기 시작한 것은 선교지에서 신참 선교사로 좌충우돌할 때였다. 당시 선교사가 겪는 문제들을 친절하고 적절하게 도와줄 기관이나 매뉴얼이 있으면 좋겠다는 생각이 들었다.

귀국해서 멤버 케어와 관련한 본국 사역을 하게 되었는데, 그 중요성을 절감

한 나머지 한국인의 정서에 맞는 멤버 케어를 전문적으로 연구하고픈 생각이 들었을 정도였다. 다행히 최근에는 멤버 케어에 관한 세미나와 포럼이 종종 열리고 멤버 케어에 대해 고민하는 전문가 그룹들이 생기고 있다. 그런데 아직도 멤버 케어 사역을 심도 있게 다루진 못하고 피상적인 수준에 머물고 있다는 느낌이 든다. 그 원인은 어쩌면 전문성의 부재에 있을지 모르고, 따라서 멤버 케어에 대한 관심이 선교 전략이나 정책으로 이어지지 못하고 있다는 인상을 지울 수 없다.

이런 상황에서 접한 본서는 멤버 케어란 영역의 차원을 몇 단계 격상시킨 공을 세웠다고 격찬하고 싶은 마음이 든다. 1부에서는 멤버 케어의 정의(定議)로 시작하여 그 행정적 기능의 필요성과 인사 담당 시스템을 일목요연하게 잘 정리해준다. 2부에서는 멤버 케어의 영역을 준비단계와 현지단계, 재입국단계로 구분하여 8가지 주제를 심층적으로 다루고 있다. 서구인의 저술이지만 문화적 차이를 느낄 수 없을 정도로 다양성과 균형, 그리고 조화를 잘 이루고 있는 역작이다. 타문화권 사역자를 파송한 선교단체들은 반드시 보유해야 할 필독서다. 멤버 케어 담당자나 전문기관은 당장 적용할 수 있는 수많은 통찰을 발견하게 될 것이다. 나는 이 책 덕분에 이제는 멤버 케어에 대한 연구의 길을 접어도 되겠다고 생각하기에 이르렀다. **정재철 선교사** | 아시아미션 대표

당신은 사역자인가? 주님께서 우리를 사역자로 부르시고 보내시는 목적을 아는가? 이는 바로 "돌봄"이라고 할 수 있다. 자기중심의 삶만 부추기는 세상에서 주님이 원하는 진정한 사역자가 되고 싶다면, 당신은 돌보는 사람이 되어야 한다.

가드너 박사는 당신을 돌보는 사역으로 초대한다. 주님의 부르심과 보내심에 순종하여 우리가 돌보는 책임을 다해야 한다고 강조하며 모든 크리스천을 돌봄의 대상으로 삼고 있다. 평신도는 물론이고 직분을 받은 자와 목회자에 이르기까지 그 범위는 참으로 폭넓다. 우리를 위해 가드너 박사는 성경을 기초로 실제적이고도 구체적인 돌봄의 방향과 방법을 제시해준다.

이 책의 모든 독자는 하나같이 그 돌봄의 중심에 서 있다. 돌봄을 받는 대상인 동시에 돌봄을 제공하는 주체이기 때문이다. 우리가 예수님과의 만남을 통해 영생을 얻고 인생이 송두리째 변화된 것처럼 우리를 만나는 모든 사람이 힘을 얻고 살아난다면 얼마나 기쁠까?

이 기쁨에 동참하길 원한다면 이 책을 당장 집어라! 읽어라! 당신의 도움이 절실히 필요한 멤버들에게 행하라! 당신을 통해 목말라하는 멤버들이 생명의 오아시스를 만나게 되리라. **진재혁 목사** | 지구촌교회 담임

오늘날 타문화권 선교현장은 갈수록 더 열악해지고 있다. 선교현장에서 사역하는 선교사들은 육체적, 정신적, 영적 압력을 받아 스트레스와 탈진을 경험하고 있다. 인간의 몸과 마음과 영은 통합되어 있어서 선교인력에 대한 돌봄은 전인(全人)과 삶의 전 영역을 포괄하는 총체적인 것이어야 한다. 멤버 케어의 범위는 선발, 선별, 훈련, 현장, 재입국, 은퇴를 모두 아우른다. 지난 8년간 내가 하트스트림 선교사 멤버 케어 센터와 해외 선교현장에서 멤버 케어 사역을 하며 느낀 점은 "사람이 중요하다"는 것이다. 하나님은 그분의 백성을 세상에 보내시고 목자 없는 양처럼 내버려두는 분이 아니다. 하나님은 선교사들이 사역의 가시적 열매를 극대화하기 위해 온 힘을 쏟고 탈진하는 모습을 보길 원치 않고, 그분의 성품을 닮아 서로 사랑하고 서로의 짐을 지는 돌봄의 공동체를 원하신다. 그분의 자녀들이 열악한 선교지의 극한상황을 단지 견뎌낼 뿐 아니라 기쁨으로 사역을 감당하는 건강하고 탄력적인 공동체를 세우기를 바라신다.

가드너 박사의 오랜 경험에서 나온 이 책은 선교인력에 대한 전문적인 돌봄뿐만 아니라 선교단체 멤버 케어 담당자들과 지역교회에도 적용 가능한 포괄적인 멤버 케어 이론과 실제를 모두 담고 있다. 특히 지역교회와 선교단체의 멤버 케어 과정에서 일어날 수 있는 다양한 사례들을 소개하고 효과적인 해결방안을 명쾌하게 제시한다는 점에서, 선교사와 선교단체 케어담당자, 지역교회 케어담당자는 물론 전문가들에게도 매우 유용할 것이다. 한국교회가 이 책을 통해 선교사 돌봄의 중요성을 바로 인식할 뿐 아니라 적극적으로 실천함으로써 하나님의 선교가 아름답게 성취될 수 있기를 간절히 바란다.

최형근 박사 | 서울신학대학교 선교학 교수

선교사
멤버케어
핸드북

HEALTHY, RESILIENT, AND EFFECTIVE
IN CROSS CULTURAL MINISTRY -
A Comprehensive Member Care Plan

© 2015 Laura Mae Gardner
Originally published 2014 in Bahasa Indonesia as:
SEHAT, TAANGGUH, DAN EFEKTIF,
DALAM PELAYANAN LINTAS BUDAYA-
Penduan Lengkap Member Care.
Publisher: Komunitas Katalis, Grha Gloria

선교사 멤버케어 핸드북

로라 매 가드너 지음 | 백인숙 · 송헌복 옮김

아바서원

전 세계에서 타문화 사역에 참여하는
그리스도 안의 형제자매들, 그들이 소속한 단체들,
그리고 그들 뒤에 서 있는 교회들에게
이 책을 바칩니다.

차례

• 일러두기

"m"이나 "m's" 같은 약자는 기독교 타문화 사역자들을 가리킨다.

감사의 말

책은 저자 한 사람이 쓸 수 있는 게 아니다. 보통은 여러 사람의 도움을 받는다. 나의 경우에는 트라우고트와 한니 뵈커의 도움이 없었다면 이 책이 탄생할 수 없었을 것이다. 그들의 편집 기술과 세심한 주의, 그리고 지속적인 격려는 너무나 소중했다. 그들의 도움에 참으로 감사한다.

다른 두 사람도 언급해야겠다. 내가 하는 모든 일을 한결같이 지지해주는 남편, 리차드 가드너는 내 어려움을 들어주고 지혜로운 조언도 해주었다. 고마워요, 딕.

그리고 국제 HR(인적자원) 전문가이며 오랜 친구인 케이 윌리엄스가 초기 편집인으로서 내용을 고치고 표현을 손질하여 내가 상상했던 것보다 훨씬 좋아졌다.

이들은 친구와 조언자와 동료, 그리고 기도와 영으로 함께한 기도 파트너들을 대표하는 사람들이다.

끝으로, 이 책을 쓰면서 나는 여러 나라에서 일하는 아시아 사역자들로부터 많은 도움을 받았다. 이 책이 아시아 사역자들만을 위해 쓰인 건 아니지만 독자는 아시아의 현실을 반영하고 있음을 알게 될 것이다.

하나님께서 여러분 모두를 축복하시길 기도하며 하나님께 감사드리는 바이다!

추천 서문

1996년 4월 세계복음주의연맹 선교위원회(WEA Mission Commission-이후는 WEA MC) 주최로 역사상 첫 멤버 케어 국제대회가 영국 올네이션스 크리스천 칼리지 캠퍼스에서 개최될 예정이었다. 당시 필자는 WEA MC 회장(1994-2002)으로 네 번에 걸쳐 주제 설교를 해야 했다. 그런데 런던에 도착해 점심식사를 하는 도중 한국 본부(한국해외선교회-이후는 GMF)로부터 갑자기 알바니아에 있는 선교사의 자녀가 사망했다는 소식을 들었다. 그 선교사 가정은 파송되기 전에 이미 어려운 위기를 겪은 터라 상처가 겨우 아물어가던 중이었는데 한 살 밖에 안 된 아들이 갑자기 사망했다는 청천벽력 같은 소식이었다. 그 부부가 부모로서 받을 엄청난 충격을 생각하다가 필자는 하나님께 이런 질문을 드렸다. "과연 하나님께서는 주님의 사역자들을 돌보실 의도가 있으신가요?"

그 대회는 멤버 케어 중에서도 특히 "선교사의 조기 탈락을 어떻게 미연에 방지할 수 있는가"에 초점을 맞추었으며 이를 위한 사전 연구 발표도 함께 이루어졌다. 전 세계를 대표하는 30개국 115명의 참가자들이 세계선교 역사상 처음으로 선교사 멤버 케어 대회를 갖게 된 뜻깊은 순간이었다. 당시에 토의한 주제 중 몇 가지만 예로 들어보겠다. "왜 선교사에게 멤버 케어가 필요한가?" "이들은 이미 모든 것을 갖춰서 더 이상 멤버 케어가 필요 없는 성숙한 용사들이 아닌가?" "멤버 케어가 선교사들의 야성을 떨어뜨리지는 않겠는가?" "이로써 약골 선교사들을 양산하게 되는 것은 아닐까?" "과거에는 필요하지 않았던 것이 왜 지금 갑자기 필요한가?"

이러한 회의적인 질문에도 불구하고 마침내 이 대회에 참석한 대표들은 이구동성으로 선교사들에게도 멤버 케어가 절실히 필요하다는 데 동의했고, 이후 멤버 케어는 선교연구 분야의 정식 연구 주제가 되었다. 그 대회 이후 지난 20여 년 동안 나온 대표적인 책들을 몇 권 열거하면 다음과 같다.

월리암 테일러, 『잃어버리기에는 너무 소중한 사람들』(죠이선교회, 1998)

켈리 오도넬 편저, 『선교사 멤버 케어: 세계적 관점과 실천』(기독교문서선교회, 2004)

Rob Hay, et. al. Eds. *Worth Keeping: Global Perspectives on Best Practice in Missionary Retention*(Pasadena: Carey, 2007)

브라암 빌름, 마리나 프린스, 『멤버 케어: 선교사와 사역자를 위한』(한국해외선교회, 2010)

문상철 외, 『한국 선교사 멤버 케어 개선 방안』(한국선교연구원, 2015)

이번에 출판되는 『선교사 멤버 케어 핸드북』의 특징은 앞의 책들과는 달리 멤버 케어의 아주 실제적인 문제들을 통합적으로 다뤘다는 점에 있다. 각 장마다 꼭 필요한 주제를 다루었고, 각 장의 끝에는 내용 요약이 있어 한 눈에 살펴볼 수 있게 구성되어 있다. 지금까지 멤버 케어의 모든 면을 이처럼 통합적으로 단 한 권에 다룬 책은 없었다. 본서는 멤버 케어의 구체적인 방법과 더불어 큰 그림을 그려주고 있어서 선교단체와 교회가 파송선교사와 사역자는 물론 교인들까지 돌보는 데 큰 유익을 주고 멤버 케어 시스템을 구축하는 데도 큰 도움을 주는 지침서이다.

저자를 잠깐 소개하겠다. 저자인 로라 매 가드너(Laura Mae Gardner-일명 "Larrie" Gardner) 박사와 그 남편 딕 가드너(Dick Gardner) 선교사는 50여 년 동안 미국 위클리프 성경번역 선교회 파송을 받아 성경번역 사역을 했고, 후에 위클리프 및 SIL 멤버 케어 시스템을 구축하는 데 리더십을 발휘했다. 뿐만 아니라 250편이 넘는 글과 여러 책을 저술했다. 가장 중요한 점은 저자가 오랫동안 실제로 멤버 케어를 해온 베테랑이고, 수많은 사람을 위해 강의와 훈련을 한 대가이며, 한국에도 몇 차례 왕래하며 "멤버 케어 시스템 구축"을 위한 세미나를 개최한 바 있다는 사실이다.

저자와 남편은 이 책을 한국어로 출판할 수 있는 권한을 필자에게 부여해 주었고, 이 책의 내용은 싱가포르, 인도네시아, 미국 내 여러 선교단체들을 통해 임상시험을 거친 것이다. 본서가 모든 선교사와 교회의 선교위원들과 목사들의 손에 쥐어져서 선교사들과 교회 사역자들을 위한 멤버 케어 사역이 한층 더 진전되기를 진심으로 기원하면서 이 책을 적극 추천하는 바이다.

이태웅(선교학 박사)
한국해외선교회 글로벌리더십포커스 원장

머리말

마태복음 25장은 이야기로 가득하다. 처음 두 이야기는 "하나님의 나라는…와 같으니"로 시작하는 은유이다. 첫 이야기는 예기치 않은 날에 오실 왕에 대한 준비를 다루고 있다. 둘째 것은 하나님이 그의 일꾼들에게 제각기 얼마의 달란트를 주셨든 그것을 지혜롭게 활용하고 투자하는 것에 대한 이야기다. 이번에도 확실하나 정확히 언제인지는 모르는 왕의 귀환을 담고 있다.

이 두 이야기 내지는 비유들도 정신을 바짝 차리게 하지만 세 번째 이야기야말로 우리를 더욱 사로잡는다. 그 이야기는 궁극적인 심판의 근거에 대해 논하고 있다. 어려움에 빠진 사람들 - 그 문제가 배고픔, 목마름, 소외, 노숙, 추위, 헐벗음, 질병, 투옥 등 무엇이든 - 을 우리가 어떻게 대하는지가 심판의 근거라는 것이다.

이러한 상태는 타문화 사역자들이 겪는 고통스런 경험이다. 감사하다는 말, 잘 이해한다고 확신시켜주는 말, 유능한 사역자로 인정하는 말에 대한 굶주림, 교제와 동반자관계에 대한 목마름, 이방인이요 외부자요 낯선 자임에도 불구하고 환영받고 싶은 심정, 필요한 게 있어도 공급받지 못하는 상태, 홀로 아픔을 견뎌야 하는 상황, 나쁜 습관이나 중독, 엉성한 도구들, 부적절한 준비, 희미해지는 비전, 약화되는 믿음, 늙으면서 약해지는 육체.

타문화 사역자들은 종종 이러한 영역에서 힘겨운 씨름을 하지만 스스로 해결책을 찾지 못하곤 한다. 만약 기독교 공동체인 우리가 그들을 구비시키고 지원하는 역할을 담당하지 않는다면, 어떻게 그들이 유능하고 건강하고 탄력적인 사역자들이 되겠는가?

우리 사역자들은 돈과 안락함, 편리함과 오락 등 모든 것이 풍족한 사회 출신일 수 있다. 또는 아주 가난한 기독교 공동체의 파송을 받아 후원이 미미한 사역자일 수도 있다.

이 사역자들은 세계화, 상호접속, 테크놀로지, 불안한 사회, 노골적인 악, 갈등으로 점철된 세계로 들어가고, 때로는 파송교회의 비전이 희미해지는 문제가 발생하기도 한다. 그들은 외로움과 갈등, 유혹, 메마름, 자기 모니터링, 영적 전쟁 등으로 채색된 과업을 떠맡게 된다.

이 책의 1부는 타문화 사역자들을 포괄적으로 돌보는 계획에 관한 것이다. 멤버 케어와 관련된 구조적이고 행정적인 사안들을 다룬다. 1부는 이 사역의 시작에 관해 다루는 셈이다.

이 책의 2부는 우리 사역자들이 직면하는 특정한 도전들에 초점을 맞춘다. 2부는 이 사역의 끝에 관해 다루는 셈이다. 우리 사역자들은 전 세계에서 우리를 대표하는 사람들이다. 그들은 그들의 몫을 하고 있는 만큼 우리도 우리의 몫을 감당하자.

사도 바울은 경건하고 영적인 사람이었다. 동시에 현실적이기도 했다. 그는 어떤 사람들은 그릇된 선택과 행습, 중독과 죄스러운 활동에 빠질 것을 알았다. 그리고 많은 사람이 홀로 감당할 수 없는 버거운 짐을 지게 될 것을 이해했다. 아울러 어떤 자들은 그들 자신의 짐을 지기를 원치 않고 자기 책임을 회피하려고 한다는 것도 알았다. 그는 또한 일부 사람은 자기 행동의 결과를 피하려 한다는 것도 인식하고 있었다.

갈라디아서 6장에서 바울은 돕는 자의 관점에서 이러한 행위를 하나

하나 다루고 있다. 그리스도인들이 어떤 죄스러운 행습에 빠지게 될 때, 영적이고 성숙한 지도자들은 그들을 돕고 교정하거나 훈계할 책임이 있다. 홀로 너무 버거운 짐을 지고 있는 자들은 그리스도의 몸, 멤버 케어 담당자, 주위의 친구들을 바라볼 것이다. 이것이 바로 '서로서로' 돌아보는 모습이다. 그리고 책임을 회피하려는 사람들에게는 그들에게 개인적 책임이 있다는 점을 바울이 상기시킨다.

모든 신자를 향해서는 바울이 모든 행동과 생활양식과 선택에는 결과가 따르고, 그 결과는 씨를 뿌리고 열매를 거두는 것처럼 예측이 가능하다고 지적한다.

타문화 기독교 사역이 직면하는 도전들을 고려하면 우리 모두는 동료들에 대해 책임이 있음을 절감하게 된다. 우리가 믿음이 성숙하고 삶의 경험이 풍부한 지도자이든, 멤버 케어 담당자이든, 친구이든, 홀로 우리 자신을 책임져야 하는 입장이든, 이 책은 각각의 입장에서 할 수 있는 일을 제안한다.

이제 우리가 타문화 사역에 종사할 때 우리 주변의 도전들에 대해 눈을 열고, 이 책에서 논의하듯 서로에 대한 우리의 책임을 이해하도록 하자. 바울은 경건하고 현실적이고 지혜로운 사람이었다. 우리 역시 그리스도의 몸으로서 돕는 역할을 수행할 때 경건하고 현실적이고 지혜롭게 되기를 간절히 바란다.

로라 매 가드너(목회학 박사)

Part I

든든한
토대를
쌓으려면

01

멤버 케어:
왜 필요한가?

멤버 케어(member care)란 우리 사역자들이 그들의 단체와 교회에 의해
돌봄과 지지를 받는다고 느끼도록 하고, 그들이 효과적으로 사역하고 자
신과 가족을 잘 돌보는 데 필요한 자원을 갖고 있다는 확신을 품을 수 있
도록 합당한 모든 조치를 취하는 것이다. 이는 선교사가 효과적이고 지속
가능한 삶과 사역과 일을 수행하도록 늘 준비시키고 구비시키고 능력을
부여하는 포괄적인 과업이다(글로벌 멤버 케어 네트워크 정의, 2008).

멤버 케어의 유익

멤버 케어의 여러 유익한 효과는 다음과 같다. 좋은 돌봄은

- 탈락을 줄이고 보존율을 높인다. 시의적절한 돌봄은 사람들이 조직
  을 너무 빨리 떠나는 것을 방지한다. 사람들은 돌봄을 받고 있다고
  느낄 때 자신의 과업과 그 조직체 내에 더 오래 머물 가능성이 높다.

- 사기를 진작시킨다. 조직이 안전한 장소이고, 지도자들이 사역자들을 좋아하며 지지할 때, 사람들이 서로를 기뻐할 때에는 사기가 충천한다.
- 성과를 높인다. 사기가 높고 행복한 사람들은 일을 더 열심히 하고 더 오래 한다. 그들은 자신이 하는 일이 중요하며 자기가 주목받고 있음을 안다.
- 지원자를 끌어들인다. 우리는 종종 이런 말을 듣는다. "행복한 멤버가 우리의 최고 동원가이다." 유망한 후보들은 어떤 기관에 가입하기 전에 거기가 어떤 곳인지 알기 원한다. 그래서 그들은 질문을 던진다. 그리고 한 기관의 홍보는 그 실제와 다를 수 있다는 걸 알기 때문에 현재의 멤버들에게 물어본다. 그들이 종종 알고 싶은 바는 이것이다: "여기서는 멤버 케어가 실행되고 있습니까?"
- 물론 좋은 돌봄은 비용 효율적이라 돈을 절약해 준다. 노련한 사역자 한 명을 대체하려면 엄청난 비용이 든다. 우리가 이미 보유하고 있는 일꾼들을 잘 지키고 지지하며 돌보도록 하자.
- 보호. 자기 멤버를 잘 돌보는 좋은 선교단체는 비상시 출구 전략이 있다. 그런 기관은 신체적인 보호뿐 아니라 정서적이고 영적인 보호까지 고려해서 지도와 기도, 교제와 후원을 제공하는 경건한 팀이다.
- 예방. 당신의 동료가 똑같은 자격 및 선발 과정(성격과 심리 검사, 추천서 점검, 성경 지식, 등)을 통과했음을 알게 되면 부적절한 행동을 예방하는 안전장치가 내장되어 있다는 것을 다시 확신하게 된다.

이는 좋은 이유들이다. 하지만 여러 결과일 뿐이다. 물론 타당하다. 그러나 "왜?"라는 질문에 대한 적절한 대답은 아니다. 나는 성경이야말로 멤버 케어의 참된 근거를 제공한다고 믿는다.

멤버 케어의 성경적 근거

1. **성경적인 근거는 예수님의 모범에서 찾을 수 있다.** 예수님은 무엇보다도 섬김과 관계의 면에서 훌륭한 모범을 보이셨다. 그는 제자들을 "그와 함께 있게 하려고" 부르셨다(막 3:14). 그렇게 함으로써 그는 관계를 맺으셨다. 그들과 함께 하며 그들에게 멘토링을 하고, 코칭을 하고, 도전도 하고, 그들 앞에서 다른 이들을 가르치고, 그들이 바라보는 가운데 기적을 일으키셨다. 다른 사람들이 제자들을 비판할 때 그들을 변호하셨다(마 12:1-8). 그들의 발을 씻기셨으며(요 13) 그 일을 끝낼 때 "내가 한 일을 이해하느냐?"고 물으셨다. 이어서 "너희도 내 본을 따르라"고 말씀하셨다. 무엇보다도 그는 그들을 사랑하셨다. "그들을 사랑하시되 끝까지 최고로 사랑"하셨다(요 13:1).

2. **예수님은 얼마만큼 돌보셨나?** 그는 천국을 떠나(요 3:16, 빌 2장), 자신을 낮추시되(빌 2장) 죽기까지 하실 정도로 돌봄을 베푸셨다. 그들을 위해 죽을 만큼 돌보신 것이다. 발을 씻길 정도로 돌보셨다. 그는 군중이 목자 없는 양떼처럼 굶주리고 지치고 길을 잃은 것을 알아차릴 만큼 그들에게 관심을 품으셨다. 베드로가 완전히 실패했다고 느꼈을 때 그에게 찾아가 그를 회복시킬 정도로 돌보셨다. 그는 세계 복음화의 과업을 그들에게 위임할 정도로 관심을 품으셨다. 우리 대부분이 처음 배운 성경 구절은 요한복음 3장 16절 "하나님이 세상을 이처럼 사랑하사 독생자를 주셨으니…"란 말씀이다. 예수님처럼 사랑한다는 것은 주는 것, 그리고 실제적인 돌봄을 제공하는 것을 포함한다.

3. **성경은 기독교 사역자를 돌보는 것의 본보기를 보여준다.** 그 돌봄은 꼭 필요했고, 돌봄이 필요하다는 것은 부끄러운 일이 아니다. 예수님과 그 제자들은 주변의 자원에 의존하였다(눅 8:1-3; 막 15:40-41); 바울은 교회

와 교회 대표들에게 의존하였다. 그는 교회의 이름으로 주어지는 돌봄을 받았다. 바울은 그의 제자들을 많이 돌보았다. 그리고 그의 제자들을 보내 다른 사람들을 돌보게 했다(살전 3:2, 6-7). 바울은 믿는 자들에게 실제적인 방법으로 돌봄을 베풀라고 명령했다(살전 5:11-14). 바울은 상호 돌봄의 모델을 보여 주었다. 그는 돌봄을 받았고, 또한 교회뿐 아니라 개인들에게도 돌봄을 베풀었다(고후 11:29).

4. **고린도전서 12장에 나오는 그리스도 몸의 비유**는 그룹이 제대로 작동하려면 몸의 모든 부분이 필수적이라는 사실을 보여준다. 그리고 각 부분을 소중하게 여기고 그 가치를 인정해야 한다. 몸의 각 부분은 은사를 갖고 있으며, 그 은사는 온 몸 안에서, 온 몸을 위하여, 온 몸을 대신하여 사용되어야 한다.

5. **예수님은 서로서로 돌보는 상호 돌봄을 기대하고 또 명령하셨다.** 신약 성경에는 '서로서로'라는 말이 55회나 나온다. 서로를 향한 그러한 사랑은 그리스도인의 표지이다(요 13:34, 35) – 부록 1을 보라.

6. **예수님은 기독교 지도자들에게 하나의 역할, 모델, 즉 목자의 모델을 주셨다**(행 20:28, 벧전 5:2). 그는 자신을 선한 목자(요한 10장)와 목자장(히 13:20)으로 묘사하셨다. 예수님은 베드로에게 "내 어린 양을 먹이라, 내 양을 치라, 내 양을 먹이라"(요한 21장)고 명령하셨다. 다윗은 하나님의 백성을 목양하도록 하나님의 부르심을 받았으며, 그는 "참된 마음으로 그들을 돌보고 능숙한 손으로 그들을 인도하였다"(시 78:70-72).

7. **가장 준엄한 하나님의 징벌 가운데 하나**는 에스겔 34장과 이사야 58장에 나오는데, 그것은 **신실치 못하고 돌보지 않는 목자들과 관계가 있다.** 목자를 묘사하는 가장 부드러운 표현 중의 하나가 이사야 61:1-8절에 나온다. 이 구절들은 하나님의 백성 가운데 어떤 종류의 돌봄이 있어야 하는지를 묘사하고 있다. 신약 성경에서 예수님은 종교지도자들이 고

아와 과부들에게 야박하게 행동하고, 심지어는 성경을 그릇 해석한 전통을 핑계로 자기 가족들을 돌보지 않는 것에 대해 가장 신랄한 책망을 하셨다(마 23장).

대계명과 지상명령

나는 왜 멤버 케어/사역자 케어에 대해 이처럼 열정적인가? 나의 이유(WHY)는 무엇인가? 그것이 복음 메시지의 본질적 일부이고 가시적인 부분이라고 믿기 때문이다. 대계명이란 "새 계명을 너희에게 주노니 서로 사랑하라. 내가 너희를 사랑한 것 같이 너희도 서로 사랑하라. 너희가 서로 사랑하면 이로써 모든 사람이 너희가 내 제자인 줄 알리라"(요13:34, 35)는 말씀이다. 이것은 바로 우리가 지상명령(마 28:18-20)을 수행하는 방식이다. 나는 또한 하나님의 백성의 선한 청지기직은 옳고 성경적이라고 믿는다. 마태복음 25:31-46절에 나오는 마지막 심판에 대한 내용을 읽어보면 심판의 근거가 어려운 사람들에게 돌봄을 베푸는 일과 관련이 있다는 것을 알게 된다. 얼마나 정신을 번쩍 들게 하는 말인가!

　"그리스도인이란 세상에서 들리는 온갖 혼탁한 목소리들 가운데서 그로 하여금 온 지성과 감정을 다해 자기 자신을 아낌없이 내어주게 만드는 유일한 목소리가 있다고 고백하는 사람이다. 그 목소리는 바로 예수 그리스도이다. 그[그리스도인]는 그의 온 마음과 힘과 지성을 다해 그분을 믿는 사람이다."(엘튼 트루블러드, *Call of the Committed*, p. 23).

우리의 인간관

이 믿음의 한 요소는 우리의 인간관과 관련이 있다. 스카이에 제타니

(Skye Jethani)는 『하나님의 상품』(*Divine Commodity*)에서 세 가지 인간관이 있다고 말한다.

- 사람들은 하나님의 형상으로 창조되었기 때문에 소중하고 존중과 돌봄을 받을 가치가 있는 존재로 보아야 한다.
- 종교 기관과 세속 기관이 흔히 상투적으로 말하듯이 사람들은 "우리의 최상의, 최대의 자원"이다. 이것은 공리주의적 요소를 지니고 있다. 사람들은 우리의 목적을 위한 수단인즉 그들을 돌보는 일은 공리주의적 문제이다. 우리는 그들로부터 더 많은 걸 얻기 위해 그들을 돌본다.
- 사람들은 이용하되 충분히 이용하고, 다 써먹은 다음엔 내버리고 대체해야 할 존재이다. 그들은 하나의 상품처럼 취급된다.

나는 멤버 케어 – 이를 어떻게 부르든지 – 란 것이 성경적 토대를 갖고 있어야 한다고 믿는다. 그러한 돌봄을 실행하는 성찰적 실무자들은 돌봄을 못 받는 이들이 종종 자신을 '이용당하고 내버려지는' 존재로 느낀다는 사실을 알아야 한다. 이것은 비극이다. 하나님이 주신 계명과는 전혀 다르다.

타문화에서 멤버 케어의 필요성

사역 현장으로 눈을 돌리면 선교사의 과업은 세심한 돌봄이 필요한 온갖 위험을 안고 있음을 알 수 있다.

1. 선교사역은 보통 사단이 지배하는 외국 영토에서 치러지는 영적 전쟁이다.
2. 많은 행정가들은 어쩌면 잘 돌보는 사람일지 모르나 아파하는 멤버

들에게 필요한 돌봄을 베풀 만한 시간이 없다. 그리고 때로는 그들의 어려움을 듣고서도 어떻게 도와야 할지 모른다.

3. 성경은 '서로서로' 도우라는 명령으로 가득 차 있다. 이는 우리가 서로서로 도울 필요가 있고, 때로는 전문적인 도움이 필요하다는 것을 전제한다.

4. 선교사역에 몸담는 사람들 중에 상처가 많은 이들이 늘어나는 추세이고, 그들은 기본적인 삶의 기술을 잘 모른다. 예를 들면, 부부관계를 잘 맺는 법, 좋은 부모가 되는 법, 목사가 없이 자신의 영적 생활을 유지하는 법을 잘 알지 못한다. 일부는 깨어진 가정 출신이라 제대로 양육을 받지 못해 관계를 맺고 유지하는 법을 몰라서 어느 정도 전문적인 도움과 돌봄이 필요하다. 우리 모두는 영적 멘토를 통해 경건하고 건강한 모델을 볼 필요가 있다.

5. 타문화권에서 관계를 맺는 것은 어려운 일이다. 이는 종종 많은 아픔을 야기하고, 오해로 인한 마찰은 해결하기가 어렵다.

6. 어느 때보다 지금은 정치적 불안정, 위험, 폭력, 그리고 불확실성이 더 많은 시대다. 그래서 사회 불안, 경제적 빈곤, 흔들리는 경제, 또는 전쟁 위협 등으로 인해 스트레스 수준이 매우 높다.

7. 온갖 유혹도 어느 때보다 더 강하다. 욕구불만과 분노, 가족 학대와 폭행, 인터넷 포르노와 다른 형태의 부도덕함, 또는 실망과 우울증에 빠질 위험이 많다.

8. 누구나 관심과 격려를 받을 필요가 있다. 선교지에는 집안과 가족 및 친척으로부터 멀리 있다는 느낌, 고립감, 과업에 대한 부담 때문에 외로움이 만연되어 있다.

(부록 7 "타문화 사역자들이 경험하는 스트레스 요인들"을 보라.)

우리 부부가 위클리프를 위해 멤버 케어를 개발하기 시작했을 때 우리에게 무슨 비전이 있었는지 잘 모르겠다. 지금 뒤돌아보면, 그때 우리에게 비전이 있었던 것 같다. 우리는 위클리프가 사람을 잘 돌보는 공동체로 알려지기를 원했고, 우리 멤버들이 소중히 여겨지고 존중과 돌봄을 받는다는 걸 알게 되기를 원했다. 그리고 우리는 사역자의 생애 전체에 걸쳐 돌봄을 제공하는 시스템을 개발하고 싶었다. 나는 모든 파송기관과 후원교회들이 이 비전을 공유하고 있다고 믿는다.

01 "멤버 케어: 왜 필요한가?" 요약

왜 타문화권 기독교 사역자들은 멤버 케어가 필요한가?

1. 일차적인 이유는 예수께서 몸소 그 제자들을 돌보시는 모범을 보였다는 사실
   이다.

2. 돌보라는 명령과 많은 본보기들이 신약성경에 널리 퍼져있다.

3. 구약과 신약에서 하나님의 가장 신랄한 책망 가운데 일부는 어려운 자를 돌보
   지 않은 목자들(목사들, 지도자들)을 향한 것이다.

4. 돌봄은 복음 메시지의 가시적인 일부이다.

5. 요한복음 13:34, 35절의 대계명은 우리가 마태복음 28:18-20절의 지상명령을
   순종하는 방법 중 하나이다.

6. 오늘날의 타문화권 상황에 비춰보면 타문화 사역자들을 위한 멤버 케어가 꼭
   필요하다.

02

멤버 케어:
누구의 책임인가?

멤버 케어는 선교기관과 원조단체는 물론 일반 비즈니스 세계와 종교 공동체에서도 매우 주목을 받고 있는 주제이다. 비영리기관 뿐 아니라 영리기관의 지도자들은 그들을 위해 일하는 사람들을 돌보는 것에 대해 생각하기 시작했다.

비즈니스 세계가 이 주제에 대해 생각하는 것은 왜 중요한가? 그런 조직 내에서 일하는 사람들은 그 조직의 성공에 필수적인 존재이기 때문이다. 이 점은 파송단체에게도 그대로 적용된다.

우리와 같은 기독교 사역자들은 우리 사역자들을 돌봐야 할 이유가 또 하나 있다. 그것은 올바른 일이기 때문이다! 사람들을 잘 돌보는 것은 사역의 기간, 멤버들 간의 사기, 생산성 향상, 그리고 숙련된 사역자들의 보존에 기여한다. 돌봄을 잘 받는 멤버들은 계속해서 열심히 섬기고 다른 사람들과 더불어 일하고 싶은 동기가 유발되고, 더 좋은 결실을 맺으며 그 기관에 더 오래 머무르게 될 것이다. 좋은 돌봄은 비용 효율적이라 돈을 절약한다. 멤버 케어의 가장 중요한 이유는 하나님의 말씀이 그것을 명령하고 있다는 사실이다. 이것은 1장에서 길게 논한 바 있다.

베드로는 베드로전서 5장 2-3절에서 교회 지도자들과 장로들에게 이렇게 말한다. "너희 중에 있는 하나님의 양 무리를 치되 억지로 하지 말고 하나님의 뜻을 따라 자원함으로 하며, 더러운 이를 위하여 하지 말고 기꺼이 하며, 맡은 자들에게 주장하는 자세를 하지 말고 양 무리의 본이 되라."

『뉴리빙 바이블』은 이 구절들을 다음과 같이 번역하고 있다. "당신에게 위탁된 하나님의 양떼를 돌보라. 마지못해 하지 말고 기꺼이 양떼를 지켜보라, 그로부터 당신이 얻을 이익을 위해 하지 말고 하나님을 열심히 섬기고픈 마음으로 그리하라. 당신의 돌보는 손길에 맡겨진 사람들 위에 군림하지 말고 당신의 좋은 모범으로 그들을 인도하라."

『메시지』 번역판은 이런 개념들을 제시한다. "내가 드릴 말씀은 이것입니다. 여러분은 목자의 근면함으로 하나님의 양떼를 보살피십시오. 억지로 하는 것이 아니라, 하나님을 기쁘시게 해드리려는 마음으로 하십시오. 얼마나 이익을 얻게 될지 따져 보고 하는 것이 아니라, 자발적으로 하십시오. 위세를 부리듯 사람들에게 무엇을 시키는 것이 아니라, 부드러운 자세로 모범을 보이십시오."

마태복음 25장 31-46절은 최후의 심판에 관한 이야기이다. 그 심판의 근거는 여섯 가지의 어려움을 겪는 사람들에게 베풀어진 돌봄이다. 하나님은 "나는 선한 목자라, 선한 목자는 양들을 위하여 목숨을 버리느니라"고 친히 말씀하시며 그의 백성들에게 보여준 모범과 같이 우리도 그런 친절한 돌봄을 베풀기를 기대하신다.

사람들을 돌보는 일의 중요성은 복음서들 곳곳에 나오는 예수님의 모범 외에도 많은 구절들이 강조하고 있다.

멤버 케어의 전반적인 그림을 보기 위해 우리는 켈리 오도넬 박사 부부와 데이비드 폴록(마조리 포일의 도움으로)이 개발한 모델을 제시하는 바이다. 그 도표에서 다섯 개의 동심원은 타문화 사역자들에게 적용되는 멤버 케어의 다섯 영역 내지는 출처를 묘사하고 있다.

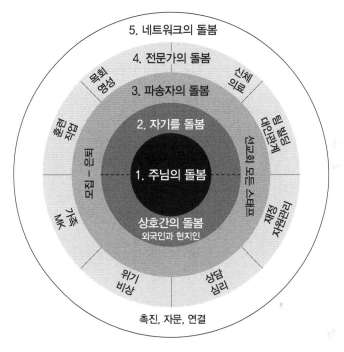

©2000 Kelly O'Donnell and David Pollock

영역(출처) 1: 주님의 돌봄

이 모델의 핵심에는 주님의 돌봄의 역할이 있다. 아무리 훌륭한 멤버 케어라도 사역자의 삶에 필요한 하나님의 돌봄을 대체할 수는 없다. 우리가 예수님을 돌봄을 실천한 최고의 인물로 본다면 그분은 위로하는 자, 평안을 주는 자, 도전하는 자, 도발하는 자, 멘토, 자극을 주는 자였다고 할 수 있다. 그는 응석을 받아주고 달래주는 자, 정죄하는 자, 또는 벌을 주는 자가 아니다. 그는 성령의 역할을 통해 우리를 가르치는 선생이요 우리를 인도하는 자요 돕는 자요 우리의 친구가 되는 분이다.

주님이 베푸는 돌봄은 멤버 케어의 심장이다. 우리와 그리스도의 관계는 우리의 안녕과 효과적인 사역에 꼭 필요한 기본요소이다. 멤버 케어 자원들은 우리와 주님의 관계를 강화시켜 주고, 우리로 다른 사람들을 격려하도록 돕는다. 우리는 사람들이 주님과 관계를 맺고 늘 동행하도록 격려하기 위해 모든 수단을 동원해야 한다.

영역(출처) 2: 자기 돌봄과 상호간의 돌봄 또는 친구관계

주님의 돌봄으로부터 바깥으로 움직이면 두 번째 영역이 나오는데, 이는 자기 돌봄과 상호 돌봄 또는 친구관계의 두 부분으로 되어 있다.

a. 자기를 돌봄

먼저 자기 돌봄에 초점을 맞추면 우리가 자신을 위해 할 수 있고 또 해야 할 일이 많다는 걸 알게 된다.

선교기관은 준비단계에서 어떤 후보자가 불확실성과 불공정함, 실망과 상실이 가득한 미래의 사역에 대처하는 데 필요한 심리적 및 영적인 건강을 갖고 있고 또 유지할 수 있는지를 어떻게 알 수 있을까?

여기서 위클리프의 인사담당 팀을 위해 내가 작성한 문서를 인용할까 한다. 거기에는 장래의 타문화 사역자가 지닌 건강을 보여주고 또 증진시키는 관찰 가능한 행동들이 17가지로 정리되어 있다.

건강의 17가지 표지

1. 성경에 대한 전문지식, 일상생활을 위해 하나님의 말씀을 섭취하고 스스로를 지탱하며, 그 말씀의 기준과 본보기와 가르침을 활용할 줄 아는 능력.
2. 다양한 동료들과의 대인관계 기술: 의사소통, 갈등 관리와 해결, 신뢰관계의 구축, 사역 스타일, 인종, 나이, 가치관 등이 다른 사람들과 동역하기 등.
3. 리더십 스타일이 다른 리더/사역자와 원만한 관계를 맺음, 리더 및 당국자들과 신뢰관계를 형성하는 법을 배움.
4. 환멸과 낙심에 대처하는 법을 앎, 실패를 성장과 배움의 계기로 삼는 법을 배움.
5. 평가와 감독 과정에 순복함, 부정적인 피드백을 다루는 법을 배우고 그것을 불가피한 것으로 보고 성장의 계기로 삼음.
6. 충격을 인지하며 상대방에게 준 충격에 대해 책임을 짐, 타인과의 관계에서 주고받는 성격을 이해함.
7. 옛 상처에서 오는 앙금을 잘 관리함, 해결과 치유의 길로 나아감.
8. 부부로서 또는 싱글로서 크고 작은 팀에서 조화롭게 일함.
9. 낯선 환경에서 가족의 건강과 안녕을 유지함.
10. 본인의 건강에 필요한 것을 앎. 건강을 잃었을 때를 감지하고, 필요할 때 어디서 어떻게 도움을 구해야 할지를 앎.
11. 혁신적이고 창의적이 되는 법을 배움. 부속들이나 재활용품을 사용해서 새로운 물건을 만들거나 필요를 채움.
12. 즐거운 것이든 아니든 깜짝 놀랄 소식을 다룰 줄 앎: 위기, 재난, 상실, 슬픔 등.
13. 부정적인 문제를 올바른 관점에서 보는 법을 배움, 그것의 긍정적인 측면을 발견함.
14. 감사하며 사는 법을 배움. 후원자들, 동료, 행정부서, 지원서비스에 더 많은 것을 요구하지 않고도 감사하되, 필요할 때는 더 요청하거나 도움을 구하는 법을 앎.
15. 여러 가지 역할을 잘 감당함. 그 우선순위를 매길 수 있고, 어쩔 수 없이 내버려두는 일에 대해 죄의식을 느끼지 않으면서 부드럽게 처신할 수 있음.

16. 본인과 가족에게 필요한 기준을 선택함. 역기능 가정이나 건강치 못한 가정 출신이라도 멘토나 역할 모델을 선택하여 건강에 대해 배우고 건강해지려고 노력함.

17. 성경적 개념들에 대해 앎. 예를 들어, 도덕적 순결, 평화의 추구, 책망할 것이 없는 삶 등의 개념을 이해하고, 그런 방식으로 생활하며, 이러한 특성과 결단을 유지하기 위해 하나님의 은혜를 구함.

b. 상호간의 돌봄

두 번째 영역은 또한 우리가 서로 주고받는 이른바 상호간의 돌봄을 포함한다. 성경에 '서로서로'에 관한 55가지 명령이 나온다는 것을 생각하라. 조직적인 멤버 케어는 우정을 결코 대치할 수 없고, 대치하려고 해서도 안 된다. 우리가 우정을 키워갈 때 서로를 위해 할 수 있는 일들이 많다. 식사를 같이 하고, 돈을 줘서 필요를 채우고, 서로의 아이들을 돌보고, 차가 없는 사람에게 차를 태워주고, 자동차나 기구를 빌려 줄 수 있다. 칭찬과 감사는 큰 격려가 된다. 때로는 사역자들에게 그런 말이 무척 절실하다.

각 개인은 현지인 친구나 동역자는 물론 동료가 주는 피드백과 돌보는 손길을 환영할 책임이 있다. 모든 사람은 든든한 관계로부터 오는 지지와 격려, 교정과 책임감이 필요하다.

영역(출처) 3: 파송자의 돌봄

파송자의 돌봄은 파송교회를 가리킨다. 파송교회는 그들이 확정하고 임명하고 선교단체에 위탁한 사람들에 대해 지속적인 책임을 진다.

그러나 파송자의 돌봄은 교회에만 위임될 수 없다. 선교단체 또한 모든 사역자들 – 번역가들과 교회 개척자들과 다른 현지 인력뿐 아니라 국내 스태프와 사역자들의 자녀와 가족들 – 에 대한 책임이 있다.

그리고 오도넬에 따르면 이 돌봄은 모집단계로부터 은퇴까지 전 기간에 걸쳐 이뤄진다.

- 부임 전(pre-field) – 모집, 선발/후보자 단계, 모금, 훈련
- 선교지(field) – 첫 임기, 재임 기간, 직무/장소/단체의 변경
- 재입국(reentry) – 안식년, 본국 사역, 훗날 다시 선교지로 돌아감
- 영구 귀국(post-field) – 사역 종료, 은퇴

다음 쪽에 있는 도표는 마리나 프린스와 브람 윌름즈(2002:33, 39, 43)가 타문화 사역자의 생애 전반에 이뤄지는 멤버 케어의 과업을 그린 것이다.

영역(출처) 4: 전문가의 돌봄

타문화 사역자의 삶에서 본인(또는 부부나 가족)에게 전문가의 돌봄이 필요할 때가 있다. 의료적인 돌봄이 즉시 떠오른다. 골절이나 말라리아, 또는 다른 질병, 사고, 그리고 많은 타문화 사역자들에게 닥치는 비극 등의 경우이다. 심리적 돌봄이 필요한 경우는 우울증, 본인의 비전이 희미해져서 절망을 느낄 때, 우리 아이들이 신체적 증상은 없으나 무언가 잘못되었다는 신호가 있을 때 등이다. 그리고 교육적인 돌봄은 이런 경우에 필요하다. 타문화 사역을 하는 부모가 자녀들을 어떻게 키워서 나중에 대학교에 들어가게 할 것인가? 자녀들이 멀리 떨어져 있을 때 부모가 먼 곳에서 어떻게 자녀의 능력과 성품 발달에 지혜롭게 기여할 것인가?

다시금 오도넬을 인용하면, 그는 전문가의 돌봄이 필요한 분야를 8가지로 정리한다.

- 목회적/영적(리트릿, 경건훈련)
- 신체적/의료적(의료적 조언, 영양)
- 훈련/직업(연장 교육, 직무 배치)
- 가정/MK(MK 교육 옵션, 결혼 지원 그룹)

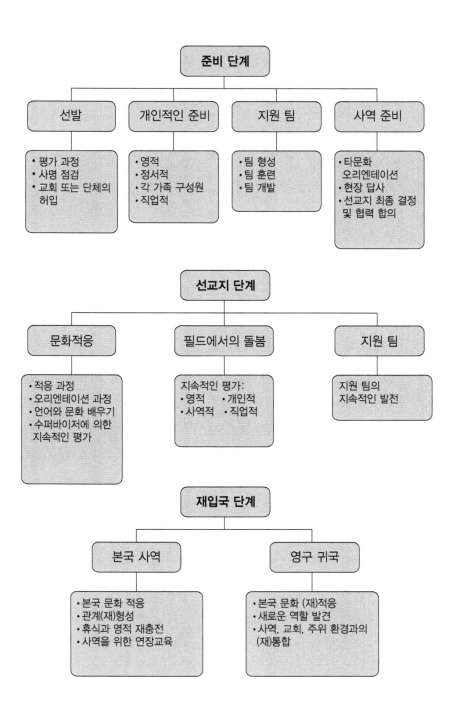

- 재정적/자원관리(은퇴, 의료보험)
- 위기/비상(디브리핑, 철수 계획)
- 상담/심리적(선발과정, 간단한 치료)

영역(출처) 5: 네트워크의 돌봄

네트워크의 돌봄은 자격 있는 멤버 케어 코디네이터나 책임자가 자신의 단체를 특정한 방식으로 섬기는 영역이다. 이 사람은 멤버 케어 분야에서 촉진자, 컨설턴트 또는 자원 제공자로 섬기는 동료들과 그룹들의 네트워크를 갖고 있다. 그는 어디서 어떤 도움을 받을 수 있는지를 안다.

그 가운데 어떤 자원은 파송 그룹인 선교단체나 파송교회에서 찾을 수 있고, 또 어떤 것들은 멤버 케어 관련조직들(멤버 케어의 전국적, 지역별, 또는 특수 대책팀)에서 발견할 수 있다. 협의회나 컨퍼런스가 아주 유익한 것으로 밝혀졌다. 정기적으로 열리는 아시안 멤버 케어 네트워크(AMCN) 컨퍼런스는 특히 아시아에서 만든 선교단체들에게 적절하다. 미국에는 다양한 멤버 케어 행사들이 있다. 두 가지만 거론하자면, 인디아나 주에서 열리는 '정신 건강과 선교 컨퍼런스'(Mental Health and Missions Conference)와 노스캐롤라이나 주에서 개최되는 '선교를 위한 목사 컨퍼런스'(Pastors to M. Conference)이다. 이밖에도 세계 곳곳에서 열리는 지역별, 국가별 대회들이 있다.

이에 덧붙여서, 세계복음주의 연맹의 선교분과에는 글로벌 멤버 케어 네트워크 그룹이 있어서 세계 도처에서 정기적인 컨퍼런스를 개최하고 있다. 그들의 월간 뉴스레터는 장차 개최될 멤버 케어 이벤트, 현재의 자원 및 훈련이나 전문적 돌봄을 받을 수 있는 기회를 알려주는 종합지이다. 워크숍과 포럼, 웹사이트와 책, 그리고 멤버 케어 허브에 대해서는 www.globalmembercare.org로 요청하면 정보를 구할 수 있다.

전 세계에서 두루 모인 GMCN 이사들은 컨설팅과 훈련, 또는 문서 자료를 제공할 수 있다.

이제 사례연구를 통하여 멤버 케어를 실제적으로 다뤄보자.

아래 사례연구를 멤버 케어의 관점에서 숙고해 보라.

사례연구 #1 팀 안에서의 문화적 차이

한 인도네시아 가정이 어떤 국제선교단체에 가입했다. 그들은 제한지역으로 가서 교회 개척가로서 미전도종족 가운데 사역하기를 희망했다. 이 종족 그룹을 전도하려고 모인 사역자들은 라틴 아메리카와 다른 비서구 국가에서 온 여러 명을 포함해 아주 다양하게 구성되어 있다. 그러나 이 필드의 리더십 팀은 주로 서구인들이며, 디렉터는 미국 출신의 젊은 남자다.

그 팀원들 사이의 문화적 차이가 자주 아시아 출신의 두 가정에게 불편한 상황을 야기하고 있다. 이 두 가정은 리더가 아주 분명하게 지도하는 권위적인 구조 아래 일하는 것에 익숙해 있다. 그러나 이 팀에서는 리더십이나 의사 결정 방식이 나이나 지위에 민감한 것도 아니고 예측할 만한 것도 아니다. 그것이 두 가정에게는 매우 혼란스럽고, 이런 상황에서 그들은 종종 어떻게 해야 할지를 모른다. 두 가정이 그리 가깝지는 않지만, 남편들은 가끔씩 그들이 경험하는 당황스런 리더십 스타일에 대한 욕구불만을 나눈다. 그들은 행복하지 않고 종종 상처를 받는다. 인도네시아인 아내는 그들의 욕구불만을 고향에 있는 언니에게 스카이프를 통해 나눈다. 그래서 이 불행한 상황이 파송교회의 목사에게까지 전해졌고, 그 목사는 국제선교단체의 인도네시아 지부 대표에게 그의 염려를 나누게 된다.

토론 문제(주의: 이 필드에는 멤버 케어 사역자가 없어서 만약 개입이 필요하면 선교단체나 파송교회가 개입해야 한다)

1. 아무 조치도 취하지 않는다면 오 년 뒤에는 어떤 상황이 벌어질까?
2. 이 팀이 효과적으로 기능을 발휘하려면 어떤 도움이 필요할까? 누가 무엇을 할 수 있을까? 무엇을 해야 할까?
3. 이것은 단순히 문화적 오해의 문제인가, 아니면 더 복잡한 문제인가?
4. 타문화의 환경으로 파송을 받기 전에 어떤 종류의 준비가 이루어져야 할까? 만약 그런 준비가 되지 않았다면, 이 시점에서 할 수 있는 일은 무엇일까?

사례연구 #2 두 명의 싱글 여성

당신의 교회가 두 명의 싱글 여성을 문해사역자(literary worker)로 남태평양 오지의 원주민들에게 파송했다. 그들은 어려운 생활환경에서 지냈다. 조그만 침실이 하나밖에 없는 아주 작은 집에서 살아야 했다. 외로움 때문에 그들은 같이 자기 시작했고 서로 애정을 품기에 이르렀다. 시간이 흐르면서 그들의 행위가 주님을 기쁘시게 하는 것이 아님을 깨달았으나 어떻게 그만 두어야 할지 몰랐다. 그 중의 한 명이 자기 목사에게 도움을 요청하는 편지를 썼다. 그 목사는 이 문제를 교회에 공개했다. 어떤 교인들은 그들을 징계하고 더 이상 교회가 후원해서는 안 된다고 느꼈다.

토론 문제

1. 이 젊은 여성들은 여러 종류의 도움이 필요하다. 그들은 문제가 있다는 것을 깨달았고 도움을 요청하였다. 당신은 어떤 종류의 도움을 제안하겠는가?
2. 그들은 징계를 받아야 할까? 그들의 후원은 중단되어야 할까?(그들은 동성애자가 아님을 주목하라. 그런 주거 여건에서 너무 붙어서 살다보니 극심한 외로움 때문에 서로 애정을 표현하게 된 것이다.)
3. 이 팀을 위해 멤버 케어는 무엇을 할 수 있을까?

사례연구 #3 가정의 비극

한 아시아인 가정이 중동에서 어느 국제선교단체와 함께 교회개척가로 아주 잘 사역하고 있었다. 사람들이 그리스도께 나아왔고 작은 가정 교회들이 설립되고 있었다. 그 가정은 자녀가 넷 이었는데 큰 애 두 명은 홈스쿨링을 하고 있었다.

엄마는 여덟 살 난 큰 딸이 공부를 무척 어려워하고 있다는 걸 알게 되었다. 그녀는 점점 더 반항적이 되어갔다. 언제나 순종적인 자녀였던 터라 부모는 딸의 행동을 이해하지 못했다. 그 여자애는 또한 두통을 호소했고 때로는 고통스러워 울기도 했다. 부모는 사역을 중단하고 싶지 않았고 비용도 많이 들 것 같아서 의사를 만나기 위해 먼 길을 가는 것을 꺼렸다.

그들은 의사를 만나러 가기 위해 그들의 교회에 과외의 재정을 요청했으나 아무런 대답도 듣지 못했다. 그래서 아이를 위해 기도는 했지만 다른 도움을 구하지 못했다. 결국 어린 딸이 죽고 말았는데 뇌종양이었던 것 같다. 그 부모는 서로에 대해, 그리고 그들의 기도를 응답하지 않은 하나님에 대해 크게 분노했다. 그들의 교회에 대해서도 분노했다.

토론 문제

1. 이 가정에 어떤 종류의 돌봄을 주어야 할까?
2. 문제가 그토록 악화되기 훨씬 전에 교회는 이 가정에 어떤 도움을 줬어야 하는가?
3. 교회와 국내 선교 본부, 그리고 현지의 리더십이 적절한 동역을 한다면 어떤 식으로 할 수 있을까?

오늘날 필드 사역자들이 직면하는 도전들

이 장을 끝내면서 오늘날 대다수 현지 사역자들이 직면하고 있는 여러 도전을 당신에게 상기시켜주고 싶다.

1. 다문화적인 사역 그룹과 스트레스의 고조, 그리고 끊임없는 변화로 인한 갈등의 심화.

2. 타문화 훈련과 민감성, 그리고 기술 개발의 필요성의 증대. 라틴 아메리카와 남아메리카, 아시아의 많은 나라들과 아프리카의 일부 나라들이 갈수록 더 많은 사역자를 파송하고 있다. 한국과 인도는 중요한 파송국이며, 한국은 외국에 보낸 타문화 사역자의 숫자로 볼 때 세계 제2위이다. 대부분의 필드 팀이 다문화적인 팀이다. 필드 리더십은 지배적인 그룹 출신일 가능성이 많고, 그 리더십 스타일을 모두가 다 이해하지 못할 수도 있다.

3. 실천적인 경건과 영적 성숙의 필요성의 증대. 모래 폭풍, 홍수, 고온 다습 등 극한의 날씨를 접할 때 경건한 모습은 어떤 것인가? 기아와 사회적 불안에 둘러싸일 때는? 부패한 정부 아래서 일해야 할 때는? 파송국의 인플레이션이나 경제적 압박이 사역자의 소득에 큰 타격을 줄 때는?

4. 자유가 제한되고 개성이 인정되지 않는 상황을 용납할 필요성. 어떤 상황에서는 특정 국가 출신의 사역자들이 다른 나라 출신 사역자보다 덜 환영을 받을지도 모른다. 이는 전자가 저자세를 취하고 후자가 좀 더 눈에 띄도록 힘을 실어줘야 한다는 것을 의미한다. 만약 사역자가 이런 상황에 준비가 되어있지 않다면 그런 제한은 무척 부담스러울 수 있다.

5. 위험과 위험부담의 증가, 만성적 긴장과 불확실성을 안고 살아가기.

6. 다문화적이고 다세대적인 팀에서 사역하는데 필요한 고도로 세련된 대인관계 기술.

7. 믿기 어려울 정도로 엄청난 필요에 둘러싸여 살아가기. 어떤 통계 (트라우마 힐링 워크숍 통계)에 따르면 일부 아프리카 국가에서는 여성의

80퍼센트가 강간을 당한 적이 있다고 한다. 이런 여성들을 어떻게 도울 수 있을까? 현지 교회 목사들은 그들의 회중이 중대한 불의의 희생자가 되고 커다란 상실을 경험할 때 어떻게 용서하라고 격려할 수 있을까?

많은 기독교 사역자들이 처한 그런 상황에서 성공적인 사역을 하려면 그들의 본국에 사는 정상인보다 더욱 원만한 성격과 튼튼한 건강과 영적인 성숙이 요구된다. 여기에 나온 모델에 표현된 멤버 케어는 필수적이다. 이 멤버 케어는 또한 사역자 자신과 파송교회, 그리고 파송단체의 본국 본부와 현장 조직이 다함께 공유해야 할 책임이다.*

---

* 나는 켈리 오도넬 박사가 편집한 *Doing Member Care Well*이라는 책에 많이 의존했다. 참고문헌을 보라.

02 "멤버 케어: 누구의 책임인가?" 요약

1. 한 선교기관의 멤버들을 위한 돌봄은 다섯 가지 출처에서 나온다.
   - 주님의 돌봄
   - 자기 돌봄과 상호간의 돌봄
   - 파송자의 돌봄
   - 전문가의 돌봄
   - 네트워크의 돌봄

2. 건강하고 탄력적인 사람은 스스로를 돌보고 다른 출처에서 주어지는 돌봄을 수용할 줄 안다는 것을 보여주는 17가지의 행위를 나타낸다.

3. 많은 타문화 기독교 사역자들은 적어도 7가지 독특한 도전에 직면한다.
   - 다문화적인 오해
   - 다른 문화권 출신 지도자 밑에서 일하기
   - 극한 기후 조건에 노출되기
   - 자유의 제한과 개성의 위축
   - 위험과 위험부담의 증가
   - 다세대적인 필요와 기대
   - 엄청난 필요에 둘러싸여 살기

   이러한 도전들은 사역자들이 건강하고 탄력적이고 유능한 인물이 되려면 여러 출처에서 나오는 돌봄이 필요하다는 것을 잘 보여준다.

03

멤버 케어:
모집 단계에서 시작하라

"어른과 아이를 막론하고 아무도 완벽할 수 없다.
완전한 존재를 기대할 수는 없다.
문제는 그 사람이 중요한 진리와 더불어 다함께 행진하고 있는가,
그리고 점점 나아지고 있는가 하는 것이다."
(인간 존재에 대하여)

멤버 케어는 훌륭한 행정과 철저한 절차와 현명한 정책이 반영해준다. 멤버 케어는 모집단계에서 시작되며 선발과 평가, 준비와 배치를 포함한다. 선교단체는 이러한 영역에 초점을 맞출 때 구체적인 질문들을 자문할 필요가 있다.

선교단체가 자문할 것들

1. 우리는 어떤 종류의 사람들을 찾고 있는가? 어떤 기술과 능력, 개인적인 특성, 그리고 교육이 우리 선교단체의 사역을 위해 꼭 필요하다고 보는가?

  2. 우리는 어떤 종류의 선별과정을 거쳐야 하는가? 심리적인 검사 도

구를 사용해야 할까? 그러한 도구들은 도움이 되지만 영적 성숙과 대인 관계 기술, 또는 타문화에의 적합성 등은 측정할 수 없다. 모집단계에서 우리는 어떻게 이런 중요한 자질들을 평가할 수 있을까? 평가/인터뷰 팀에는 누가 들어갈 것인가?

3. **준비**. 사람들이 고립된 곳과 극심하게 다른 문화와 기후에서, 그리고 적대적인 이념이나 정부가 있는 곳에서 살아갈 수 있도록 선교단체는 그들을 어떻게 준비시킬 수 있을까? 후보자는 갈등을 해결할 준비, 또는 해결될 수 없는 차이점과 더불어 살 수 있는 준비가 되어 있는가? 문화적인 준비는 갖춰지고 있는가?

4. **배치**. 어떤 팀이나 부부나 가장이 너무 더운(또는 아주 추운, 또는 일조시간이 아주 짧고 밤이 긴) 나라에서 사역하기를 원하지만 아내나 자녀들은 거기에 잘 적응하지 못할 것이 뻔하다고 가정해보라. 이 팀이나 이 가정을 모든 가족이 잘 지낼 수 있는 곳으로 보내야 할 책임이 우리에게 있는가? 그들 모두를 기후나 주거환경, 정치사회적인 환경과 이와 비슷한 어려움에 준비시키는 면에서 우리는 어떤 책임을 지고 어떤 준비과정을 갖고 있는가?

이번 장은 하나님을 영화롭게 하는 효과적인 타문화 사역을(가능한 만큼) 보장할 만한, 선발 과정 중에 검토할 건강의 여러 측면에 초점을 맞추고자 한다.

우리는 먼저 필수적인 **건강의 네 가지 측면**에 대해 논의하고, 두 번째로는 후보에게서 **건강의 정도**를 알아내는 수단들에 대해 논의할 것이다. 세 번째로 우리는 타문화 사역자의 **적절한 배치의 기준**에 대해 살펴볼 것이다. 네 번째로는 그리스도를 닮은 사역을 하는데 꼭 필요한 **건강 유지의 세 가지 방법**에 대해 논의할 것이다.

건강의 네 가지 측면

이 장에서 논의되는 건강에 대한 접근은 부정적이거나 의심스러운 특징을 다루는 것은 물론 강건함의 현존에도 기초를 두고 있다. 새로운 사역자들이 접할 아주 다른 세상을 감안할 때 우리는 끈기, 혁신적 성격, 창의성, 인격적이고 영적인 성숙, 그리고 관계를 잘 맺는 기술과 융화력을 파악하고 향상시키는 과정이 필요하다. 이것은 영적 건강, 정서적 건강, 관계적 건강, 그리고 신체적 건강 등 네 측면으로 구성되어 있다고 믿는다. 이에 대해 하나씩 논의해 보자.

1. 영적 건강

영적 건강은 한 사람이 하나님의 인정을 민감하게 느끼고 매일 생명에 필요한 것과 지도를 하나님에게 받는 것으로 나타난다. 이 사람의 소원은 온 마음을 다하고 목숨을 다하고 힘을 다하여 하나님을 사랑함으로써 하나님을 영화롭게 하고 기쁘게 하는 것이며, 이는 그의 순종적인 생활방식으로 입증된다. 그는 친숙한 영적 관계나 자원이 없는 어려운 환경에서, 또는 홀로 있을 때 스스로 영적 양식을 먹는 법을 안다.

몇 가지 영적 양상은 기본적인 요건이다. 예를 들어, 기독교 타문화 사역자의 영적 성숙은 사역의 성격상 필수적인 특성이다. 이에 덧붙여서, 영적인 요인들과 자원들은 사역자가 더 잘 대처하도록 돕고 믿음과 행동의 안내자 역할을 할 것이다. 이런 영적인 토대는 다음과 같은 세 가지 영역으로 나눌 수 있다. (1) 하나님과의 관계, (2) 그리스도의 몸, 즉 본국문화에 속한 동료 신자들, 그리고 선교현장의 현지인들로 이뤄진 공동체와의 관계, (3) 성경적 세계관과 관계가 있는 영적인 근본 요인. '세계관'이란 세계와 세계에서 일어나는 일을 바라보는 방식을 의미한다. 즉 하나님은 살아계시며 모든 것을 그의 뜻에 따라 행하시는가(엡 1:11), 아니면 그는 멀리 계시며, 관심도 없고, 관여도 하지 않는 분인가?

하나님과의 관계

지원자의 하나님과의 관계는 면접자에게 다양한 방식으로 분명히 드러날 것이다. 여기에는 그리스도를 구원자로 영접했다는 간증과 그를 주님으로 따르기로 작정했다는 고백이 포함된다. 그 사람은 실질적인 성경지식, 신학적 묵상과 예배를 위해 성경을 해석할 수 있는 능력, 자신의 영적 성숙을 위해 성경을 적용할 수 있는 능력을 보여줄 것이다. 이러한 신앙적 헌신은 실제로 성결한 생활방식과 삶의 모든 영역에서의 경건한 관계들, 그리고 일과 예배, 말과 행동의 경건한 행습으로 나타날 것이다. 이신앙적 헌신은 그의 목사와 교회 친구들과 동료들의 추천서에도 명백하게 드러나야 한다.

그리스도의 몸과의 관계

지원자와 그리스도의 몸, 즉 지역교회 및 우주적 교회와의 관계는 본인이 재정과 충고, 또는 기도를 주고받는 구조와 관계들을 형성했음을 의미한다. 즉, 그는 신자 공동체의 일부가 된다는 것의 강점과 안전, 서로 도움을 주고받는 것이 무엇인지를 안다는 뜻이다.

후보자의 교회관계는 처음엔 그를 후원하는 교회에 초점이 맞춰질 것이다. 그는 교회의 파송을 받게 되고 교회에 책임을 진다. 그리고 그의 생활방식과 직업윤리를 통해 교회를 대변한다. 그것은 또한 그가 교회로부터 가시적 자원과 비가시적인 자원을 받는 것을 의미한다. 그는 이 교회의 예배에 참석하고 그로부터 양식을 공급받는다.

그 사람이 선교지에 가면 본 교회와 멀리 떨어진 상태에서 조그만 토착교회에 참여하게 될 테고, 그곳의 교회는 예배를 다르게 드릴 것이고, 언어도 다를 것이며, 종교적 행습도 이해하기 힘들 것이다. 사역자는 이 신자들의 몸에 온전히 참여하는 것이 무척 어려울 수 있으나, 이런 어색하고 불편한 방식으로 영적인 양식을 주고받는 법을 배워야만 한다.

세상을 바라보는 관점

지원자가 세상을 어떻게 바라보는가 하는 것이 곧 그의 세계관이다. 이는 하나님이 세상을 보는 것처럼 세상을 보려는 관점이다. 하나님이 세상을 이처럼 사랑하사 독생자를 주셨으니…우리 역시 하나님이 아무도 멸망치 않고 모두 그리스도 예수 안에 나타난 하나님을 아는 지식에 이르기를 원하신 것처럼 세상을 사랑해야 한다. 이것은 지원자가 다문화적이고 다세대적인 선교사역 팀의 일부가 되어 일하는 법을 기꺼이 배우려는 것을 의미한다. 그는 세상이 서로 엮여 있음을 인식하고 민족주의적 애국자가 아니라 천국 시민으로 사는 길을 택한다. 이는 위험하고 악한 상황에 기꺼이 몸담겠다고 결심하고, 위험감수의 신학을 개발한즉 믿음으로 행하고 사는 능력을 갖고 있고, '때가 악하므로' 두려움에 빠지거나 안전과 장기근속을 지나치게 의식하며 사는 게 아니라 믿음으로 사는 것을 의미한다.

이런 기본적인 사항을 감안한 만큼(이는 신조의 진술, 그리스도인의 체험에 대한 개인적 간증, 성경 시험, 목사와 친구들의 추천서 등 다양한 방식으로 드러날 것이다) 이제는 전반적인 건강과 온전한 상태에 대해 다뤄보자.

2. 정서적 건강

정서적 건강은 부분적으로 한 사람의 기분이 한결같은 모습으로 드러난다. 즉, 외적 환경에 좌우되지 않고 늘 자족과 기쁨을 유지하는 성향이다.

이 사람은 주님 안에서 스스로를 격려하는 법을 안다. 또 다른 정서적 건강의 지표는 갈등해소 기술, 대인관계 기술, 방어적이지 않은 자세, 타인에 대한 공감, 균형 잡힌 생활방식 등이다.

강인함

보통은 신체 조직이 잘 움직이고 제대로 기능을 발휘하면 건강하다고 한다. 하지만 사역의 관점에서 보면 훨씬 더 넓은 건강의 정의가 필요하다. 즉, 한 사람이 심한 스트레스와 어려움을 견뎌내고, 자신이나 타인에게 상처를 주지 않으면서 생산적으로 일할 수 있게 해 주는 강인함의 측면을 내포해야 한다. 새로운 타문화 사역자는 지금까지 경험한 것과는 아주 다를뿐더러 더욱 심한 스트레스와 어려움을 경험하게 될 것이다. 만약 후보자의 건강 상태와 변화 및 스트레스를 견디는 능력이 약하다면 아마도 낯선 환경에서 더 심한 압박에 대처할 수 없을 것이다.

어떤 지원자들은 돈, 안락함, 편리함, 오락 등으로 채색된 문화권 출신이다. 그들은 세계화, 접속, 테크놀로지, 사회 불안, 폭력, 공공연한 악으로 채색된 세계로 들어가는 것이다. 우리는 새로운 사역자들에게 종종 외로움과 갈등, 유혹과 메마름, 자발성, 영적 전쟁이 수반되는 과업에 참여하도록 권한다. 이런 상황으로 사람들을 보내는 것은 큰 대가를 요구하므로 선발 과정에 참여한 모든 이들이 진지하게 고려할 필요가 있다. 만약 새로운 후보자들이 감당할 수 없어서 너무 이르게 본국으로 돌아가야 한다면 무척 수치스러운 일이 될 것이다. 그리고 한 사역자가 현지를 떠난다면 선교 단체와 현지 동료들이 치러야 할 대가 또한 아주 크다. 우리는 선발과 준비 작업을 진지하게 받아들여서 정서적 건강을 포함한 건강을 잘 파악하고 가능한 수단을 다 동원하여 건강을 증진시킬 수 있어야 한다.

탄력성

탄력성은 강인함과 조금 다르다. 탄력성은 한 사람이 '인생의 충격들', 대참사, 트라우마, 그리고 수많은 믿음의 사람들이 선교에 참여하는 동안 부딪히는 굉장히 어려운 상황을 직면하고 견디도록 해줄 수 있는 자질이다. 『탄력성』의 저자들인 와르쇼(Warschaw)와 바를로(Barlow)는 그것을 이렇게 표현했다: "…탄력성이란 어떤 물질이 구부러지거나 늘어지거나, 뒤틀리거나, 눌리거나, 당겨진 후에 본래의 형태로 되돌아가는 힘이나 능력이다"(pp. 2-3). 사역자들은 "늘어지거나 뒤틀리거나 눌리거나 당겨지는" 것이 어떤 느낌인지 잘 안다. 사도 바울은 이를 고린도후서 4:8-9절에서 이렇게 표현했다. "우리가 사방으로 욱여쌈을 당하여도 싸이지 아니하며 답답한 일을 당하여도 낙심하지 아니하며 박해를 받아도 버린 바 되지 아니하며 거꾸러뜨림을 당하여도 망하지 아니하고."

탄력성은 사람으로 하여금 커다란 비극을 직면하고, 견뎌내고, 거기서 다시 회복되어 새로운 차원의 온전함과 건강과 믿음에 이를 수 있게 만든다. 나는 탄력성이 무조건적 헌신과 하나님께 대한 믿음, 올바른 관점, 풍부한 자원, 그리고 개인적 책임의 수용 등으로 이루어진다고 믿는다. 물론 그것이 강인함이란 기초 위에 세워진 것임을 안다. 그러나 그 이상이다. 탄력성은 우리가 상상할 수 없는 인생사를 통과할 때 그에 대처하고, 버티고, 인내할 수 있게 해주고, 이로부터 새로운 차원의 거룩함과 성숙과 영적인 깊이가 생기게 해주는 태도와 행위와 신념이 합쳐진 덩어리다.

부록 2 "강인한 성품"에 묘사된 강인함이란 모든 후보자들이 인생의 우여곡절을 다루는 모습으로 보여줘야 할 전반적인 자질을 말한다. 탄력성은 어려운 시기가 닥칠 때에야 명백하게 드러난다. 왜냐하면 그것은 커다란 압력 아래 있을 때라야 분명히 나타나는 한 사람의 면모이기 때문이다.

평생 학습

정서적 건강의 필수적인 면은 자기를 인식하고, 스스로 방향을 잡고, 스스로 동기유발이 되어 평생 배우는 사람이 되는 것이다. 이것은 건강한 의미의 겸손에서 흘러나오는 것이며, 배움을 추구하는 에너지와 자기가 모르는 게 많다는 것을 인정할 만큼 자아의 힘을 갖고 있을 때 가능하다. 하지만 그들은 자원에의 접근과 공부의 훈련을 통해 학습과정을 발견하고 또 계속하는 법을 안다.

3. 관계적 건강

관계적인 건강은 다른 사람과 원만하게 일하고, 불신이나 비교, 또는 타인에 대한 끝없는 요구 없이 주고받기를 잘할 때 분명하게 드러난다.

자기 인식

그 사람은 다른 이들과의 관계 속에서 자신을 바라보며 주변 사람들에게 미치는 자신의 영향을 다룰 줄 안다. 그는 자기 자신을 잘 인식하고 있으며 필요하다면 그의 행동을 완화시키거나 조절할 수 있다. 관계적 건강은 다양한 팀 속에서 일할 수 있는 능력을 포함한다. 즉, 다른 문화권이나 세대에 속한 사람을 감독하거나 타문화권에서 온 상관의 권위 아래서 섬길 때, 참으로 불합리한 지시를 받거나 이상한 감독이나 사역 테크닉이 눈에 보이고 자신의 문화에 비춰보면 크게 거슬리는 모습이 포착될지라도 예의바르게 처신하고 생산적으로 일하는 그런 능력이다.

다른 사람과 잘 어울리기

기독교 심리학자인 켄 윌리암스 박사는 『선교사의 생동감 증진』(Enhancing M. Vitality)이란 책의 한 장을 썼다. 그 장의 제목은 "선교사의

관계 맺기 훈련: 지금 조금 지불할 것인가, 나중에 많이 지불할 것인가"
이다. 그는 "좋은 대인관계 기술은 선교사의 효과적 사역과 장기근속에
매우 중요하다. 선교사 후보자들이 좋은 지식과 기술적인 능력을 갖고 있
을지 모르지만 대인관계 기술이 없으면 특히 타문화에서는 남들과 관계
를 맺는데 어려움을 겪는다"(pp. 245-258)고 말한다.

마리나 프린스와 브람 윌렘스는『선교사를 위한 멤버 케어』에서 선교
사들이 선교지를 떠나게 되는 가장 중요한 6가지 이유를 들고 있다. 저자
들은 "동료들과의 문제"를 기존 파송국가들과 신생 파송국가들 출신 사
역자들이 사역지를 떠나는 공통된 이유 중의 한가지로 꼽고 있다. 그들은
더 나아가 선교사들이 사역지에 남아있는 이유 중의 하나가 "좋은 관계
들" 때문이라고 말한다(pp. 123-124).

4. 신체적 건강

신체적 건강은 현지에서 일을 하는 데 꼭 필요하다. 사역자는 다른 사람
을 탈진시키지 않고, 가용한 지원 서비스에 지나치게 의존하지 않고, 기
분 조절이나 수면 때문에 약에 의존하지 않고도 주어진 과업을 충분히
수행할 만큼 건강해야 한다. 우리는 일부 생산적인 사역자들이 가끔씩 수
면제나 항우울제, 또는 콜레스트롤, 당뇨, 간질, 고혈압 등을 조절하기 위
해 약에 의존하는 것을 알고 있다. 만약 어떤 후보자가 그와 같은 상태에
있다면 스트레스가 많은 상황에서는 호전되기보다 악화되기 쉽다는 것
을 기억하라.

여기서는 신체적 건강이 네 번째 필수적인 특성으로 나오지만 효과적
인 사역을 위해 매우 중요하다. 사역은 건강 여부에 의해 큰 영향을 받기
때문이다. 간단히 말해서, 한 사람이 많은 시간을 아픈 상태로 지낸다면
많은 것을 성취할 수 없을 것이다.

균형이 필요하다

잘 알려진 기독교 정신과의사 마조리 포일은『영광스러운 상처』
(*Honorably Wounded*)에서 이 문제를 논의하면서 엘리야 선지자의 예를 들
고 있다. 그녀는 다음과 같이 말한다.

"엘리야처럼 선교사들도 하나님으로부터 그를 위해 일하라는 부르심을 받았
다. 이 일을 그들은 하나님의 힘과 능력으로 하며, 종종 성공적인 사역의 가
시적인 표지들이 나타나기도 한다. 그러나 때때로 그들은 자신이 사역에 없
어서는 안 될 사람이라 생각하고, 그들이 더 이상 그곳에 있지 않을 때 무슨
일이 일어날지 궁금해 하기 시작한다. 할 일은 언제나 많고 그들은 개인적 책
임감을 느끼기 때문에 과로하고 밧데리의 적절한 재충전이 없이 엄청난 신
체적, 정신적 에너지를 다 써버린다. 이러한 상황에서는, 엘리야와 같이, 모든
게 다 그들에게 따라붙는다. 어떤 사람들은 복합적인 신체 질병에 걸리기도
하고, 어떤 사람들은 탈진하거나 우울증에 빠진다. 그리고 나서는 장차 무슨
쓸모가 있을까 하고 의심하기 시작한다."(p. 278).

신체적 건강은 균형 잡힌 몸무게 유지, 현명한 식습관, 양질의 영양 섭
취, 좋은 운동습관, 휴식과 숙면 취하기, 의료적 증상과 필요에 주의를 기
울이기, 몸을 돌보는 습관, 매력적인 외모 가꾸기, 지혜로운 자기 관리 등
과 관계가 있다. 균형 잡힌 생활을 하려면 안식과 재미, 그리고 즐거운 개
인적 및 사회적 활동에 참여하는 시간이 필요하다.

선한 청지기

주의사항: 신체적 건강을 잘 유지하려면 약간의 여유를 확보할 필요가
있다. 그래서 약속과 시간사용에 선을 긋다보면 이기적이 되거나 자기중

심적이 될 수 있다. 타문화 사역자는 전심으로 하나님을 섬길 수 있어야 하므로 때로는 음식과 잠, 휴식과 재미를 희생하기도 한다. 그러나 한 사람이 계속 부적절한 음식과 휴식을 취하면서 생활한다면 그리 오래 버티지 못할 것이다. 사역자는 몸이 소수의 가시적 사역 도구의 하나임을 알고 자기 건강을 지키는 선한 청지기가 되어야 한다. 사람들은 우리를 지켜보고, 하나님에 대해 배우며, 우리의 생활방식에 따라 하나님을 섬기게 될 것이다. 지속적인 소진은 탈진으로 귀결되고, 탈진한 기독교 사역자는 그리스도의 좋은 증인이 아니고, 따를 만한 좋은 모범이나 장기헌신 사역자도 아니다. 그런 사람들은 사역을 그만두거나, 필드의 자원을 바닥내거나, 회복하려고 본국으로 되돌아가야 한다.

전인적 건강(강인함) 체크하기

진정으로 강인한 사람들은 19가지 특성이 있는데, 이는 내 글 '강인한 성품'에 묘사되어 있다(부록 2를 보라). 각 특성 다음에는 일련의 질문들이 있는데, 자신의 건강 상태가 어떤지를 알기 원하는 사람은 거기 나온 태도와 행동들에 자신의 모습을 비춰 볼 수 있을 것이다. 만약 우리가 새로운 지원자에게 인내심이 있는지(또는 건강한지, 또는 정서적으로 균형이 잡혀 있는지 또는 영적으로 성숙한지) 물어보면 아마 그렇다고 답할 것이다. 그러나 우리 중 아무도 우리의 인내심을 도전하는 상황이 벌어질 때까지는 우리에게 정말 인내심이 있는지 알지 못한다.

우리는 역경과 어려움의 '시험'을 받을 때에야 우리가 누구인지를 가장 잘 알게 된다. 그리고 바로 그 때 우리가 정말 어떤 존재인지 드러난다. 행동이 덕스러운 말보다 더 정확할 것이다. 달리 말하면, 우리는 우리에게 좋은 특성이 많다고 표현하기를 좋아한다. 우리가 정말 그런지는 우리 행동으로 분명히 드러난다. 따라서 선발 위원회는 충분한 정보를 얻을 수 있는 질문을 던질 뿐만 아니라 행동을 관찰하는 방법도 찾아야 한다.

선별(스크리닝) 과정

만약 우리가 선교단체를 찾아온 청년을 선발하는 과정에 참여하고 있다면, 이 사람의 건강 상태나 강인함과 탄력성의 정도를 어떻게 판단할 수 있을까?

나는 한 사람의 영적, 관계적, 신체적 건강과 안녕뿐 아니라 정서적 활력과 탄력성을 판단하는 세 가지 방법이 있다고 믿는다.

1. 평가 도구

먼저는 기존의 MMPI-2, Million Inventory, 16PF 설문지 등 문화적으로 적절한 도구들을 이용하면 된다. 이 도구들은 전문적인 규정이나 요건들이 지켜지고, 검사가 적절히 이루어진다면 합법적이고 유익하다. 이런 심리 검사들의 일차적 목적은 병적인 문제를 다루는 것이기 때문에 병적인 장애만 없다면 건강한 것으로 추정하게 된다. 더 나아가, 검사를 받는 사람에게 도구와 그 결과에 대해 해석해 줘야 한다. 그래서 이런 도구들을 오로지 고용 선별 도구로만 사용하는 것은 적절하지 않다. 우리가 그런 검사의 결과에 근거해 어떤 사람을 선교회에 영입하지 않기로 결정하는 식으로 그 도구를 이용되면 안 된다는 말이다.

이런 결과는 당사자의 성장 계획의 기초로, 즉 당사자에게 어느 영역에서 더 성장할 필요가 있는지를 알려주고 필요한 자원을 공급하는 계기로 사용될 수 있다. 또한 선교단체가 그 사람을 가장 생산적으로 일할 수 있을 장소에 배치하고 업무를 배정하는 데 이용할 수 있을 것이다.

우리는 MMPI-2(일부 사람은 이것을 최상의 도구라고 생각한다)와 같은 도구들이 건강한 관계를 맺는 능력을 다루지 않고, 대인관계 기술의 질을 간파하지 못하고, 감정조절의 정도를 평가하지 못한다는 점을 지적하고 싶다. 아울러 선교사역에의 적합성이나 타문화 적응력이나 영적 성숙도를 평가할 수도 없다.

이밖에 심리적 도구가 아니고 비교적 수월하게 사용할 수 있는 평가 도구도 상당히 많다. 선발 위원회는 그런 심리적 도구나 비(非)심리적인 도구들을 사용할 때 문화적 요소들과 해석을 존중하도록 조심해야 한다.

2. 생애 인터뷰

탄력성과 강인함을 판정하는 두 번째 수단은 지원자의 내력을 훑어보는 방법, 곧 생애 인터뷰이다. 많은 사상가들은 '과거는 미래를 보여주는 최상의 예보자다'라고 말한다. 그 말은 부정적인 면과 긍정적인 면에서 일리가 있다. 이는 어떤 사람이 거짓말을 하거나 남을 비난하는 내력이 있으면, 근본적인 조치가 취해져 그 습관이 바뀌지 않는 한, 미래에도 그런 행동을 반복할 가능성이 높다는 뜻이다. 그리고 어떤 사람이 난감한 상황에 처할 때 혁신적으로 대처했거나 인간관계에서 충직한 모습을 보였다면, 그가 성숙해가면서 이런 자질이 더욱 세련되게 드러날 가능성이 높다는 뜻이기도 하다.

원(原)가족 이슈에 대한 토론은 아주 많은 것을 알려 준다. 후보자는 원가족에 대해, 또는 하나님과 인생에 대한 관점을 정립해준 충격적인 사건들에 대해 얘기하는데 얼마나 열려있는가? 이 영역을 건드리는 질문은 대화식으로 섬세하고 예의 바르게 해야 한다.

그래서 그 사람의 전반적인 내력, 생애 이야기를 듣는 것은 대단히 유익하다. 이것은 물론 시간이 많이 들고, 인터뷰하는 기술과 노트를 잘 하는 기술, 그리고 아주 능숙한 대인관계 기술이 필요하다. 그래도 전 과정은 지원자에게 매우 만족스런 것이 될 수 있다. '이 기관은 나를 한 인격으로 대하는구나, 그리고 내가 어디서 왔으며 어떤 사람인지, 내가 누구인지를 알기 원하는구나. 그들은 나에게 관심이 있고 내가 하나님을 잘 섬기도록 돕기를 원하는구나'라고 생각할 것이다.

생애 인터뷰를 마무리할 때는 당사자에게 마지막 결과를 보여주고, 빠진 것이나 정확하지 않은 것이 있으면 제대로 고치도록 한다.

아울러 결론의 끝부분에 인터뷰를 진행한 사람이 그 대상자에 대해 어떻게 느꼈는지를 기록하는 것도 필요하다. 예를 들어, 인터뷰를 진행한 사람이 지원자에게 불편한 감정을 느꼈지만 그 이유를 모른다고 하자. 그러면 결론을 작성할 때 그 직관에 어느 정도의 비중을 두어야 할까? 만약 지원자가 다 작성된 인터뷰 자료에 있는 부정적인 내용을 읽고 아주 불안한 모습을 보이고, 그 자신을 긍정적으로 보이기 위해 그 내용을 바꾸기 원한다면, 이런 요소(그리고 비슷한 관찰 내용)는 결론 부분에 첨가되어야 한다. 만약 인터뷰 대상이 늦게 오고, 옷차림이 너저분하고, 협조하길 거부하거나, 자기 인생의 일부 사건에 대해선 말하기를 거부하는 등 무례한 태도를 보인다면, 이것 역시 기록해야 한다.

인터뷰는 인터뷰를 하는 사람과 면접자 모두에게, 그가 이미 어떤 상황을 극복했는지, 어떤 태도를 보였는지, 어떤 우선순위를 보여주었는지, 또는 어떤 약점이 있어 보완할 필요가 있는지 등을 잘 보여줄 것이다.

생애 인터뷰가 다양한 사람들로부터 받는 여러 추천서를 대치하면 안 된다. 선발과정의 책임자가 추천서를 쓴 사람들과 각각 전화로 대화를 나눌 수 있다면 큰 도움이 될 것이다.

3. 공동체 생활 관찰하기

지원자의 건강 상태를 판정하는 세 번째 방식은 관찰이다. 공동체에서 일

주일 남짓 생활하는 모습만 봐도 굉장히 많은 정보를 얻을 수 있다. 가령 뷔페식으로 식사가 제공된다고 가정하자. 지원자가 제일 먼저 먹겠다고 고집을 부리든가, 거의 언제나 자기 몫보다 많이 가져간다든가, 음식과 서비스, 또는 준비한 사람에 대해 부정적인 소리를 하든가, 감사를 표현하지 않든가 하면 관찰을 통해 많은 정보를 얻게 된다. 지원자가 다른 사람을 어떻게 대하는지, 또는 스스로와 그 자리를 깨끗하게 유지하는지, 할당된 일을 잘 완수하는지, 또는 요청에 어떻게 반응하는지 등 이런 작은 행위들은 그 사람의 성품에 대해 많은 것을 말해준다.

그런 공동생활 이벤트는 그 가족을 관찰할 수 있는 좋은 기회를 제공한다. 부부가 서로 어떻게 대하는지, 가사를 어떻게 분담하는지, 자녀들은 어떻게 훈육이나 재제를 받는지, 그들이 가족의 필요와 그 이벤트의 목적을 모두 충족시키기 위해 어떻게 노력하는지 등.

다시 말하지만, 추천서는 여기서 약간의 도움을 준다. 그러나 목사는 젊은 교인의 일상적 모습을 보거나, 공동생활의 현장에서 다른 사람들에게 어떻게 행동하는지를 관찰할 기회가 별로 없다. 그래서 기관에서 운영하는 공동생활 이벤트가 목사보다 훨씬 더 많은 정보를 제공해 줄 것이다.

이 세 가지 방식들(임상적인 인사 평가 도구, 생애 내력, 그리고 공동생활의 관찰)은 당사자에 대한 포괄적 프로파일을 제공할 것이다. 만약 세 가지를 다 활용한다면 선발 과정에 많은 시간이 들겠지만 철저한 평가가 이뤄질 것이다. 이처럼 철저한 선발 절차는 선교단체로의 영입에 필요한 기초자료를 제공할 뿐 아니라 부수적인 유익도 있다. 포괄적 평가 과정은 선교단체가 그 지원자를 허입해야 할지 여부를 탄탄한 정보에 기초해 결정할 수 있게 한다. 만약 이 정보를 그 지원자에게도 준다면, 그 정보는 앞으로의 성장 계획의 기초로 활용될 수 있을 것이다.

결론

이 방법들 중 어느 하나라도 선교단체에 잘 기여할 수 있다고 나는 믿는다. 물론 검사 도구의 사용은 선교단체 편에서 시간을 절약하는 방법이지만 돈이 많이 드는 편이다. 생애 인터뷰는 시간이 많이 들고, 인터뷰를 하는 사람이나 인터뷰 팀에 꽤 많은 기술을 요구하지만, 돈은 적게 든다. 그리고 공동생활 기간은 현재의 행습에 대한 정보를 주는 면에서 아주 생산적이지만, 그 사람의 과거나 그 사람이 이미 이룬 변화에 대해서는 별로 말해 주지 않는다. 이런 이유들 때문에 우리는 세 가지 방법을 모두 사용해서 철저한 평가를 하도록 권한다.

배치

이번 장의 앞부분에서 우리는 모집, 선발과 평가, 배치, 지속적인 건강 증진 등 네 가지 영역을 살펴보겠다고 언급했다. 앞의 두 영역에 대해서는 많이 다룬 셈이다.

이제 배치에 대해 생각해 보자. 이 사람, 이 부부, 또는 이 가족은 어디에서 타문화 사역을 수행하며 하나님을 섬길 것인가? 네 가지 고려사항이 있다.

첫째, 본인이 바라는 사역지는 파송단체의 현황과 잘 맞아야 한다. 만약 그 가정이 섬기기를 원하는 나라에 그 단체의 사역자나 하부구조가 없다면 반드시 신중하게 의논해야 한다. 지원자가 선교단체의 접촉점이 있는 곳에서 일하기로 순복하든지, 선교단체가 이제까지 사역해본 적이 없는 곳에서 이 지원자(가정)가 그 기관을 대표하도록 허용할 것인지 결정해야 한다. 그 사역자는 어디로 가든지 그 단체를 대표하게 되고, 그 단체는 이 사역자나 가정이 어디로 가든지 그들에 대해 책임을 지게 된다.

그러므로 사역자는 사역지를 배당받는 데 선교단체의 축복과 허락이 필요하다. 그런데 어떤 나라의 첫 사역자가 된다는 것은 외로움을 감수하고 팀이나 선배 사역자들의 충고 없이 홀로 길을 개척하는 것을 의미한다.

둘째 요소는 사역자의 비전과 부담과 관계가 있다. 이 사람은 어디서 섬기고 싶어 하는가? 미전도 종족 가운데서 복음을 전하고 싶은가? 성경이 없는 공동체를 위해 성경번역을 할 것인가? 언어 조사와 외딴 곳으로 비행하는 일과 같은 지원 사역을 할 것인가, 의료 사역이나 황폐한 공동체에 가서 구제 사역을 할 것인가? 그 가정은 생활필수품이 부족한 곳에서 일하고 싶어 하는가? 이는 각 사역자나 부부가 그들 자신을 아주 잘 알고 있어야 함을 의미한다. 그들의 은사와 훈련이 무슨 사역에 적합한지를 알고, 어디에 도움이 필요한지를 알아야 함을 의미한다. 그들은 선교지를 놓고 하나님의 인도를 받기 위해 주님과 많은 시간을 보냈을 것이다. 어떤 필요가 소명을 결정짓는 것은 아니지만 그것은 배치에 큰 영향을 주는 요인이다.

셋째, 사역자와 그 배우자는 사역과 지역을 찾을 때 가족의 필요를 고려해야 한다. 배치에 관한 결정은 가장(家長) 혼자 결정하면 안 된다. 만약 그가 인터넷 연결도 안 되고, 의료 서비스도 없고, 자녀들의 교육 자원도 없는 먼 오지로 가기 원한다면, 그 가족은 큰 대가를 치르게 될 것이다. 만약 아주 복잡한 도시에서 무척 작은 고층 아파트에서 살아야 한다면? 만약 자녀가 여럿이라면 어디서 놀 것인가? 이곳이 이 가족을 위해 최선의 장소일까? 이런 상황은 아내이자 엄마인 사람에게 얼마만큼의 스트레스를 줄 것인가? 기후 또한 고려 요소다. 만약 한 아이가 천식이 있다면 기후가 더 나은 지역을 택해야 할 것이다. 만약 아내가 수줍음을 많이 타고 언어를 잘 못 배운다면, 아내가 상류층을 많이 대접해야 하는 사역은 적합하지 않을 것이다.

마지막으로, 3자(선교단체, 파송교회, 선교사 가정)가 다 진지하게 고려할 사항은 그 가정이 가고자 하는 지역의 지정학적 요소와 도전이다. 그리스도인 타문화 사역자이며 옥스퍼드 대학 정신과 임상 심리학자인 데비 러벨-호커(Debbie Lovell-Hawker) 박사는 이러한 고려사항을 얘기한다.

NGO에서 일할 누군가를 해외로 보내는 것은 언제나 위험부담이 있지만, 특히 재난 직후의 시기에 행하는 사역이라면 심리적인 문제를 일으킬 위험성이 훨씬 크다. 재난이나 전쟁 지역에서 일할 사람을 모집할 때는 가능하면 심리학자나 정신과 의사에게 심리 평가를 맡겨야 한다. 이렇게 하는 목적은 재난 사역의 결과로, 또는 효과적으로 사역할 수 없기 때문에 정신건강의 문제[우울증이나 외상 후 스트레스 장애(PTSD)와 같은]를 야기할 위험성이 높은 사람들을 선별하기 위한 것이다.(재난에 대응하는 스태프들을 지원하기: 모집, 디브리핑, 지속적인 케어, p. 2)

사역자를 위험 지역에 배치하려고 할 때는 특별히 신중할 필요가 있다는 것은 『세계선교 입문』(Introducing World Mission, p. 313)에서도 인정하고 있다.

"[타문화 사역자들은] 인류역사상 전례가 없는 세계적 규모의 황폐한 현장에 자신이 서있게 된 것을 발견할 수 있다. 그들은 그런 비극의 한복판에서 사랑으로 섬길 준비가 되어 있는가? 그 대가는 오늘의 교회가 상상한 것보다 훨씬 크겠지만 하나님의 은혜로 감당할 것이다."

이런 말을 들으면 열방에 복음을 전하도록 누군가를 보내기에 앞서 이번 장에서 논의한 단계들을 거치는 것이 얼마나 중요한지를 알 수 있다.

지속적인 건강 증진

이번 장의 마지막 부분은 지원자의 지속적인 건강 증진에 관한 것이다. 이 일은 어떻게 이루어지는가? 선교단체와 특히 선발과정에 참여하는 전문가와 인사 담당자는 어떻게 지원자로 하여금 주체적으로 자신의 성장을 도모하고, 계속 성숙해 가고, 장차 선교단체에서 사역할 동안만 아니라 생애 전체에 걸쳐 더욱 번성하게 할 수 있을까?

지원자와 기존 사역자들이 자신의 포괄적인 건강을 위해 책임감을 갖고 있음을 보여주는 몇 가지 확실한 태도를 열거하면 아래와 같다.

개인의 지속적 성장에 꼭 필요한 태도

1. 피드백을 기꺼이 받을 뿐 아니라 그것을 간청하는 열린 자세.
2. 기꺼이 성장하고 변화하려는 자세. 그리스도를 닮고자 하는 열정.
3. 방어적 자세와 부인하려는 태도의 탈피.
4. 변화와 성장의 필요성에 대한 인식.
5. 정확한 분별력과 통찰력.
6. 적절한 성장 계획을 개발하는 창의성.
7. 그 계획을 실행하는 에너지와 훈련.
8. 자신과 자신의 영향력 및 행동에 대해 책임지는 자세.

(로라 매 가드너)

새로운(그리고 노련한) 사역자들이 지속적으로 자기 건강을 책임지도록 격려하는 방법은 적어도 다음 세 가지가 있다.

1. 지원자를 최대한 전체 선발 과정에 참여하게 하라.

이 선발 과정의 궁극적인 목표는 그가 타문화 사역자로서 성공하도록 돕고 잘 적응하고 기쁘게 사역을 계속할 수 있도록 보장하는 것임을 알게 하라. 따라서 성장을 증진하는 태도들에 대해 논의하고 격려할 필요가 있다.

2. 성장을 돕는 자료를 제시하고 또 활용하도록 격려하라.

이런 자료에는 성장 계획과 더불어 문서 자료, 멘토나 모델, 책임을 묻는 파트너, 교회 관계 등과 같은 자원이 포함된다.

3. 면밀한 감독과 정기적이고 지속적인 모니터링.

브리핑(briefing). 지원자는 먼저 직무와 기대치 등에 관한 선교단체의 브리핑을 받을 필요가 있다.

디브리핑(debriefing). 사역자는 정기적으로 리더가 주도하는 디브리핑 대화와 심도 있는 평가의 기회를 반드시 잡아야 한다(디브리핑 샘플은 부록 3을 보라). 정기적인 디브리핑 세션 외에도 디브리핑은 일을 해나가는 동안 전략적인 시점에 중요한 역할을 할 터인데, 특별히 다음과 같은 매우 취약한 사역 기간에 더욱 그럴 것이다.

- 사역지에 도착한 직후
- 임기 중간쯤
- 현지 사역 기간의 마지막 시점
- 트라우마를 겪거나 특이한 경험을 한 후
- 선교사 경력의 중반기(중년)
- 선교사역 종료가 가까운 시점

칭찬하기. 통계에 따르면 일반 직장에서는 약 65퍼센트의 일꾼들이 칭찬이 부족해서 일터를 떠나고 싶은 마음이 든다고 한다. 보통은 기독교 단체가 사역자들에게 감사의 표현을 더 잘 해주길 기대한다. 우리는 선교사역자들은 임금 인상, 회사 차량, 지정 주차장, 일상적인 감독 등의 혜택을 받지 못한다는 사실을 유념해야 한다. 따라서 우리는 시의적절하게,

문화적으로 적합한 방법으로 우리 일꾼들에게 진심어린 칭찬과 감사를 표현해야 한다.

문제 제기와 문제의 직면. 감독의 또 다른 측면은 문제를 발견하면 그것을 제기하는 것과 관련이 있다. 문제 제기는 선교단체에 큰 스트레스를 주는 일이긴 해도, 용기와 배려가 겸비된 피드백이 없으면 사역자들은 자기가 만족스럽게 일하고 있는지 모르는 상태로 남는다. 혹시 우리가 상대방을 배려하며 문제를 제기하고 피드백을 줄 마음이나 능력이 없거나 기술이 부족해서 그로 하여금 계속 주변 사람들을 힘들게 하도록 내버려 두고 있진 않은가? 나쁜 소식(문제 제기)을 좋은 방법으로 알리는 법을 배우는 것은 수퍼바이저가 배워야 할 중요한 기술이다.

지도자 훈련과 개발. 수퍼바이저가 사역자들의 심리적, 영적 안녕을 돌보는 일에 잘 준비된 경우는 드물다. 이런 영역에서 지도자를 훈련하고 개발하는 일은 필드중심의 선교 팀들에게 매우 중요하다.

행정. 훌륭한 행정은 좋은 멤버 케어의 일부이다. 그래서 다음 장에서는 정책과 절차에 대해 논의할 것이다. 이는 우리 사역자들을 지혜롭게 잘 돌보는 수단이기 때문이다.

현실은 이상과 다르다

내가 여기서 설명한 것은 선발 과정에서 이상적인 상황을 전제로 한 것이다. 하지만 우리 대부분은 이상적인 조건에서 일하지 않는다. 때로는 선발 과정이 전화로 추진되기도 한다.

때로는 지원자가 선발에 필요한 모든 질문과 노력에 저항하면서, 하나님께서 자기를 부르셨다고 주장하며 본인이 우리 단체를 선택했다고 밝힌다. 이런 일이 벌어지면 거절을 통보해야 한다. 그런 행동은 하나님께서 그 단체에 세우신 하나님의 권위에 순복하려는 마음이 없음을 명백히 보여 주기 때문이다. 또한 현지에서 파괴적 결과를 낳게 될 성품상의 결함을 가리켜준다.

그래서 이런 문제들을 고려할 필요가 있다.

- 우리는 선교단체로서 어느 정도 위험부담을 질 것인가?
- 우리는 단기 사역자에게 어느 정도의 시간을 투자할 수 있는가?
- 지원자가 성공적인 기독교 사역 경력이 있는 40세라면 우리는 얼마나 엄격해야 할까?(약간의 조정이 필요하겠지만 선발과 오리엔테이션 절차를 축소하는 것은 현명한 처사가 아니라고 본다. 그럴 경우에는 지원자가 선교단체로부터 필요한 정보를 얻지 못하고, 지원자에게 그는 특별한 존재라 평가할 필요는 생각을 전달하기 때문이다.)
- 인사 담당 스태프는 과중한 업무로 피곤하거나 환멸을 느낄 수 있다. 우리는 종종 우리가 맡은 과업을 수행하기에 부족하다고, 서툴다고 느끼곤 한다. 현지의 수퍼바이저들은 종종 여기에서 말한 모니터링 활동을 할 만한 시간과 기술이 없다. 모니터링이란 직무의 적합성 여부를 판단하기, 브리핑과 디브리핑, 필요하면 문제를 제기하는 일 등을 말한다. 우리는 우리 자신의 결함과 약점, 성장의 부족, 우리 기관의 단점을 인식하고 있고 또 그래야 한다. 그래도 우리는 점차 나아지고 있는가? 이 중요한 일들을 더 잘 하기 위해 바른 방향으로 움직이고 있는가?

그렇다, 이상적인 상황은 거의 없다는 것을 인정한다. 하지만 우리가 이번 장에 제안된 사항을 얼마나 잘 수용하는가에 따라 우리의 선발 과정이 그만큼 개선되고 지원자도 잘 섬길 수 있을 것이다. 우리의 목표는 잘 선별된 후보자들을 생산적으로 일할 수 있는 사역지에 잘 배치하고 그들에게 적절한 과업을 주고, 하나님과 동료들의 이름이나 사역에 누를 끼치지 않게 하는 데 있다. 이는 하나님의 영광과 하나님 나라의 확장을 위하여 하는 것이다.

우리는 이 과업에 겸손하게 접근해야 하고, "열 길 물속은 알아도 한 길 사람 속은 모른다"는 격언을 명심해야 한다. 우리는 결코 사람 마음의 동기를 완전히 알 수 없고 그 동기를 알기 위해 우리가 기울인 노력도 완전히 믿을 수 없다. 우리가 은혜와 존경, 지혜와 온유함을 품고 이 일을 수행하게 되기를 바랄 뿐이다.

사례 연구 #4 데이비드와 사라

데이비드와 사라는 결혼한 지 3년이 되었다. 데이비드가 신학대학원을 졸업한 후 그들은 한 교회에서 2년간 사역을 했다. 그들에게는 건강하고 활동적인 어린 아들이 있다. 이 부부는 타문화 사역자가 되고 싶어 한 국제단체에 지원했다. 사라는 영어를 잘 못해서 데이비드가 모든 지원서 질문에 답을 했고, 두 사람이 믿고 있는 신조도 작성했다.

선발 위원회가 반드시 물어봐야 할 질문은 다음과 같다.

1. 이 부부는 어떤 강점을 갖고 있는가?
2. 이 부부의 건강 상태 – 신체, 영성, 정서, 부부관계, 인간관계 등 – 를 어떻게 판정할 것인가?
3. 사라의 성경 지식을 어떻게 판정할 것인가?
4. 두 사람이 수행하길 원하는 일에 대한 능력을 어떻게 판정할 것인가?
5. 성경번역(이것이 그들이 원하는 사역이라면)을 하려면 사라는 어떤 훈련을 받았어야 하는가?
6. 선발 과정에서 문제가 될 만한 것은 무엇인가?
7. 그들의 확대가족으로부터 건강한 지지를 받는지 여부를 어떻게 알 수 있는가?
8. 이 부부의 현재 언어 능력 수준을 감안할 때 그들을 허입한다면 장기적으로 어떤 결과를 초래할 것 같은가?
9. 선교단체는 이 부부에게 어떤 단계를 밟으라고 조언해야 할까?

03 "멤버 케어: 모집 단계에서 시작하라" 요약

1. 타문화 사역 후보자에 대한 검토는 모든 영역을 포괄해야 한다. 그들은 이런 건강을 갖춰야 한다.
   · 영적 건강
   · 신체적 건강
   · 정서적 건강
   · 관계적 건강

2. 단체(또는 교회)가 후보자의 건강 상태를 파악하는 방법은 여럿 있다.
   · 검사도구
   · 인터뷰
   · 추천서
   · 관찰

3. 타문화 사역자들을 적절히 배치하려면 다음 요소들을 고려해야 한다.
   · 선교단체의 비전과 전략
   · 사역자의 개인적인 비전과 부담
   · 개인/가족의 필요
   · 지정학적 요소(예, 전쟁 지대 속 현장 또는 재난의 영향을 받은 지역 등)

4. 타문화 사역을 할 때 건강을 유지하는 세 가지 방법
   · 스스로 자기를 돌보고 성장하도록 하는 것
   · 후보자가 활용할 수 있는 자원을 마련하는 것
   · 단체와 교회의 면밀한 감독과 모니터링

04

성공적인 타문화 사역에
필요한 태도

"성공이란 하나님께 순종하고
자기 소명, 자기 책임, 자신의 기회에 충실한
삶 전체의 문제이다"

한 지혜로운 사람이 성경 각 책의 소개문을 쓰면서 민수기에는 "계수와
싸움"이란 슬픈 제목을 붙였다.

성공이란 무엇인가?

서구 사회는 아직도 계수하는 중이고 높은 숫자가 나오면 성공이라고 생
각한다. 그게 나쁜가? 완전히 나쁜 것은 아니다. 단, 사람과 재정을 책임
있게 관리하는 청지기가 되길 원해서 그렇다면 말이다. 교회와 선교후원
자들은 자기네가 파송한 사역자들이 맡은 과업을 잘 수행하는지 알기를
원한다. 그래서 교회가 연례 보고서를 만들기도 하는데, 거기에는 숫자를
묻는 질문들이 들어 있다.

작년에는 전도지를 몇 장 돌렸는가?

세례 받은 사람은 몇 명인가?

교회는 몇 개 개척했는가?

이러한 질문들은 과업과 성취도에 집착하고 있음을 보여준다.

성경 번역 운동에 기부하는 어떤 사람들은 다음과 같은 것을 알기 원한다. 성경 한 권을 번역하는 데 돈이 얼마나 드는가? 한 구절을 번역하는 데는 얼마나 드는가? 이런 종류의 질문들을 한다.

이러한 질문들은 재정에 사로잡혀 있음을 보여준다.

이 두 가지 관점은 관계 중심적이 아닌 서구의 과업중심주의를 보여준다. 링엔펠터와 마이어스는 『타문화 사역과 이해』(Ministering Cross-Culturally)라는 책에서 이 문제를 논의하고 있다.

"또 다른 문제는 사역의 성공을 정의하기가 어렵다는 것이다. 흔히 교회와 선교기관의 지도자는 학력이 높은 과업중심의 사람들이라 성공이 종종 객관적인 목표의 견지에서 정의되곤 한다. 그 기관의 사람중심의 사역자들은 종종 그러한 목표에 못 미칠지 몰라도 훌륭한 관계를 맺고 개인적인 사역을 아주 잘 한다. 때때로 지도자들은 사람중심의 동역자들에게 커다란 압력을 행사하여 기존의 패턴을 따르도록 하거나 심지어 그들을 권위에 저항하는 영적 문제를 가진 사람으로 보기도 한다.

"우리 가운데 선천적으로 사람 중심인 이들은 더 많이 격려해줄 필요가 분명히 있다. 그들은 다른 사람들이 배우기 힘들어하는 특별한 은사로 사역에 기여한다"(p. 81).

링엔펠터와 마이어스는 관계 중심적인 마이크로네시아(Micronesia)에서의 그들의 경험을 이용해 서구의 과업중심 관점과 나머지 세계의 관계중심 관점을 잘 대비시켰다. 더 나아가 이렇게 지적한다. 과업중심적인 사고를 하는 우리는 "동일한 패턴이 신약성경에 반복해서 나오고 있는 것을 보지 못한다. 우리는 우리의 문화적 가치관에 의해 눈이 먼 것이다"(p. 80).

모든 사람에게 많은 사랑을 받았던 우리 동료의 추모예배에서 오랫동안 그와 함께 일했던 현지인 한 사람이 말하기를 "클라이드는 우리 중 한 사람이었던 그리고(외국인)였다"고 했다. 그는 이 관계중심적인 문화에서 너무나 효과적으로 일한 유능한 일꾼이었음에 틀림없다!

타문화 사역에서의 성공에 초점을 맞추고 성공의 정의를 살펴보는 것으로 이번 장을 시작하는 게 좋겠다.

동기(하나님의 자원을 잘 관리하는 신실한 청지기가 되고 싶은 마음)는 칭찬할 만하나 그 과정이 형편없는 경우가 종종 있다. 주관적인 요소들이라고 마치 사역에 쓸모없는 것처럼 취급해서는 안 된다.

- 언어습득은 어떤가? 어느 정도로 유창한가?
- 그 언어를 사용하는 자들과 어떤 관계를 맺고 있는가?
- 어린 새 신자들을 어떻게 멘토링하는가?
- 비서 일과 행정 보조, 경비, 자동차 정비, 행정가와 리더, 학교 교사, 예술가, 컴퓨터 기술자, 회계, 훈련가와 같은 지원 업무에 제대로 사람을 충원하고 있는가?
- 평생 사역에 대해서는 어떤가?
- 해마다 신실하게 자기 임무를 다하고 있는가?
- 자기 가정을 돌보는 일은? 배우자를 보양하는 일은? 자녀들을 하나님의 방식으로 훈련시키고 가정을 잘 유지하는 일은?

• 개인적인 만족도와 사역에서의 성공은?

이 모든 것은 중요한가?

나는 그렇다고 믿는다. 그러나 측정하긴 어렵다.

나는 성공을 이렇게 정의한다. 주어진 장소에서 주어진 임무를 효과적으로 수행하는 한편, 본인과 다른 사람들이(예를 들어) 비행사/회계사/지도자로서 하나님의 영광을 위해 그 일을 신실하고 유능하게 잘했다고 느낄 때 성공한 것이라고. 나는 성공이란 것이 자신의 삶과 가정에서 자기 역할을 책임 있게 수행하는 것을 포함한다고 믿는다.

과업상의 성공은 현지 공동체에서의 성공이 없으면 무의미하다. 사역자는 현지인들과 탄탄한 관계를 맺고 우정을 쌓는 데 드는 시간을 귀하게 여기며 그들과 삶을 나눌 수 있어야 한다. 그러지 않으면 그리스도인의 삶이 어떤 것인지 그들이 어떻게 알겠는가? 우리는 이 종족 그룹들이 우리에게 가장 중요한 하나님을 알게 되기를 원치 않는가?

하지만 성공이란 그 이상의 것이다. 기독교 사역에서 사역자들은 그들의 사역이 성장하고 모든 사람이 그들을 사랑하고 인정할 때 아주 성공적인 것처럼 보일 수 있다. 참된 성공과 효과적인 사역은 한 사람이 자신의 사역뿐 아니라 개인 생활에 있어서도 마음과 생각을 다해 하나님의 말씀을 따르기로 결단할 때 나타난다. 그런 사람은 책임 있는 관계를 유지하며, 성경을 규칙적으로 공부하며, 살아있는 기도 생활을 유지하며, 영적 훈련을 열심히 한다. 달리 말하면, 성공이란 하나님께 순종하고 자기 소명, 자기 책임, 자신의 기회에 충실한 삶 전체의 문제이다. 이상적으로 말하면, 그런 사람은 자기 은사들을 인식하고 하나님의 영광을 위해 사용하는 자리를 발견해서 결국 번성하게 된다. 이것이 바로 성공이다. 비록 사역의 성공에 대한 이런 정의가 약간 막연하지만, 성공적인 타문화 사역을 증진시킬 수 있는 기술과 태도들이 있다. 나는 동료인 브루스 스완슨(Bruce Swanson) 박사의 훌륭한 글 "타문화 사역자를 세우거나 망치는, 눈에 안 보이는 다섯 가지 기술(태도들)"을 약간 수정해서 인용하려고 한다. 이 글은 2006년과 2007년 아시아와 아프리카, 남태평양 지역에서 실시된 현지 조사에 근거를 둔 것이다. 스완슨 박사는 연구조사를 전공한 전문가이자 교육가라서 그의 견해는 무척 유익하다. 스완슨 박사는 현지 조사에서 다음과 같은 긴박한 질문에 대한 답을 찾으려고 조사에 착수했다.

- 현지에서 너무 빨리 사역자들을 가장 빈번하게 본국으로 돌려보내는 원인은 무엇인가?
- 사역자가 성공하는 데 가장 중요한 특성 – 태도, 기술, 또는 지식 – 은 무엇인가?
- 이 중요한 특징들 중에 "눈에 보이지 않는" 것은 무엇인가? 예컨대, 필드의 실제 상황에서 테스트되기 전에는 간파하기 어려운 것은 무엇인가?

그 결과 그는 두 가지 중요한 점을 발견했다.

첫째, 가장 중요한 요인들은 – 가장 빠른 조기 탈락을 낳는 것들은 – 전문적인 기술이 아니라 태도였다. 언어 개발 프로젝트는 꽤 학문적이고 전문기술이 요구되는 경우였음에도 불구하고 말이다.

둘째, 이러한 태도들은 간파하기가 아주 어렵다. 그리고 새로운 후보자들이 사역지에 가기 전에 실시하는 준비단계에서는 놓치기 쉽다. 흔히 사역자가 필드에 도착한 뒤에 불쑥 나타나기 때문에 그것을 "눈에 보이지 않는" 것들이라 불러도 무방하다.

타문화 사역자들을 세우거나 망치는 다섯 가지 태도/기술/지식(ASKs)

1. **유연성.** 이는 "새로운, 다른, 또는 변하는 요구를 재빨리 수용하는 능력"(미리암 웹스터)이라 정의할 수 있다. 이것은 당신의 첫 과업이 당신이 받은 훈련과 잘 맞지 않거나, 당신이 상상했던 사역 현장과 실제로 현지에 도착했을 때의 현실이 상당히 다를 수 있다는 것을 예상하는 걸 의미한다.

2. **타문화에 대한 민감성.** 삶의 모든 영역 – 관계, 교육, 돈 문제, 역사, 작업 환경, 종교, 가정 등 – 에 영향을 주는 종족 그룹의 관습적인 신념과 사회적 양식, 목표와 가치관, 세계관을 이해하고, 거기에 적응하는 것.

3. **악한 영적 세력과 싸우기 위해 하나님의 말씀을 사용할 수 있는 영적 성숙/능력.** 직접적인 영적 공격을 비롯한 온갖 어려움에 직면하여 강인함과 믿음직함, 한결같음, 싸울 준비를 갖추게 해주는 하나님과의 깊은 관계.

4. **종의 마음과 태도.** 자신의 유익보다 다른 사람들의 필요와 유익에 더 민감하고 기꺼이 반응하는 태도. 다른 사람들의 처지를 공감하고 그들의 필요를 채우기 위해 겸손하게 행동을 취하는 것.

5. **팀/동반자로 일하는 능력.** 공동 목표를 향해 다른 사람들 및 단체들과 효과적으로 협력하도록 이끌어주는 태도와 이해심. 자문화권 출신뿐 아니라 타문화권 출신의 동료들과도 생산적인 사역 관계를 맺고 유지할 수 있는 능력.

눈에 안 띄는 이 다섯 가지를 어떻게 다룰 것인가: 세 가지 제안

이러한 ASKs의 존재 여부를 어떻게 분별하고 다룰 것인가?

1. 파송교회의 확인과정을 통해 후보자를 철저히 평가하라.

2. 모집 과정을 꼼꼼하게 잘 챙기라.

3. 부임 전 상담 시간에 후보자의 태도를 살펴보라.

4. 훈련과 부임 전 준비 기간에 필드 사무실과 사역자 간의 의사소통의 기회를 늘리라.

5. 각 단계마다, 특히 훈련 기간에 의도적으로 예상되는 상황에 부딪히게 하라.

타문화 사역자들이 문제를 피할 수 있도록 어떻게 잘 준비시킬 수 있는가?

1. 훈련생의 개인적인 필요를 간파하고 다루라.

2. 문화 몰입 상황을 만들어 그들을 훈련하라.

3. 그들이 "눈에 안 보이는" ASKs를 간파하고 다루도록 그들을 훈련하라.

   a. 현지에서 탈진한 적이 있는 사람을 훈련자로 세우지 말라.

   b. 어려운 상황에 어떤 반응을 보이는지를 알기 위해 사례 연구와 상황극 같은 것을 활용하라.

   c. 면밀히 관찰하기 위해 공동체 생활 현장에서 훈련하라.

문제를 가리키는 '적신호'는 어떤 것들인가?

1. "나" 중심의 의식구조 - "나는 필드에 들고 갈 대단한 것을 갖고 있다."

2. 영적 성숙의 부족 - 이는 성경 공부 습관, 책임 있는 관계, 일터에서의 갈등, 개인적인 갈등, 죄스러운 습관/관계, 영적 전투의 준비 등을 통해 명백히 드러난다.

3. 필요하면 어떤 지위로든 기꺼이 하나님을 섬기려는 태도의 부족(그것
   은 하나님의 나라에 관한 일인가, 나 자신에 관한 일인가? 내가 원하
   는 것을 얻고, 내가 바라던 방식대로 쓰임을 받는 것인가?)
4. 인간관계와 물리적인 면에 대한 경직성 – 생활 여건, 인간관계, 풍습,
   언어 등에 대해.
5. 유연하지 못한 기대감 – 사역 현장에 도착하여 긴급한 필요를 채우고
   자 하는 마음보다는 "나의 프로젝트"를 먼저 챙기는 자세.

오늘날 선교사역과 선교사역자는 현지 문화와 종족 그룹에 잘 적응할
뿐만 아니라 다문화적인 팀에서 일하고 또 타문화의 리더십 아래서 일하
기 위해서라도 타문화 기술을 익히는 것이 더욱더 필요하다.(스완슨 박사가
지적한 것과 같이) 우리 자신의 태도와 영적 성장 훈련에 대해 최대한 철저
히 아는 것도 중요하지만, 그 이상의 것이 필요하다고 나는 생각한다. 그
것은 바로 하나님의 말씀이 논의하고 권장하는 초문화적인 태도를 취하
기로 다짐하는 것이다.

우리에게 가장 필요한 다섯 가지 초문화적인 성경적 태도

사역자가 반드시 갖춰야 할 다섯 가지 태도를 간략히 살펴보자.
1. **진정한 겸손**. "아무 일에든지 다툼이나 허영으로 하지 말고 오직 겸
   손한 마음으로 각각 자기보다 남을 낫게 여기고"(빌 2:3). 존 딕슨(John
   Dickson)은 그의 소책자 『휴밀리타스』(Humilitas)에서 이렇게 말한다.
   "겸손이란 스스로를 틀렸다는 지적을 받을 위치에 놓고, 교정을 받아
   들이고, 다른 사람에게 당신이 어떻게 더 잘 할 수 있는지 물어보는 것
   을 의미한다. 이런 의미에서 낮은 자리가 곧 높은 자리다. 거기에서 당

신이 성장하게 된다"(p. 123).

2. **깊은 존경심**. 이 명령은 베드로전서 2:17절에 나온다. "뭇 사람을 공경하며…" 존경의 대상은 남녀노소, 자녀와 부모, 남편과 아내를 모두 포함한다. 이와 대조적인 도전은 디모데전서 3장에 나온다. 존경을 받을 만한 남자와 여자가 되라는 말씀이다(8절, 11절).

3. **자기에 대한 정확한 지식과 영향력에 대한 인식**. 우리는 자신이 실제로 어떤 사람이며 주변 사람들에게 어떤 영향을 주는지를 알려고 겸손히 애쓰고, 필요하면 기꺼이 변화하려고 노력한다. 베드로가 하나님의 백성에게 준 마지막 권면은 "오직 우리 주 곧 구주 예수 그리스도의 은혜와 그를 아는 지식에서 자라 가라"(벧후 3:18)는 말이었다. 우리는 평생 동안 성장하겠다고 다짐해야 한다.

4. **타인을 진심으로 돌봄**. 목자, 목사, 장로는 그들의 양떼를 잘 돌보라는 명령을 받았다(벧전 5:1-3). 우리의 모범이신 그리스도께서 "목자장"(벧전 5:4)으로 묘사되어 있는 것은 주목할 만하다. 이밖에도 성경에 "서로서로"라는 말로 상호 돌봄을 권고하는 대목이 55번이나 나온다(부록 1을 보라).

5. **더 많이 경청함**. 경청이 너무나 부족하여 타문화 사역자들 사이에 외로움이 만연하고 있다. 경청하는 행위로 서로서로 주목하는 것은 존경을 표하는 일이고 위로와 용기를 준다. 우리 하나님은 보고 듣는 분인즉 우리도 그분처럼 돼야 한다(출 3:7; 시 40:1). 우리 자신에 대해 듣고 싶지 않은 것에 귀 기울일 때 그 경청은 또한 배움의 수단이 된다.

요약

우리가 사역에서 성공한다는 것이 무엇인지 그 진정한 의미를 생각해보면 도무지 성공의 가시적인 지표에 사로잡힐 수 없다. 오히려 우리의 삶과 우리의 마음, 우리의 태도를 점검해야 한다. 우리는 과연 서로의 관계를 쌓고, 주님의 성품을 드러내고, 그분이 보시기에 효과적인 사역으로 이끌어주는 그런 태도를 보이고 있는가? 우리의 모든 사역이 성공을 성취하기 위해서가 아니라 우리 주님께 영광을 드리기 위해 추진되기를 기도한다.

04 "성공적인 타문화 사역에 필요한 태도" 요약

1. 성공의 정의

    a. 과업 중심적(객관적이고 측량 가능한 목표들) 또는

    b. 관계 중심적(신약의 패턴, 지속가능한 변화와 효과적인 사역의 필수요건)

    c. 사역자의 생활양식은 반복될 수 있어야 함. 즉, 한 사람의 삶이 다른 사람에게 모델이 될 수 있어야 함. 이는 하나의 패턴을 보여주는 것

2. 성공적인 사역에 기여하는 눈에 안 보이는 다섯 가지 태도와 기술

    a. 유연성

    b. 타문화에 대한 민감성

    c. 영적 성숙, 악과 싸우기 위해 하나님의 말씀을 사용할 줄 아는 능력

    d. 종의 마음과 태도

    e. 팀/동반자로 일하는 능력

3. 이런 태도를 어떻게 간파하는가?

    a. 초기 단계의 평가와 철저한 오리엔테이션

    b. 이런 태도의 부족을 용기 있게 간파하고 다루기

    c. 자기 평가를 격려하기

4. 심각한 문제들의 지표

   a. 우월감과 자신감

   b. 생활방식과 인간관계에서 드러나는 영적 미성숙

   c. 어떤 지위로든 기꺼이 섬기려는 태도의 부족

   d. 인간관계와 생활방식에서 유연성의 부족

   e. 경직된 기대감

5. 꼭 필요한 다섯 가지 초문화적인 태도(하나님의 말씀이 명하고 있어서 모든 문화에 적용될 수 있음)

   a. 진정한 겸손

   b. 깊은 존경심

   c. 자기에 대한 정확한 지식과 영향력에 대한 인식

   d. 타인을 진심으로 돌봄

   e. 경청

05

훌륭한 정책과 절차가
곧 좋은 멤버 케어다

선교에 관한 좋은 책을 여러 권 집필하거나 편집한 윌리엄 테일러 박사는 『지킬 만한 것』(Worth Keeping)이란 책의 서문을 다음 글로 마무리한다.

"…『지킬 만한 것』의 핵심 메시지는 모든 사람, 곧 아이, 청년과 장년, 남자와 여자, 싱글과 기혼자 등 하나님의 형상대로 지음 받은 모든 사람이 선교로 부름 받아 보내진다는 것이다. 그들은 우리의 최고 청지기들이고 우리는 할 수 있는 한 그들을 섬길 것이다."(p. xx).

정책과 절차의 가치

정책과 절차는 멤버 케어의 어느 위치에 해당하는가? 나는 훌륭한 행정이 곧 좋은 멤버 케어라고 믿는다. 공의와 자비, 그리고 기술로 사람들을 보살피는 것은 돌봄의 중요한 요소이다. 이제 정책과 절차를 구별해 보자.

정책은 예상되는 표준, 바람직한 행위, 이런 표준의 근거, 그리고 표준을 못 지킨 결과 등을 모두 포함한다. 이러한 것들은 이 단체의 멤버가 꼭 알아야 한다. 또한 후보자들이 한 단체에 접근할 때 반드시 알아야 하는 것이다.

절차나 지침은 그 단체가 상황에 어떻게 반응하는가 하는 것을 말해 준다. 이것은 특히 정책을 실행하는 과업을 맡은 행정가들에게 도움이 된다. 그리고 후보자나 멤버에게 이 단체와 함께 일할 때 무엇을 기대할 수 있는지 말해준다.

훌륭한 정책과 행정 절차는 행정가들에게 선교 경험의 각 단계마다 사람들을 지혜롭게 돌봄으로써 차별 없이 공의롭게 대할 수 있도록 도움과 지침을 준다. 훌륭한 정책과 절차는 지도자들과 인사 담당자들이 어떤 사람들을 잊어버리지 않도록 돕는 역할을 한다. 눈에 잘 띄지 않는 착하고 조용한 사역자는 간과하기가 너무 쉽다.

지침이 되는 원리들

한 단체가 사역자들과 관련된 정책을 개발하고 실행할 때는 다음 세 가지 원리를 따라야 한다.

1. 정책은 선교단체가 그 사명과 목표를 잘 이룰 수 있도록 사역자들을 섬기기 위해 만들어지고 고안돼야 한다. 단체들은 서로 다른 만큼 각 단체가 채택하는 기준들은 그 단체에 맞아야 한다.

2. 정책은 명확하고 합리적이며 종종 복합적인 매체로 전달되어야 한다.

3. 정책은 제한하고 처벌하고 경직된 것이기보다는 도움이 되고 촉진시키며 예방하고 유연한 것이어야 한다.

정책을 개발하거나 단체의 건강을 평가할 때는 어떤 상황이나 영역을 다루어야 할지 숙고하라.

정책이 필요한 상황들

(적어도) 다음과 같은 각 상황을 다루기 위해 정책을 만들어야 한다.

1. **선택 기준.** 이 단체는 성품, 경험, 기술, 훈련, 능력, 헌신의 견지에서 어떤 사람을 찾고 있는가? 어떤 교리적 입장이 바람직하며, 어떤 신념 체계를 원하는가? 생활방식에 대해서는 어떤가? 어떤 상황이 허입을 망설이게 하는가? 당뇨, 종신 장애, 약물에의 의존, 또는 혼합 가족? 의심스러운 행동이나 사건의 배경은?

2. **선별 과정.** 어떤 검사나 관찰, 인터뷰를 할 것이고 누가 담당할 것인가? 성장과정에 해당하는 이슈는 무엇이고, 자격미달에 해당하는 문제는 무엇인가? 이런 역할을 수행하는 인사 담당자들은 아주 잘 훈련된 자들로서 이 단체에서 성공적인 사역의 경력이 있는 사람이어야 한다. 그들은 또한 파송국가나 선교지 국가의 법적 요구에 부응하기 위해 고용법을 잘 알고 있을 필요가 있다.

3. **오리엔테이션.** 한 개인이나 가족이 선발과정을 거쳐 승인을 받고 본부의 허입을 받으면 그들을 잘 구비시키고 오리엔테이션을 하는 시간이 있어야 한다. 여기에는 자원 개발, 고립된 생활을 위한 훈련, 소수파로 참여하는 팀 사역을 위한 준비, 감독자나 조언자에게서 멀어질 경우를 대비한 자기 동기유발의 훈련 등이 포함될 것이다.

4. **재정.** 다른 나라에서 맡은 과업을 수행하기 위해 할당액을 정하려면 구체적인 정보가 필요하다. 그리고 이 후원금을 모금하려면 노련한 컨설턴트의 도움과 지원이 필요하다. 재정을 어떻게 보고해야 하며,

후원자들과의 관계는 어떻게 유지해야 하나? 어떤 가족에게 예기치 않은 비용이 발생할 때 어떻게 해야 하나? 현지에서 그들의 사역을 돕는 현지인 일꾼들에게 지불할 재정은 어떻게 모금할 것인가? 사역자는 세금과 관련해 정부에 어떻게 보고해야 하는가?

5. **교회 참여**. 대학 시절에 그리스도인이 되어 모교회가 없는 부부는 어떻게 '모교회'를 만들어 나중에 파송교회가 되게 할 수 있을까? 그 교회와 탄탄한 관계를 유지하는 일은 정기적인 후원과 지속적인 기도, 가족에 대한 격려의 차원에서 매우 중요하다.

6. **필드 사역에 대한 기대**. 선교단체는 개인 사역자나 가족에 대해 임기마다 명확한 목표를 세워야 한다. 기본적인 기대사항은 언어 습득과 현지인과의 관계 형성, 현지 체계 안에서의 역할 수행, 아내 또는 배우자로서의 역할 등을 다룰 것이다. 그 가운데는 누구에게, 얼마나 자주, 어떤 내용을 보고해야 하는지도 포함된다. 이는 책임 관계를 현지 생활의 정상적인 일부로 자리 잡게 해준다.

7. **안식년**(본부사역)**에 대한 기대, 또는 주기적인 본국 방문에 대한 기대**. 사역자는 임기 동안 얼마나 자주, 어떤 이유로 본국으로 돌아올 수 있는가? 이런 여행을 위한 경비는 어떻게 마련되는가? 안식년 동안에는 휴식, 전문성 제고, 파송교회를 섬기는 일, 건강 검진 등을 위해 얼마만큼의 시간이 할애되는가?

8. **예기치 않은 상황**. 갑자기 발생한 사건, 위기, 도덕적 실패, 갈등, 교회 문제로 인한 후원금 상실, 단체의 정책이나 감독자의 기대에 대한 이견(異見), 죽음 등, 이런 일이 이따금 발생한다. 이런 슬픈 상황에 처한 사역자나 가족을 어느 공동체가 돌볼 것인가? 만약 컨설턴트나 중재자가 필요하다면 그런 사람이 어디서 올 것인가? 좋은 결과를 얻기 위해 필요한 재정과 자원은 누가 감당하는가? 정책은 바

로 이러한 문제들을 다룰 것이다.

9. **단체와 모교회의 보호와 위기 지원**. 자연재해, 정치 불안, 또는 폭력 등과 같은 사건들에 대한 정책과 절차, 위기대처 계획은 무엇인가?

10. **자녀 교육**. 부모는 자녀의 좋은 청지기가 되기 원하고, 교육은 그들 마음에서 으뜸을 차지한다. 필드에는 어떤 종류의 학교가 있으며, 자녀에게 어떤 장애가 있다면 어떤 특별한 자원들이 필요할 것인가? 음악이나 운동 같은 과외활동에 드는 비용은 어떻게 충당할 것인가? 만약 가족이 교육 자원이 전혀 없는 오지에 산다면 자녀들을 어떻게 할 것인가? 온라인 스쿨이 모국 문화와 부모에게 용납되는가, 현지에서 그런 교육이 가능한가? 이런 질문들은 모두 정당하고, 모든 당사자들이 미리 예상할 수 있게 하려면 사전에 지침을 세워야 한다.

11. **약속**. 사역자와 본부/단체 및 파송교회 간의 상호 약속과 책임분담에 대하여도 다뤄야 한다. 이 사역자는 언제 단체의 감독 아래 있는가, 그리고 언제 교회가 개입해야 하는가? 사역자는 일차적인 충성심을 어디에 두어야 하는가? 이상적인 모습은 이 세 당사자가 원만하고 신속하며 지속적인 의사소통을 통해 조화롭게 협력하는 것이다.

단체는 사역자의 생애의 다음 단계에 필요한 정책과 행정 지침 또는 절차를 갖추려고 하지만 행정가와 사역자는 언제나 그보다 많은 것을 원할 것이다! 예를 들어, 당신이 속한 단체는 필드에서 사역자가 죽는 경우에 집행할 정책을 갖고 있는가? 그 가족이 본국으로 시신을 가져와 묻도록 허락하는가? 당신 단체는 현지 아이를 입양하는 것을 허용하는가? 싱글이 현지인과 결혼하는 것에 대해서는 어떤가? 사역자의 자녀가 그 부모가 섬기고 있는 나라의 법을 어겼을 경우에는 어떤 정책이 적용되는가? 그러한 일들이 일어날 때, 만약 누군가 그 문제에 대해 미리 생각해서 각 상황에 취할 조치를 명시해놓았다면 큰 도움이 될 것이다. 동시에 유연성이 있어야 한다. 똑같은 두 가족은 존재하지 않기 때문이다.

요약하자면, 기본 정책은 타문화권 사역자의 일생 전체를 다뤄야 한다 (예: 2장에 나오는 도표, "타문화권 사역자의 삶과 사역의 세 단계).

사례연구 #5 "비전 파푸아"

인도네시아 청년 존은 수라바야 시에 본부를 둔 인도네시아의 한 작은 선교단체인 "비전 파푸아"에 의해 인도네시아령 파푸아의 내륙지역에서 복음전도자와 농업기술자로 일하도록 파송을 받았다.

그 사역은 잘 발전하였고 이사진은 사역 보고서에 꽤 만족하고 있었다. 그런데 시간이 흐르면서 분기별 보고서가 제 때에 도착하지 않는다. 본부에서 존에게 그의 책임을 상기시켜도 – 한 번은 연달아 세 차례나 – 보고서는 오지 않는다.

마침내 이사회는 존에게서 이렇게 시작하는 편지를 받게 된다. "우리 내규에 따라 저는 격년으로 주어지는 휴가를 갖고 싶습니다." 게다가 존은 자기 고향 자바 섬으로 돌아갈 항공기 티켓까지 요청했다.

"비전 파푸아"의 다음 이사회에서 이사들은 존의 요청에 대해 토의했다. 이사들은 존이 이미 단체의 여러 내규를 어긴 것을 매우 불쾌하게 여기고 있었다. 그는 정기적인 사역 보고서 제출을 게을리 했을 뿐만 아니라 격년으로 찾아오는 안식년/본부 사역에 대비해서 매월 그의 후원금 일부를 따로 모아두라는 "비전 파푸아"의 지침을 따르지 않았음이 분명했다.

이사들 간에 열띤 토론이 있었고 심지어 어떤 사람은 존을 해고해야 한다고 제안한다. 마침내 최근 "비전 파푸아"의 멤버 케어 담당자로 임명받은 앤디와 피아가 이사들에게 그들의 견해를 얘기할 기회를 얻었다. "우리는 존이 왜 제 때에 보고서를 보내지 않았는지 물어본 적이 있습니까? 그가 자바 섬으로 돌아갈 항공료를 요청한 이유에 대해 누가 물어본 적이 있습니까?" 이사들은 아무도 존에게 그의 특이한 행위의 이유를 물어본 적이 없음을 시인하지 않을 수 없다.

앤디와 피아는 존이 왜 단체의 규정을 안 지키는지 직접 그에게 물어볼 필요가 있다고 제안한다. 심지어는 이사 한 사람이 파푸아에 있는 존을 방문해서 그의 실제 상황을 알아보게 하자고 제안한다.

이사들은 동의하고 앤디에게 최대한 빨리 존을 방문하도록 요청한다. 다음 이사회에서 앤디는 이사들이 예상한 것과 전혀 다른 보고서를 제출한다.

존이 파푸아에서 얼마간 사역한 후 현지 여성과 사랑에 빠져 결혼했다는 것이다. 이후로 존은 그의 시간을 사역과 시골에서 전혀 다르게 살아가는 아내를 돕는 데 쪼개 써야 했다.

첫 아이를 낳을 때쯤 그동안 존을 실제로 수용하지 않았던 처갓집이 존이 싫어하는 그 지방 전통을 따르도록 강요했다. 그는 가족 내에서 비교(秘敎)의 문제를 직면해야 했다. 게다가 그의 사역은 지역 주민의 끊임없는 방해를 받아서 결코 사역의 목표를 달성할 수 없었다.

이런 난제들로 인해 존은 가족의 일상적인 필요를 채우느라 앞으로 있을 안식년에 대비해 돈을 저축할 수 없었다.

존은 가족의 요구와 사역의 요구를 조정하기가 너무 어렵다고 느낀 나머지 이미 "비전 파푸아"에 사표 제출을 고려하고 있었던 것으로 밝혀졌다.

그룹 토론을 위한 질문

1. 이 단체의 몇 가지 규칙과 규정에 대해 얘기해보라.
2. 그 규칙들이 어떻게 적용되었는지 검토해 보라.
   a. 좋은 본보기는 무엇인가?
   b. 유익하지 않은 접근은 무엇인가?
3. 존과 관련해 "비전 파푸아"가 취해야 할 다음 단계는 무엇인가?
4. "비전 파푸아"가 멤버 케어 프로그램과 그들의 절차를 어떻게 개선할 수 있을지 조언한다면?

행정과 돌봄

멤버 케어는 행정에서 어떤 위치를 차지하는가? 우리는 이 장 서두에서 훌륭한 행정이 멤버 케어의 일부라고 말했다. 그러나 정책 실행자들의 관점에서 훌륭한 행정이 어떤 것인지에 대해서는 언급하지 못했다.

인사 담당자의 요건

그래서 인사 관리 시스템을 감독하는 행정 스태프에 대해 살펴보기로 하자. 그들은 어떤 종류의 사람들이어야 하는가? 이미 말했다시피 그들은 자비심과 분별력을 겸비하고, 용기 있고, 철저하며, 타인에 대한 정보와 관해 완전히 신뢰할 만한 사람이어야 한다. 또 어떤 자질이 더 필요할까?

우리는 다음 자질들을 제안하는 바이다.

- 사람들과 관계를 맺고, 그들과 얘기하고, 그들이 속마음을 털어놓게 하는 데 아주 능숙하고 그런 훈련을 받은 사람.
- 가능하면, 선교지 경험이 있어야 한다.
- 선교사역과 여러 기관들에 대해 잘 알고 있어야 한다.
- 교회들과 좋은 관계를 맺고 있으며, 선교단체와 파송교회 사이의 좋은 연결점이어야 한다.
- 여러 자원들에 연결되어 있고 어떤 자원이 필요한지를 알아야 한다. 자원이란 상담, 교육 자원, 목회적 돌봄, 재정 관리, 컴퓨터 지원 등을 말한다.
- 인사 문제에 대한 기본 훈련을 받아야 하고, 그들의 기술을 개발하기 위해 기꺼이 노력해야 한다.

인사 담당 스태프는 할 일이 너무 많으면 안 된다. 인사 담당자가 과도한 짐을 지거나 신참이거나, 또는 자신감이 없을 때 무슨 일이 생기는지를 우리는 보아 왔다. 그 사람은 정책 매뉴얼을 엄격하게 따르고, 가장 많이 요구하는 몇 사람에게만 꼼꼼히 신경 쓰기 쉽다. 그는 조용한 사역자를 잘 격려하거나 보고서가 늦은 사람을 인내하거나, 또는 정책 매뉴얼이 다루지 않는 딜레마를 해결하는 데 시간을 사용할 가능성이 별로 없다.

선교단체에는 사역자들이 생애와 사역의 모든 단계에서 돌봄을 잘 받도록 해주는 훌륭한 정책이 필요하고, 그런 정책을 감독하는 훈련을 받고 남을 잘 배려하는 사람들도 필요하다. 이번 장의 서두에서 인용한 빌 테일러의 말처럼, 우리는 멤버들을 잘 돌볼 청지기적 책임을 갖고 있다.

하나님의 말씀은 권위를 가진 자들이 그들이 결정한 것을 어떻게 실행해야 하는가에 대해 아주 명확하다. "사람아, 주께서 선한 것이 무엇임을 네게 보이셨나니 여호와께서 네게 구하시는 것은 오직 정의를 행하며 인자를 사랑하며 겸손하게 네 하나님과 함께 행하는 것이 아니냐"(미 6:8).

우리 멤버를 다루는 방법을 향상시키려면 – 여섯 가지 원리

이 주제에 관한 소그룹 토의로 시작해 보자. 이 주제에 대해 당신이 생각할 때 당신의 단체가 실천할 필요가 있는 것에 초점을 맞추도록 하라.

그룹 토론

멤버 케어 방법을 향상시키기 위해 우리 단체는 어떤 단계를 밟아야 하는가?

이 토론의 첫 단계로 우리 단체가 멤버를 대할 때 어떤 가정들(원리들)을 품고 있는지 살펴보는 것이 좋겠다. 여기서 미국 위클리프 인사 담당 스태프를 섬기기 위해 내가 만든 6가지 가정들을 내놓을까 한다.

이 여섯 가지 가정은 다음과 같다.

1. **사람들을 성경적인 존경심과 사랑으로 대해야 한다.** 여기에는 모든 범주의 멤버들, 즉 피고용인들, 현지 일꾼들, 소수파와 부양 자녀들은 물론 모든 종족과 모든 연령, 다양한 수준의 능력과 경력자들이 다 포함된다.

2. **훌륭한 인사 업무는 사람들을 돌보는 청지기가 되는 것이다.** 청지기직을 성취하려면 이런 것들이 필요하다.

   • 인사 업무를 다루는 훈련을 받고 경험이 많은 사람

   • 신중한 정책과 절차들

   • 정기적인 점검이 필요한 사항

     - 명시된 절차를 성실히 따르는 일

     - 자비로운 실행

     - 특이한 상황에 대한 고려와 허용

3. **인사 업무와 행정**(리더십)**은 같은 정신으로 수행해야 하고,** 인사 관리와 과업과 절차에 대해 비슷한 관점을 공유해야 한다. 이러한 관점들은 정의롭고, 존경할 만하고, 성경적이고, 긍정적이고, 예외를 다루거나 허용할 만큼 충분한 유연성을 갖고 있어야 한다. 그들은 멤버의 권리를 확실히 알려주고 지켜주며, 적법한 과정을 따르며, 여러 필요를 파악하여 가능한 만큼 채워주기 위해 노력할 것이다.

4. **선교는 가족과 관련된 일이다.** 그래서 생애의 단계에 따른 필요를 인사/행정 과업의 일부로 고려해야 한다. 예를 들어, 어린 자녀가 있는 어머니, 싱글, 또는 장애자에게는 하루에 몇 시간의 사역을 기대해야 할까?

5. 선교는 생활양식과 관계된 일/사역이므로, **행동 기준이 성경적 근거를 가져야 하며** 존중되고 준수되어야 한다.

6. **인사 정책은** 다음과 같은 것을 포괄해야 한다.

   • 통합(소속감), 모집, 멤버 자격, 오리엔테이션, 담당 업무 등.

   • 확증: 개인들을 중시하고 소중하게 여김; 적절한 업무, 과업을 위한 훈련,

   • 성취와 기념비적 업적 등에 대한 축하와 인정.

   • 직무 명세서와 실적 보고서를 포함한 기여(성취)

   • 임시 파견 보고서, 양해 각서 등.

예기치 않은 일(위기 준비와 후속적인 돌봄, 도덕적 문제들, 정상에서의 일탈)에 대한 적절한 대책이 있어야 하고 명확하되 자비롭게 실행되어야 한다.

다음은 내가 'People in Aid'에서 취해 SIL(하계 언어연구원)을 위해 수정한 원칙 중심 정책의 한 예다.

원칙 중심 정책의 본보기

1. 우리를 위해(우리 단체 안에서) 일하는 사람들은 우리의 효과적 사역과 우리의 목표 달성에 불가결한 일부이다.
2. 우리의 인사 정책과 행습은 최상의 실천을 목표로 한다.
3. 우리의 인사 정책은 효과적이고, 효율적이며, 공평하고, 투명하다(쉽게 의사소통하고 쉽게 이해할 수 있다).
4. 정책에 영향을 받는 사람들이 합리적으로 최대한 그 정책 개발에 참여할 것이다.
5. 계획과 예산은 우리의 필드 스태프를 향한 우리의 책임을 반영한다.
6. 우리는 적절한 훈련과 관련 자원을 제공하기 위해 노력할 것이다.
7. 우리는 스태프의 안전과 복지를 보장하기 위해 모든 합리적인 단계를 밟는다.

—L. 가드너 박사가 'People in Aid'에서 취해 SIL을 위해 수정한 내용

05 "훌륭한 정책과 절차가 곧 좋은 멤버 케어다" 요약

1. 정책과 절차는 멤버들에게 유익을 주고 지도자들에게 지침을 주기 위해 고안된 행정 도구들이다. 단체의 기대치에 대해 사람들이 의문을 제기하는 일이 없어야 한다.

2. 정책과 절차는 모집으로부터 은퇴까지 타문화권 사역자의 생애 전반을 다루는 포괄적인 것이어야 한다.

3. 지도자들 또는 인사 담당 스태프 등 이런 정책과 절차의 실행을 감독하는 사람들은 남을 잘 배려하고 훈련을 받은 이들로서 미가 6:8절을 지침으로 삼아야 한다. "사람아 주께서 선한 것이 무엇임을 네게 보이셨나니, 여호와께서 네게 구하시는 것은 오직 정의를 행하며 인자를 사랑하며 겸손하게 네 하나님과 함께 행하는 것이 아니냐."

06

필드 사역자를 위한
멤버 케어

한 단체의 본부나 교회가 그들의 사역자들에게 깊이 개입하는 단계는 다음 셋으로 나눌 수 있다. 첫째, 그들의 선발과 준비과정. 둘째, 현지에 있는 그들에 대한 장거리 관리, 셋째로 그들이 본국으로 돌아오는 경우이다 (제2장의 "타문화권 사역자의 삶과 사역의 세 단계" 도표를 보라).

선발과 준비에 관한 첫 번째 단계는 이미 앞 장에서 논의되었고, 주목할 필요가 있는 이슈들은 다음과 같다.

- 교리적인 적합성
- 성경 지식과 그 지식을 적절하게 전달할 수 있는 능력
- 영적 건강과 심리적인 건강
- 장차 기여할 영역에서의 검증된 능력
- 탄력성과 강인함, 끈기
- 건강한 부부관계와 훌륭한 가정 관리

- 파송교회의 중점, 정책, 기대에 부합하는 능력
- 첫 임기의 도전들
- 타문화권 사역의 단계에 따른 스트레스의 요인들
- 타문화를 다룰 때 분명히 할 이슈들과 그에 대한 준비

이러한 이슈들은 본부 스태프나 파송교회의 선교부, 또는 양자 모두 고려해야 할 것들이다. 선발과 오리엔테이션 과정의 이런 측면들에 다함께 참여하는 것은 쉽지 않지만 중요하다. 그러나 허입에 관한 최종 결정권은 교회가 아니라 선교단체에 있다는 것을 확실히 해야 한다. 따라서 만약 어떤 후보자가 어떤 영역에 자격이 미달하는 것으로 간주된다면, 교회가 우려를 표명해야 하겠지만, 선교단체가 그 후보자가 어떤 영역에 자격이 없다고 느끼는데도 교회가 그들의 후보자를 그 단체가 허입하도록 요구할 수는 없다.

두 번째 단계는 필드에 있는 사역자들을 (장거리로) 관리하는 것과 관련이 있다. 이는 파송교회와 선교단체 본부의 관점에서 관리하는 일이다.

세 번째 단계는 본부와 교회가 함께 선교사를 돌보는데 참여하는 단계로서 돌아오는 사역자들과 관계가 있다. 정상적인 안식년을 맞아 본국으로 돌아오거나 뜻밖의 여러 이유들로 인해 돌아오거나 임기를 다 마치고 은퇴하는 자들이다. 이는 중요한 문제들이라 이 책의 후반부에서 다룰 것이다.

이번 장에서는 두 번째 단계, 즉 본부와 파송교회에서 멀리 떨어진 선교사들을 관리하는 일과 관련된 이슈들에 대해 다룰 것이다. 해외에서는 문제가 발생할 수밖에 없고, 이에 대해 단체의 본부나 파송교회가 반응해야만 하고, 그것도 장거리로 그럴 수밖에 없다. 이런 문제들을 본부와 파송교회의 관점에서 생각해 보기로 하자.

사역자가 본국을 떠나기 전에 분명히 할 사항

사역자가 본국을 떠나기 전에 본부와 교회와 각 사역자 사이에 반드시 논의하고 합의해야 할 사항은 다음과 같다.

a. 임지와 사역의 종류: 그들은 모든 인터뷰와 훈련, 건강 검진과 심리 테스트를 통과하여 충분한 자격을 갖추고 준비가 되었는가?

b. 위기와 안전 문제: 우리는 어느 정도의 위험부담을 허용할 수 있는가? 언제 철수할 것인가를 결정할 권한은 누구에게 있는가?

c. 징계 문제: 징계를 받아야 할 문제는? 그 문제를 어떻게 다룰 것인가? 누가? 우리 사역자를 소환해야 할 만큼 심각한 문제는 무엇인가?

d. 필드에서 해결할 수 없는 갈등: 현지 시민들과 구조, 현지 당국의 권위, 파송교회의 정책과 관련한 사역자들 간의 이견은 어떻게 처리해야 하는가?

e. 생산성: 멀리 있는 파송교회가 적합한 생산성, 성공 또는 실패에 해당하는 것이 무엇인지를 어떻게 결정할 수 있는가? 사역자가 침체기를 거친 후에 다시 생산적이 되도록 교회가 도울 수 있는 방법은 무엇인가?

f. 불순종: 필드 사역자가 파송교회의 지시에 협조하기를 거부할 때 어떤 절차를 따를 것인가? 교회는 필드 인력에 대해 결정할 권한이 있는가? 이런 문제와 관련해 단체의 본부는 어떤 권한이 있는가?

g. 도덕적인 문제: 우리 사역자들에게 기대하는 행동의 기준은 무엇인가? 이러한 기준을 어겼을 때 먼 곳에 있는 우리(교회나 본부)는 어떻게 결정을 내릴 수 있는가? 그러면 무슨 일이 일어나겠는가? 본부는

회복/복귀를 위한 정책과 절차를 갖고 있는가? 이 회복 기간에 사역자를 감독할 권한은 누구에게 있는가?

h. 소환: 사역자들이 본국 소환 명령을 받을 만큼 심각한 문제는 어떤 것일까? 부부관계의 파탄, 현지인과의 간음, 매춘, 약물 중독, 가족 내 폭행, 재정 남용, 포르노, 아동 학대와 같은 다양한 도덕적 문제들에 대해 파송교회는 어떤 회복 대책을 제공할 수 있을까? 사역자의 회복에 필요한 짐(재정적인 부담, 적절한 자원을 찾기 등)은 누가 질 것인가? 일차적으로 단체의 본부인가, 파송교회인가?

i. 사기(士氣) 문제: 현지 사역자가 너무 낙담해서 포기하고 싶을 때 도움을 요청할 수 있는가? 누가 듣고 반응할 것인가? 그 사람은 낙담의 상태에 빠졌다고 해서 벌을 받을 것인가?

j. 정보 취급: 파송교회는 그들의 사역자로부터 또는 그들에 대해 얻은 정보를 어떻게 취급할 것인가? 그들은 정상적인 기도 제목이나 뉴스레터를 어떻게 배포할 것인가? 비밀은 보장하되 많은 기도가 필요한 곤란한 정보는 얼마나 널리 나누어야 할까?

k. 의사소통에 대한 기대: 교회는 필드 사역자가 얼마나 많이, 그리고 얼마나 자주 소통하기를 기대하는가? 사역자로부터 몇 달이나 아무 소식도 없다면 무슨 일이 일어날까? 교회는 책임의 문제를 어떻게 다루며 어떻게 집행할 것인가? 단체의 본부는 소통의 부재를 다루기 위해 교회와 어떻게 협력할 것인가?

l. 현지에서의 자녀 교육: 파송교회는 사역자가 적절한 교육을 선택할 수 있도록 돕기 위해 어떤 자원을 제공할 수 있을까? 단체의 본부는 필드 사역자의 자녀 교육을 위해 어떤 역할을 담당해야 할까?

m. 현지에서 믿음을 잃음: 단체나 교회는 어떻게 할 것인가? 어떻게 도울 것인가?

누구에게 책임이 있는가?

이 모든 사항은 필드 지도자의 역할과 권위, 그리고 현지 지부의 구조와 목표를 고려해야 한다. 기본적으로, 사역자 개인이나 부부나 가족이 현지에서 그들이 임무를 수행할 때 그들의 상부 권위는 필드 지부에 있다. 사역자가 본국에 있을 때는 그 권위를 단체의 본부와 파송교회가 공유하게 된다. 이러한 결정은 초기에 원활한 의사소통을 통해 이뤄져야 한다.

타문화권 파송과 관련된 다양한 관계를 보여주는 아래 모델은 *Leit-faden zum Senden und Begleiten der M. durch die Ortsgemeinde, Wiedenest*(Germany): MBW, 1988에 나온 도표를 각색한 것이다.

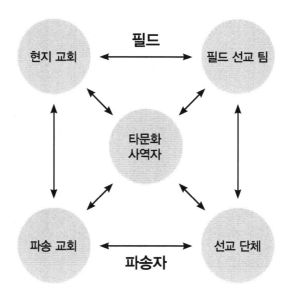

선교단체와 교회 사이에 분명히 할 이슈들

- 누가 무엇에 대해 책임이 있는가? 후보자, 단체, 필드 리더, 교회가 각각 책임지는 영역을 명확히 하라.
- 후보자는 얼마나 기꺼이 책임을 지려고 하는가? 권위에 대한 후보자의

태도는 어떠한가?

- 교회나 단체의 본부가 언제 필드의 문제에 끼어들어야 하는가? 언제가 최선의 타이밍인가?

우리는 이런 문제에 대해 답을 주기보다 질문을 던져왔다. 그 목적은 복합적인 이슈들에 대한 경각심을 불러일으켜 단체의 본부나 파송교회가 토론해야 할 의제들을 함께 준비하고 함께 의사결정을 해서 모든 당사자들이 이슈들과 책임에 대해 이해하고 동의하게 하기 위함이다. 단체와 교회는 제각기 다르기 때문에 정답을 주는 것은 적절치 않을 것이다. 일차적인 문제는 다음 사항을 명확히 하는 것이다.

- 권위가 어디에 있는가?
- 누가 책임을 지는가?
- 빨리, 지속적으로, 풍성한 의사소통을 하는 방법

사례연구 #6 아주 유능한 여성

유럽에서 온 44세 싱글 여성 에바는 기존의 문해 팀과 함께 일하기 위해 동남아로 갔다. 그녀는 1년 계약을 하였는데, 언어를 배우는 것은 아니라서 그녀의 역할은 하찮은 일과 지원 업무에만 제한되는 것이었다.

그런데 그녀는 상당한 사업 경력을 가진 굉장히 유능한 관리직 여성이었고, 자기주장이 강하고 표현이 분명한 여성이었다. 그녀는 본국을 떠나기 전 오리엔테이션을 건너뛸 것을 고집하였고, 결과적으로 이 단기 사역으로 기여할 바가 많지 않다는 것을 이해하지 못했다.

현지에 이르자 에바는 곧 거기서 일하는 방법과 속도에 대해 분개하고 좌절감을 느꼈으며, 팀과의 관계뿐 아니라 현지 시민(그곳은 종교적으로 적대적인 지역이었다)과 필드 행정부와도 갈등 관계에 놓이게 되었다.

에바는 이 영역에서 부적절한 위험을 감수하기 시작했다. 그녀는 가족에게 비판과 불만이 가득한 편지를 썼다. 그 편지들은 그 나라와 그 나라의 법과 관습, 현지 지부의 행정, 사역, 정책과 인사 행정에 초점을 맞추고 있었다. 그 성난 편지 중의 하나가 개봉되었고 정부 관리의 손에 넘어가 필드 지도자가 소환되기에 이르렀다. 그래서 그 나라에 있던 선교사 그룹의 존속이 위협을 받게 되었다.

에바는 리더에게 직접 그리고 문서로 책망을 받았다. 그녀는 그것을 잘 받아들이지 않았다.

토론 문제

1. 교회에 알려야 할까? 그렇다면 어느 단계에서?
2. 단체의 본부 사무실에도 알려야 할까?
3. 에바는 지극히 불신하는 타입이라 필드 행정가가 그녀의 교회와 의사소통하기를 원치 않았다. 그녀에 대한 모든 정보를 비밀로 해주기를 요구한다. 교회는 어떻게 이야기의 양면을 다 알 수 있을까?
4. 에바는 자기 처지를 동정하는 친구 그룹을 만들어 그들과 자유롭게 이야기하면서 필드 팀 사이에 많은 적의와 분열을 조장하고 문해 팀과 필드 행정가에 대해서도 나쁜 감정을 품게 했다. 누가 무엇을 해야 하나? 본국 교회에 이 사실을 알려야 할까?
5. 파송교회는 무엇을 할 수 있을까? 세 교회가 이 여성을 후원하고 있다.
6. 단체의 본부는 무엇을 해야 할까?
7. 이 딜레마에 대한 해결책은 있는가?
8. 이런 일이 애초에 왜 일어났는가? 그런 상황이 다시 벌어지는 걸 예방하려면 이를 통해 어떤 교훈을 배울 수 있는가?

에바의 사례에서 배우는 교훈

지도자들이 사전에 기본 절차를 분명히 주지시키고, 후보자와 본부, 파송교회, 필드 행정부 등 모든 당사자가 포함되었더라면 일이 달리 전개되었을 것이다. 만약 초기 단계에 선의(善意)가 있었다면, 이 장에 논의된 이런 뜻밖의 일이 발생할 때 그 선의와 유연한 권위가 밝히 드러났을 것이다.

이 사례가 보여주는 기본 원리는 기존의 기본 절차를 우회하면 값비싼 대가를 치른다는 것이다. 누군가를 충분한 오리엔테이션 없이 현지로 보내는 것은 결코 현명한 결정이 아니며, 이런 절차를 건너뛰면 모든 당사자가 대가를 지불하게 된다.

필드의 리더십이 부족할 때

이번 장에서 다루지 않은 이슈는 필드에 권위자가 없거나 필드 리더들이 행동을 취하지 않는 경우이다. 이 경우에는 단체 본부나 파송교회가 권한과 정보를 공유해야 한다. 다시 말하지만 빈번하고 일관된 의사소통이 열쇠이다. 그러나 이 양자가 함께 필드를 방문하는 것이 중요하다. 필드 사역자는 자기가 직면하는 부정적인 경험이나 딜레마에 대해 보고하길 싫어할 수 있다. 필드 리더도 본부나 그 사역자의 파송교회에 부정적인 보고를 보내길 꺼릴 수 있다. 또는 그에게 외부인의 관점이 필요할지도 모른다. 따라서 우리는 본부 사무실과 파송교회의 대표들이 적어도 매년 한 번 정도 정기적으로 방문할 것을 권한다.

필드 리더의 권위를 찬탈하는 것은 부적절한 조치다. 그의 감독 아래 있는 사역자들에 대한 결정은 그 리더의 몫이다. 그 리더의 입장에서는 본부와 파송교회에 자문을 구하는 것이 현명하다. 만약 그것이 문화적인 오해나 갈등 문제인 것처럼 보인다면, 필드 리더는 중재자의 도움을 요청할 수도 있다. 만약 그가 사역자를 징계하는 방향으로 결정을 내린다면, 그는 기본 절차에 따라 인력 담당 사무실의 도움을 받을 필요가 있다.

권위 있는 주체는 **필드 행정가 또는 행정 팀, 단체의 본부, 파송교회** 등 셋이다. 그들의 임무는 지정된 권위를 명확히 하고 그것을 지지하는 것이다. 하지만 또한 그들이 돌보는 사람들의 삶을 깊이 고려하는 것도 포함한다. 이 사례 연구가 보여주듯 과정과 절차는 무척 중요하고, 그것을 어떻게 운영하는지는 관련된 사역자와 교회에 오랫동안 영향을 미칠 것이다. 그것은 그룹의 사기, 의사 결정자의 신뢰도, 해당 국가에서의 사역을 진작시키거나 저하시키게 될 것이다.

우리의 역할이 무엇이든, 우리가 그것을 현명하게 수행하고, 매우 어려운 상황에서도 지혜롭게 감당하기를 바란다.

06 "필드 사역자를 위한 멤버 케어" 요약

1. 타문화 사역자들이 본국과 파송교회, 단체의 본부에서 멀리 떨어져 있어도 돌봄의 책임은 계속된다.

2. 하지만 감독과 돌봄을 담당하는 책임의 영역은 다음 세 주체 사이에 명확하게 정리되고 조화를 이루어야 한다.
   • 파송교회
   • 단체의 본부 사무실
   • 필드의 리더들

3. 사역자가 본국을 떠나기 전에 책임 분담에 대해 분명히 이해하면 원거리에서 책임을 완수하는 데 큰 도움이 된다.

4. 현지에서 문제가 생길 때 선교단체 지도자들과 파송교회는 그 문제를 풀기 위해 다함께 노력해야 한다.

5. 현지의 권위를 찬탈하지 않으면서 돌봄을 베풀 때에는 대단한 지혜와 원활한 의사소통이 필요하다.

07

멤버 케어의 역할

이 장에서는 멤버 케어 담당자(코디네이터, 촉진자, 제공자, 책임자)가 어떤 역할을 할 수 있으며, 그 역할을 수행하는데 어떤 종류의 사람이 필요한지에 대해 논의할 것이다. 이어서 이 사람의 직무 명세서를 제안할 것이다.

우리는 사람과 관련하여 훌륭한 단체의 행습을 구성하는 정책과 절차에 대해 논의해 왔다. 좋은 멤버 케어는 인력 업무 및 관리에 관한 훌륭한 정책과 절차를 포함하고, 또 그 위에 세워지는 것이다. 탁월한 선발과정, 필드에 대한 철저한 준비와 오리엔테이션, 타문화 훈련과 적응 준비, 그리고 실제적인 참여나 감독 등 이 모든 것들은 멤버 케어의 한 측면을 반영하고 있다. 그러나 그 이상이 있다.

단체의 중추 신경

멤버 케어는 한 단체의 중추 신경과 같다. 사람들이 상처를 받거나 어떤 필요가 있을 때 어디로 가야 하는가? 그들은 행정가나 감독자에게 가지 않을 것이다. 특히 그 사람이 타문화 출신이라 그들의 언어를 모른다면 더욱 그럴 것이다. 하지만 멤버 케어 담당자에게 갈 수 있다. 만일 그들을 옹호하고 그런 필요를 채울 자원을 찾도록 돕는 사람이 없다면, 사람들은 불평하고, 낙담과 우울증에 빠지거나, 서로와 주님께 대해 마음이 굳어질 가능성이 많다. 멤버 케어 담당자는 리더십에 거슬러 일하거나, 단지 불평을 받아주는 자에 불과하지 않도록 조심해야 한다. 그 사람은 단체 내에서 연합을 이루는 사람이 되어야 한다. 그러나 잘 경청하고 도움을 베풀 준비를 갖춰야 한다. 만약 멤버 케어 사무실이나 담당자가 있다면, 멤버들은 가능하고 적절한 모든 도움을 받을 수 있다는 확신을 품고 찾아갈 곳을 있는 셈이다.

직무 명세서는 일을 좀 더 쉽게 만들어주는 구조적인 사항 중의 하나다. 우리는 해야 할 일을 정확히 알 때 더욱 자신감을 갖고 업무를 수행할 수 있다. 그러나 멤버 케어의 역할을 매우 구조화시키기는 어렵다. 그러나 선교 현장에서의 삶과 사역에는 멤버 케어를 받아야 할 영역이 있다.

멤버 케어의 목적

한 단체 내에서 멤버 케어의 목적은 다음 두 가지다.
　　a. 멤버들이 효과적이고 지속가능한 삶과 사역을 영위하도록 그들을 준비시키고, 구비시키고, 강건케 하고, 능력을 부여하는 것.
　　b. 영적 건강과 배려, 생산적인 교제를 증진시켜 일상에서 그리스도의 모범을 좇아 살도록 하는 것.

멤버 케어의 네 가지 수준

이 두 가지 목표를 이루기 위해 우리는 멤버 케어의 네 가지 수준을 제시한다.

　1. **옹호자**는 멤버 케어에서 첫 번째 수준 내지는 가장 높은 위상에 해당한다. 이 사람의 역할은 멤버 케어를 옹호하고 멤버 케어 사역자들을 지지하는 일이다. 이 사람은 보통 본부에서 일하고, 개인적인 신용과 넓은 네트워크를 갖고 있어 그 단체 내에서 영향력 있는 인물로 알려져 있다.

　2. **코디네이터**는 멤버 케어의 두 번째 수준이다. 그의 역할은 감독하고, 주의를 기울이고, 모니터하고, 제안을 하는 것이다. 이 사람은 필드로부터 사람들의 필요와 돌봄에 관한 보고를 받을 뿐만 아니라 본부의 스태프와도 좋은 관계를 유지한다. 그는 또한 필드 근무 중인 멤버 케어 사역자들에게 필요한 격려와 조언을 주는 인력자원이다.

　3. **촉진자**는 세 번째 수준이다. 이 사람의 업무 영역은 해당 필드에 한한다. 그는 그 필드에서 인정을 받고 사역자들에게 신뢰를 받는다. 그 사람은 필드 동료들의 필요를 파악하고 예방적 차원에서 유익한 활동과 이벤트를 주선한다. 그러한 이벤트의 예로는 결혼 세미나, 커뮤니케이션 세미나, 자녀양육 워크숍, 전환 워크숍, 대인관계 기술 훈련 등이 있다.

　4. **제공자**는 네 번째 수준으로서 현지에서 실제로 멤버 케어 활동을 수행하는 사람이다. 그 사람은 필요할 때 도움과 돌봄을 제공하기 위해 멤버 케어 촉진자와 함께 일할 것이다.

　나는 멤버 케어의 네 가지 기능을 구별하기 위해 "수준"이라는 말을 썼다. 이 용어는 맡은 역할의 중요성보다는 그 위치와 초점과 더 관계 있다.

　작은 단체에서는 옹호자와 코디네이터가 같은 사람일 수 있다. 그리고 필드의 규모가 작다면 촉진자와 제공자 역시 같은 사람일 수 있다. 그러나 방금 언급한 활동의 네 수준을 잘 인식하고 수행할 필요가 있다.

멤버 케어 옹호자와 촉진자

일반적으로, 멤버 케어 옹호자와 촉진자는 건강을 증진하고, 관계를 강화하며, 단체의 목표를 이루기 위해 멤버들과 행정부와 함께 일한다. 물론 인적자원부와 경쟁하거나 그들을 무시하거나 혼란케 하지 않도록 조심해야 한다. 만약 단체에 인적자원부나 HR 담당자가 있다면, 그 사람이 아래에 열거한 1-5항의 책임을 감독해야 할 것이며, 멤버 케어 사역자는 그 권위 아래서 일할 수 있다. 그러나 많은 선교단체는 인적자원부나 HR 담당자가 없어서 이런 영역을 책임지는 사람이 없는 것으로 알고 있다. 만약 HR 사역자나 그런 역할이 없다면, 멤버 케어 사역자가 이런 책임을 맡는 것이 바람직하다.

직무 명세서

일반적으로 멤버 케어 옹호자와 코디네이터는 일곱 업무를 수행한다.

1. 새 멤버의 준비. 현 멤버들을 모니터하기, 그리고 스태프 선발, 준비, 오리엔테이션.
2. 리더들과 스태프가 멤버 케어의 필요성을 이해하도록 돕고, 리더들에게 힘든 사람을 다루는 법을 코치하고, 정책이 '사용자 친화적'이고 공정하게 시행되도록 모니터하기.
3. 조사. 그 단체와 사람들에게 무슨 일이 벌어지고 있는지 알기, 어느 선교지가 가장 힘든지, 어느 지역이 가장 탈락률이 높은지 알아보기. 누구의 위험부담이 가장 큰가? 우리 단체가 직면하는 추세는 무엇이고, 우리가 어떻게 대처하고 있는가?

4. 강건케 함. 격려 활동, 유익한 워크숍과 세미나를 통해 모든 스태프를 강건하게 하고, 전환기나 위기상황에 빠진 사람들을 돕기.

5. 모든 스태프에게 능력을 부여하기. 훈련과 자원 공급, 정책 모니터링 등을 통해. 징계 상황이나 대인관계 갈등이 있는 경우에 돕기. 격려하고 자원을 조달할 목적으로, 멤버들과 계속 접촉하기 위해 현지를 방문하기.(만약 그들이 현지를 방문하지 않거나 현지를 직접 경험한 적이 없다면, 그들은 단지 본부에서 하는 일들, 즉 훈련과 자원과 훈계 등을 위해 무엇이 최선의 것인지도 모르는 채 그저 그들의 생각에 따라 무언가를 제공하게 될 것이다.)

6. 멤버의 파송교회와 계속 접촉하고, 상호 의사소통을 격려하며, 교회에 필요하고 교회가 요청하는 정보를 늘 제공하기. 목사들과 계속 접촉하고, 본부와 현지 사역자들에게 영적 지침을 제공하기. 도덕적 실패 이후 재활/회복을 도모하는 경우 멤버 케어 사역자는 징계 받은 멤버가 회복해가는 동안 그를 모니터하기 위해 목사와 교회 스태프와 협력한다.

7. 전문인 자원을 제공하기. 상담사, 의사, 교육 전문가, 재정과 은퇴 자문 등의 명단을 유지하기.

자격

어떤 종류의 사람들이 멤버 케어 옹호자나 코디네이터의 역할을 수행해야 할까?

이 사람(부부)은 영적으로 성숙하고, 정서적으로 온전하고 건강하며, 대인관계에 능숙해야 한다. 신앙생활의 초보자가 아니고 온갖 사람을 격려할 줄 알아야 한다. 선교사로서 신참이거나 경력이 짧지 않아야 하며, 다양한 기술과 탄탄한 전문가 네트워크를 보유해야 한다.

멤버 케어 촉진자와 제공자

본부에서 리더들과 행정가들과 함께 일하는 데는 싱글이 많은 필요를 채울 수 있겠지만, 필드를 방문하고 필드에서 싱글 남녀와 가정들 양자에게 서비스를 제공하는 일에는 부부가 더 바람직하다. 왜냐하면 필드 멤버 케어를 위해서는 경험과 성숙, 기술을 겸비한 부부가 남녀를 불문하고 싱글보다 훨씬 효과적일 가능성이 높기 때문이다. 방문하는 리더가 거의 언제나 남성이라서 멀리 떨어진 오지에서 일하는 부부들의 아내들은 종종 간과되곤 한다. 아내들은 행정가가 그의 아내를 데리고 올 때 얼마나 감사했는지 내게 거듭 말해 주었다.

기술

멤버 케어 담당자는 성경을 지혜롭게 사용하는 법, 모든 연령대의 온갖 사람들과 소통하는 법, 필요할 때 문제를 제기하고 직면하는 법 등을 알아야 한다. 권위 있는 사람들과 함께 일하는 법, 다른 사람을 훈련하는 법, 좋은 컨설턴트가 되는 법도 알아야 한다. 현명한 판단력과 분별력도 꼭 필요하다. 이상적으로는, 멤버 케어 담당자(촉진자 또는 제공자)가 온갖 세미나와 워크숍을 조직하고 진행하는 기술을 갖고 있고, 갈등 상황에서 중재할 수 있고, 다른 종류의 필요를 채울 수 있으면 좋다. 멤버 케어 담당자나 담당 부부에게 성공적인 현지 경험이 있고, 타문화 사역자들이 속한 단체와 그들의 삶을 잘 알고 있다면 이상적이라 하겠다.

태도와 자질

필수적인 태도와 자질은 다음과 같다.

1. **정직.** 성경적 개념과 원리에 근거를 두고 있으며, 말과 행동, 생활양식을 통해 나타난다. 성경을 잘 알고, 다른 사람들을 세우기 위해 성

경을 현명하게 사용할 줄 안다.

2. **진정한 겸손**: 필요에 따라 기꺼이 섬기고, 또 섬기지 않을 수도 있는 겸손. 자기가 필요한 존재임을 증명할 필요도 없고, 사람들이 꼭 고마워하지 않아도 괜찮다.

3. **배우려는 태도**: 자신에 대해, 자신의 행동이 끼치는 영향에 대해 인지하고 있으며, 기꺼이 타인으로부터 배우고자 한다. 피드백을 잘 받아들이고 거기서 유익을 얻으며, 믿을 만한 사람에게 피드백을 구한다.

4. **온화함**: 문화적으로 쉽게 다가갈 수 있는 사람, 다른 사람들과 재빨리 친해지고 쉽게 관계를 맺는다.

5. **실제적인 기술**을 갖추고 기꺼이 그 기술을 사용하되, 그러한 도구와 기술이 다른 사람들에게 높이 인정받지 못할 수도 있음을 이해하고, 남이 일하는 방식을 자신은 모른다고 기꺼이 시인한다.

6. **인내심**: 끈기가 있고, 희망을 품고, 오래 참음.

7. **경청의 기술**이 있고 열심히 듣는 사람. 다른 사람에 관한 정보를 얘기할 때 믿을 만하다.

8. 타인과 그들의 기여를 깊이 **존경**하고 그들의 상황을 존중하는 것.

9. 하나님의 주권을 신뢰하는, **고난**에 대한 심오한 성경적 신학, 이 믿음은 고난을 겪는 사람들을 판단하지 않고 오히려 그들에게 기꺼이 소망을 준다.

10. **위험감수**에 대한 성경적 신학. 주님은 때로 우리가 위험을 감수하도록 부르시기도 하지만, 어떤 때는 위험한 곳에서 벗어나도록 우리를 인도하사 우리를 보호하시기도 한다는 것을 안다.

11. **성장에 대한 성경적 신학**. 나와 다른 사람들이 성숙의 과정에서 서로 다른 위치에 있음을 인정하는 신학. 언제나 힘써 나아가고, 언제

나 희망을 품고, 언제나 서로 격려하는 모습.

12. **분별력과 지혜**. 쉽게 속임을 당하거나 오도되지 않고, 사람과 문제에 대해 좋은 통찰력을 갖고 있다.

13. **사랑**이 많고, 친절하며, 자비롭다.

초임자

새로운 멤버 케어 촉진자(MCF)가 어떤 나라의 한 그룹을 섬기도록 임무를 부여받았다고 상상해보라. 그 사람은 이 엄청난 과업을 어떻게 시작할까? MCF는 구체적으로 무엇을 해야 하는가?

이에 대해 적어도 세 가지 견해가 있다. 그 지역의 수퍼바이저는 MCF의 직무와 그 초임자가 무엇을 하길 바라는지 나름의 생각을 갖고 있다. 그 지역에 있는 사람들은 이 사람이 그들을 위해 무엇을 해줄 지에 대한 생각을 갖고 있다. 그리고 MCF는 자기가 가진 기술과 정말로 하고 싶은 일을 알고 있다.

만약 구체적 과업이나 직무 명세서가 처음부터 분명하지 않다면, 임지에 도착한 직후에 분명히 문제가 생길 것이다. MCF는 특정한 문제들에 대해 수퍼바이저와 대화를 나눠야 한다. 나중에 그 수퍼바이저는 팀들을 위한 업무를 준비시키고, MCF를 활용하도록 도울 수 있다. 이 예비 사역이 이번 장에 개관되어 있다.

새로운 멤버 케어 촉진자는 어디서부터 시작해야 할까?

인도네시아 사역자들이 개발한 정의(定議)가 여기서 도움이 될 것이다. 멤버 케어는 타문화권 사역자들이 건강과 탄력성과 유능함을 유지하도록 능력을 부여하고, 그들의 삶과 사역에서 하나님을 영화롭게 하도록 그들을 지지하거나 구비시키는 모든 활동을 포괄한다.

목적과 원하는 결과

멤버 케어 역할의 목적은 멤버의 필요를 판단하고, 그 필요를 가장 실제적이고, 바람직하고, 즉각적인 방법으로 채울 만한 자원의 제공을 촉진하는 것이다. 그러한 필요를 채우는 일은 팀의 사기에 긍정적 영향을 줄 것이며 그들의 사역 목표에 새롭게 초점을 맞추게 해줄 것이다.

1. 친숙해지라
   a. 그 단체의 현지 리더십, 과거와 현재에 대해
   b. 그 단체의 현지 역사에 대해
   c. 가능하면, 소속 단체의 현지 그룹의 기풍과 철학에 대해
   d. 당신이 책임을 지는 멤버들에 대해
   • 이름 – 싱글, 부부, 가정, 자녀들, 자녀들의 나이
   • 출신 국가, 사역 연한
   • 사역의 형태(번역, 교회 개척, 지원, 행정 등)
   멤버 케어 평가 도구는 이러한 분석을 할 수 있게 해 준다(부록 4를 보라).

2. 신뢰감 형성을 위해 노력하라
   a. 사람들을 집으로 식사 초대하라. 초대를 받으면 그 집으로 가라.
   b. 성경 공부에 참여하라.
   c. 사교적인 행사와 전체 멤버의 모임에 참석하라.
   d. 자원하여 말씀을 나누고, 당신의 간증을 포함시키라.
   e. 우호적으로 대하고 도움을 베풀라.
   f. 이슈들에 대해 부정적인 관점을 취하지 말고 중립을 유지하라.

3. 사람들을 위해 기도하라 – 공개적으로, 개인적으로

4. 축하 행사에 함께하라

5. 당신의 역할을 구조화하라

　　a. 누구에게 보고할 것인가?(예: "인사부장에 의해 임명되고 그에게 보고한다.")

　　b. 그들은 당신이 무엇을 하길 바라는가?(예: "이 일들은 당신의 책임이다.")

　　c. 이곳에서 추진되어야 할 일은 무엇인가?

　　d. 당신은 무엇을 잘 하는가?

　　e. 당신은 무엇을 하고 싶은가?(예: 격려하는 자, 코치, 컨설턴트, 전문가, 전략가, 작가, 네트워크 담당자)

　　f. 정보를 다루는 문제 또는 비밀보장의 기대에 대해 명확히 하라 – 당신은 당신이 받는 모든 정보를 신중하게 다룰 것이다. 그러나 만약 그 문제가 당신이 가진 자원보다 더 많은 것을 요구하거나, 장소나 임무의 변경이 필요하거나, 자신이나 남에게 해가 닥친다면, 당신은 당신의 수퍼바이저에게 알려야 한다.

　　g. 권위를 명확히 하라 – 당신은 아무에게나 무엇을 하라고 말할 수 없음을 알아야 한다. 만약 어떤 변화가 필요하다면, 당신은 그 사람에게 그의 수퍼바이저와 얘기하도록 격려하는 게 좋다. 멤버 케어 담당자는 행정적인 권위를 갖고 있지 않다.

　　h. 예상되는 시간을 명확히 하라. 이것은 전임사역일까?

　　i. 당신이 할 일과 하지 않을 일에 대해 합의하고, 글로 써놓으라.(이에 대해 당신의 직속상관과 의논하고, 당신이 디브리핑을 하고 직무 명세서를 검토하기 위해 얼마나 자주 만날 것인지 명확히 하라.)

6. 당신의 직무를 수행하는 데 필요한 것은 무엇인가?

　　a. 리더십의 지원

　　　• 당신의 책임 아래 있는 그룹에게 자신을 소개하고, 그들이 당신에게 무엇을

기대할 수 있고, 무엇을 기대하면 안 되는지 알게 하라.

- 당신의 수퍼바이저의 감독과 접근 가능성, 예컨대, 주 1회 전화 통화.

b. 일할 장소-사무실, 전화, 책장 등.

c. 예산-사람들과의 외식, 커피 마시기, 책 구입 등.

d. 정기적인 농촌 방문, 스카이프 사용하기.

7. 당신을 지지하는 공동체/네트워크를 개발하라

　a. 다른 멤버 케어 사역자들과

　b. 전문 치료사들과 - 당신은 누구에게 자문을 구할 수 있는가?

　c. 목사들과

　d. 현지의 자원들과

　e. 각종 연락처 목록 만들기

- MemCare Indonesia 〈MemCareIndo@gmail.com〉

- GMC Network 〈http://www.globalmembercare.com〉

- Member Care Associates 〈membercareassociates.org〉

- Member Care and Counseling Resources by John Leverington 〈john@olivetreecounseling.org〉

- Brigada Today, a web journal offering resources 〈http://www.brigada.org/〉

8. 당신이 받을 수 있는 훈련을 최대한 받으라

　a. 기본적인 상담 기술은 매우 유용하다. 몇 가지 예를 들면

- 경청하기

- 사람의 마음을 열기

- (동정이나 연민이 아닌) 공감하기

- 격려하기

- 요약하기

- 위로하기 등

　b. 부가적으로, 다음 주제에 관한 글을 최대한 읽으라

- 상담
- 선교(선교 전반, 당신 단체의 특별한 소명)
- 세상의 추세
- 성격과 세대 차이
- 문화적 뉘앙스
- 기타

9. 어디서부터 시작할 것인가?
- "오오(5 by 5)" 플랜을 따르라(부록 5를 보라)

이 장에서는 특정한 장소에서 주어진 그룹을 위해 사역하는 MCF(멤버 케어 촉진자)의 직무 명세서를 명확히 하려고 시도했다. 이 작업은 MCF의 효과적인 사역과 MCF와 그의 수퍼바이저 간의 조화로운 업무 관계를 위해 필수적이다.

그러나 MCF의 구체적인 과업은 지역에 따라, 사람에 따라 크게 달라진다. 그래도 그 직무을 명확히 하려면 이번 장에서 다룬 사항들을 논의해야 한다. 그리고 모든 MCF의 목표는 똑같아야 한다. 즉 사역자들이 효과적이고 지속적인 사역을 하도록 그들을 강건케 하고, 격려하고, 구비시키되 모든 것을 하나님의 영광을 위해, 그리고 그의 백성의 유익을 위해 그렇게 하는 것이다.

멤버 케어의 상세한 직무 명세서는 부록 6을 보라.

07 "멤버 케어의 역할" 요약

1. 단체의 차원에서 멤버 케어는 네 가지 기능을 갖고 있다
   - 단체 내에서 MC를 옹호함
   - MC를 감독하고 모니터하고 제안하는 역할
   - MC의 필요를 파악하고 활동과 행사를 조직함
   - MC 활동을 수행함

   단체의 크기에 따라 담당자의 수(數)가 정해지겠지만, 이 네 가지 기능은 반드시 수행되어야 한다.

2. 멤버 케어를 맡은 사람들은 이런 자격을 갖춰야 한다
   - 영적으로 성숙하고
   - 정서적으로 온전하며 건강하고
   - (바라건대) 선교의 경험이 있고
   - 가능하면, 부부 또는 작은 팀으로
   - 성경을 지혜롭게 사용할 줄 알며
   - 어려운 이슈를 제기하고 직면할 수 있고
   - 가르치고 훈련할 수 있어야 함

3. 필수적인 태도와 자질은 다음과 같다
   - 정직
   - 배우려는 자세
   - 의사소통을 잘함
   - 경청의 기술과 잘 듣는 훈련.
   - 위험과 고난에 대한 성경적 신학
   - 분별력과 지혜
   - 진정한 겸손
   - 온화함
   - 인내심
   - 타인을 존중하는 태도
   - 개인 성장에 대한 성경적 신학
   - 사랑이 많고 친절하며 자비로움

08

멤버 케어 사역자의 도구

멤버 케어라는 어렵고 중요한 일은 그저 연민이나 선의의 제스처를 취하고 타인을 위해 좋은 일을 하는 것에 불과하지 않다. 이 사역은 활용가능한 모든 지식과 훈련, 구비시키는 기술을 요구한다. 또한 분별력과 통찰력과 지혜를 요구하며, 평가 기술도 필요하다.

사람들은 종종 "그들은 남을 잘 보살핀다"거나 "누구나 그들을 좋아한다"는 이유로 멤버 케어의 역할을 부여받는다. 심지어는 누군가 "쿠키를 잘 만들고, 헤어컷을 잘 해주기" 때문에 멤버 케어의 책임을 부여받았다는 소리도 들었다!

그러나 타문화 사역 단체에서, 본부에서든 필드에서든, 이런 이유로 누군가를 멤버 케어를 담당하는 직책에 앉히는 것은 적절치 않다. 멤버 케어의 책임은 아주 중요하고 도전적인 일이어서 누군가에게 그 역할을 맡길 때는 매우 신중하게 고려해야 한다. 멤버 케어에 필요한 태도와 기술에 대해선 논의했는데, 그 토대는 적절하고 특정한 지식, 즉 한 사람이 아주 민감하고 중요한 일을 하도록 구비시키는 일련의 능력이다.

이 사역의 초석은 지식이다. 그 사람은 아주 영적이고 하나님의 말씀을 사용하는 데 아주 능숙하고 뜨거운 기도 생활을 하고 있을 수 있다. 또한 사람을 잘 돌보고, "서로서로" 돌보는 성경적 행습에 헌신되어 있을 수도 있다. 물론 이런 자질들은 매우 중요하지만 이것들이 지식, 능력, 또는 훈련을 대치할 수는 없다. 아시아의 세 나라에서 장기간 사역했던 영국인 정신과 의사, 마조리 포일 박사는 "…한 사람이 얼마나 영적인지와 상관없이, 영적으로 미화된 무능력도 여전히 무능력일 뿐이다"라고 말했다. 성경 지식과 적용의 기술은 물론 뜨거운 기도 생활도 멤버 케어 사역에 무척 중요하지만, 이와 더불어 정교하고 특정한 능력도 반드시 갖춰야 한다.

어떤 지식이 필요한가?

단체에 관한 지식.

단체의 역사, 리더들, 사명, 과업, 독특성, 정책과 절차, 그리고 성장과 정체, 성과 기록 등. 이상적으로는 그 단체의 독특한 풍조에 대한 인식도 포함한다. 이는 핵심 가치들, 저변의 목표들, 이런 것이 일상생활에서 실천되고 행정 정책과 기능으로 반영되는 방식을 의미한다. 스태프에 대한 배려, 재정적 관행, 신뢰도, 리더의 교체, 변동의 철학 등에 대한 그 단체의 평판은 어떠한가?

상황(context)에 대한 지식.

멤버 케어 사역자가 몸담을 상황에 대해 아는 것이 필요하다.

- 이 단체가 일하는 지역들에서 무슨 일이 벌어지고 있는가?
- 그곳의 기후는 어떤가? 그곳은 어둡고, 뜨겁고, 다습하며, 흐리고, 황량

하며, 공해가 심한가?

- 그곳은 대도시인가, 시골인가?
- 이 지역은 얼마나 위험한가?
- 사역지를 선택할 때 초임자가 고려해야 할 현지의 어려움은 무엇인가? 예를 들어, 많은 사람은 아프리카를 특정한 나라로 생각하는 나머지 아프리카를 구성하는 나라들 사이에 대단한 차이가 있다는 사실을 알지 못한다.

인간 본성과 행동에 대한 지식

- 건강한 사람은 어떤 모습인가?
- 건강한 부부생활과 건전한 가정생활이란 어떤 것인가?
- 이 단체는 싱글 사역자들이 몇 명이고 그들은 어디에 있는가?
- 그들은 홀로 일하는가? 현지 신자들과 함께 일하는가? 큰 사역 팀의 일원으로 일하는가?
- 이 단체는 동반자관계를 어떻게 형성하는가?
- 멤버의 각 단계마다 제공하는 훈련은 어떤 것이고, 그것은 적절한가?
- 팀으로 일하는 사람들에게는 특별한 팀 훈련이 제공되는가?
- 그 단체의 탈락률은 어떤가? 사람들은 왜 이 단체를 떠나는가?
- 리더들은 어떤 사람인가?
- 이 단체에서 여성들은 어떻게 취급되는가? 어떤 역할들이 그들에게 열려 있는가?

자신에 대한 지식

- 나는 어떤 종류의 사람인가?
- 나를 만족시켜주는 것은 무엇인가?

- 내 성격은 어떤가?

- 나의 약점들은 무엇인가?

- 누군가 나의 맹점을 지적한 적이 있었는가? 있다면, 그것은 무엇인가?

- 이 정보에 나는 어떻게 반응했는가?

- 나는 어떤 식으로 배우는 것을 좋아하는가?

- 나는 전자 도구를 통해 배우고 소셜 미디어로 접속되어 있는 것을 좋아하는가? 또는 관찰하는 것과 읽는 것을 좋아하는가?

- 나는 인생 경험이 풍부한 편인가?

  - 내가 실패한 경험은 어떤 것인가?

  - 나 자신을 추스르고 앞으로 나아가는 법을 알고 있는가?

  - 나는 하나님의 은혜를 직접 경험해서 그 은혜를 알고 있는가?

- 나는 팀으로 일하는 것을 좋아하는가, 또는 홀로 일하는 유형인가?

- 나의 삶은 갈라디아서 5:22-23절에서 말하는 성령의 열매를 나타내고 있는가?

- 다른 사람들은 나를 어떻게 묘사하는가?

구체적 과업과 필요한 기술

그것들은 무엇인가? 이런 지식의 영역들 외에도 멤버 케어 담당자가 효과적인 사역을 하려면 많이 갈고 닦아야 할 몇 가지 기본 기술들이 있다.

1. 첫째는 **교차문화적인 관계 능력**이다. 그는 다른 사람과 관계 맺는 법을 알아야 하고, 다른 사람이 쉽게 그와 관계를 맺게 해줘야 한다. 이 능력은 몇 가지 자질로 만들어진다. 우호적임, 온화함, 믿을 만함, 접근하기 쉬움, 경청함, 개방적임 등. 이 사람은 남녀노소, 모든 인종과 소통할 줄 알고, 비교적 짧은 시간에 관계를 형성할 수 있다. 이 주제는 이미 앞

에서 다루었다.

2. 둘째, 그는 **좋은 평가 기술**을 연마했다. 표면 아래서는 무엇이 진행되고 있는가? 네 가지 진단용 질문은 다음과 같다.

여기서 무슨 일이 진행되고 있는가?
여기서 실제로 벌어지고 있는 일은 무엇인가?
여기서 무슨 일이 진행되고 있어야 하는가?
내가 어떻게 도울 수 있는가?

이 사람의 행동을 이해하는 데 유익한 것은 무엇인가? 내 눈에 보이는 것은 이 사람의 군림하는 성격인가, 두려움을 숨기는 불안감인가? 이 아내는 남편의 언어 폭력 때문에 두려워하고 있는가, 외국 생활을 잘 몰라서 그런 것인가? 이 자녀들은 아버지가 그들을 아주 엄하고 모질게 대하기 때문에 피하는가, 다른 이유가 있는가? 내가 어떻게 알 수 있을까? 이 사람은 가정에 무슨 일이 있어서 침체되어 있는가, 그의 내면으로부터 나오는 것인가?

3. 셋째로, 자문을 구할 수 있는 **좋은 네트워크**를 개발하고 유지하라. 멤버 케어 사역자는 필요할 때 자문을 구할 수 있는 사람들의 명단을 갖고 있어야 한다. 만약 어떤 상황이 발생했는데 심각한 문제인지 아닌지 모르겠다면, 당신은 누군가에게 전화를 해서 그 행동을 묘사하고 당신이 취할 단계에 대해 배울 수 있어야 한다. 이와 관련된 기술은 컴퓨터를 이용해 조사를 하거나 정보를 수집하는 능력이다.

4. **미리 준비하라.** 멤버 케어 사역자는 이미 일어났으나 다시 일어날 수 있는 상황에 대해 미리 준비를 해야 한다. 그런 상황은 현지에서의 자살, 결혼 파탄, 가출한 자녀, 지도자의 도덕적 실패, 팀의 갈등, 장애아와

학습장애아, 철수, 철수 후 디브리핑, 피랍 상황, 부부관계나 팀에서의 학대, 우울증 등이다. 이 사역자는 코치하는 법, 워크숍을 개발하여 진행하는 법, 멘토링하는 법, 성장 계획서를 작성하는 법 등을 알아야 한다.

훈련은 워크숍, 컨퍼런스, 하트스트림 센터(국내에도 지부가 있다 - 역주)와 콜럼비아 국제대학과 같은 기관, 그리고 수많은 문서와 전자 자료를 통해 받을 수 있다. 나는 개인적으로 이 모든 상황을 다뤄 보았고, 많은 소책자를 만들고 글을 썼으니, 여러분이 요청하면 보내줄 수 있다. 한 가지 기본 기술은 어떤 상황에 적합한 기술이 무엇인지 아는 것과, 어떻게 그 정보에 접근해서 그 기술을 사용할 수 있는지를 아는 것이다.

멤버 케어 사역자로 알려지고 신뢰를 쌓기

멤버 케어 사역자는 좋은 성품과 능력, 지혜와 경건을 갖춘 사람으로 어떻게 알려지는 것일까?

첫 단계는 물론 활용가능한 모든 준비과정을 밟는 것이다. 컨퍼런스와 워크숍에 참석해서 다른 멤버 케어 사역자들과 주도적으로 관계를 맺으라. 많은 글을 읽어라! 이 분야의 대표적인 사상가들은 누구인가, 그들은 무슨 말을 하는가? 당신은 이들 대부분이 접근하기가 쉽고 관심을 표명하면 잘 반응하는 사람들임을 알게 될 것이다.

둘째 단계는 현지에 도착해서 취할 것으로서 필드 리더에게 당신을 팀에게 소개해달라고 부탁하고, 또한 당신을 인터뷰해서 당신이 받은 훈련과 당신의 경험, 관심사와 능력을 소개하는 기회를 달라고 요청하라.

셋째 단계는 당신이 공적 모임에서 말씀을 나눌 수 있을지 물어보는 것이다. 이는 당신이 하나님의 말씀을 잘 알고, 인도와 위로, 격려를 받기 위해 하나님의 말씀과 성령에 의지하는 사람임을 보여 줄 것이다.

끝으로, 남의 눈에 띄어라 – 농구팀에 들어가고, 아기를 봐주고, 사람들과 함께하고 그룹 활동에 참여하라.

초기에 분명히 할 사항

멤버 케어 사역자가 서둘러 분명히 할 사항이 네 가지 있다. 그것은 비밀보장, 권위, 책임관계, 그리고 관계이다. 하나씩 간단히 살펴보기로 하자.

정보 관리(비밀보장)

우리 모두 비밀보장이 무슨 뜻인지 알고 있다고 생각한다. 사전에서는 "비밀, 사적인 것"과 같은 단어들을 사용해서 정의한다. 치료사들은 고객과의 상호작용에서 비밀보장을 매우 중요시한다. 평범한 말로 하자면 "아무에게도 아무 것도 말하지 않는 것"을 의미한다고 추정할 수 있다. 그러나 이 말은 멤버 케어 사역자에게 적용되지 않는다.(치료사조차도 어떤 상황에서는 보고해야 할 의무가 있으며, 모든 정보에 대해 비밀을 보장하는 것은 아님을 주목하라.)

멤버 케어 사역자는 행정가나 수퍼바이저의 권위 아래 있고, 어떤 문제는 반드시 그 사람에게 알려야 한다는 것을 알고 있다. 만약 어떤 필요가 생기면, 멤버 케어 사역자가 수퍼바이저에게 알리지 않고는 그 필요를 채울 수 없을 것이다. 예를 들어, 두 명의 싱글 여성이 풀 수 없는 갈등 때문에 임지를 떠나야 할 상황이 벌어진다고 하자. 중재자가 큰 도움을 줄 수 있지만, 멤버 케어 사역자는 그 갈등 해결을 위해 파송국가에 그런 중재자를 보내달라고 요청할 권한이 없다. 뿐만 아니라 그는 이 중재자에게 항공료를 지불할 만한 재정도 없다.

멤버 케어 사역자는 보통 치료사의 수준까지 훈련을 받지 않아서 이

전에 결코 접해보지 못한 당황스런 상황을 맞이할 수도 있다. 예를 들어, 십대 소년이 자살을 시도했는데, 부모는 그것을 비밀로 부쳐 '아무에게도 아무 것도 말하지 않기'를 원한다고 하자. 그 소년의 삶과 장래를 위해서는 가족과 멤버 케어 사역자에게 특별한 자원과 전문가가 필요하다. 이 소년과 이 가정을 돌보는 문제와 관련된 결정을 내리려면 행정가가 반드시 알아야 한다. 그 가정의 신뢰를 잃지 않으면서 행정가와 얘기하는 법을 아는 것은 중요한 기술이다.

멤버 케어 사역자는 홀로 다룰 수 없는 문제에 직면하면 치료사나 전문가에게 자문을 구해야 할지 모른다. 그러한 컨설팅은 치료사들에게 용인된 관행이며, 결과적으로 고객에게 더 낫고 적절한 돌봄을 베풀 수 있게 해준다. 이 때문에 멤버 케어 사역자는 치료 공동체 – 때때로 기꺼이 자문에 응하는, 다양한 기술을 가진 자격 있는 전문가들의 네트워크 – 를 개발해야 하는 것이다.

멤버 케어 사역자는 아주 골치 아픈 정보에 짓눌리는 훈련을 받지 않았기 때문에 디브리핑을 할 수 있는 대상이 필요하다. 어떤 멤버 케어 사역자가 한 번은 한 친구가 자살을 생각하고 있다는 걸 알았으나 그것을 비밀에 부쳐두었다. 그런데 그 친구가 스스로 목숨을 끊었을 때 그 사역자가 느낀 부담은 믿지 못할 만큼 컸다. 사역자가 그 정보를 자신만 간직하고 있지 않았다면 변화를 일으킬 수 있었을지 모른다.

비밀보장보다는 정보 관리라고 말하는 편이 훨씬 낫다. 다음과 같은 진술을 말한다.

> "내가 얻는 모든 정보를 신중하게, 존중하는 자세로 다룰 것을 다짐한다. 만약 어려움에 빠진 누군가를 돕기 위해서 내가 수퍼바이저와 이야기를 해야 한다면 나는 그에 대해 먼저 고객과 말할 것이다."

이와 같은 진술은 필드 멤버들의 기대를 관리하는 데 도움이 될 것이다. 멤버 케어 사역자는 비밀보장이란 말은 아예 쓰지 않고, 필요한 경우에는 정보 관리라고 언급하는 편이 훨씬 지혜롭다고 믿는다.

멤버 케어의 역할을 포함해 사람들을 책임지는 역할을 하는 사람에게 해당하는 정보 관리 지침이 몇 가지 있다.

- 계획과 개발, 선택권, 비전, 과업에 관한 모든 정보는 팀원들에게 준다. 이는 신뢰를 보여주고 응집력을 쌓는다.(물론 이런 정보는 멤버 케어 사역자보다 행정가들과 더 관계가 많다.)
- 인사와 관련된 제한된 정보는 '알 필요가 있는' 사람에게만 준다. 예를 들어, 징계, 민감하고 골치 아픈 정보, 중요한 필요.
- 개인적 문제에 대한 인정. 사람들이 개인적 기도 제목, 가족의 딜레마, 변화와 성장을 위한 결심 등을 표현하도록 허용하라. 다른 말로 하자면, 우리는 다른 사람을 대신해서 그의 죄를 자백하거나, 그 사람의 행동의 결과로부터 그를 방어하지 않는다. 한 사람이 자기의 잘못된 행동을 인정하고 다른 사람을 탓하지 않으면서 스스로 풀어가려고 노력하는 것은 건강하다는 증거이다.
- 모든 사람에 대한 존중
- 절대적인 정직과 신중함. 정직은 진실과 관련이 있고, 신중함은 말을 자제하고 말할 때와 말하지 않을 때를 분별하는 것과 관계가 있다. 말하자면, 다른 사람이 우리에게 주는 모든 정보나 다른 사람에 관한 정보는 현명한 분별력을 갖고 다루어야 한다는 것이다. 우리가 신뢰를 받을 수 있는 것은 다른 사람의 유익을 생각하기 때문이다.

권위

두 번째로 다룰 주제는 권위이다. 내가 속한 단체에선 멤버 케어 사역자가 아무 권위도 없다. 예산은 아주 적다. 예를 들어, 전문가를 현지에 초청하고 싶어도 행정부의 허락을 받고 재정적 도움을 받지 않으면 불가능하다. 멤버 케어 사역자는 탈진한 멤버에게 '두 달간 휴식하기 위해 수양관에 가라'고 말할 수 없다. 그는 멤버들의 사역, 임지, 의무, 또는 과업에 대한 결정을 내리지 않는다. 이러한 것들은 행정가 또는 그 사람의 상관의 책임이다.

책임관계

멤버 케어 사역자는 수퍼바이저의 권위 아래 있다. 이것은 멤버 케어 사역자가 멤버와 행정가 간의 정보 전달자, 또는 멤버에 관한 정보를 행정가에게 주는 전달자가 된다는 뜻인가? 아니다. 멤버 케어는 행정의 한 측면이긴 하지만, 꼭 필요한 정보만 수퍼바이저나 관련 행정가/리더에게 전달해야 한다는 사실을 양측(멤버 케어 사역자와 수퍼바이저) 모두 이해해야 한다. 그리고 이는 멤버가 잘 알고 동의해야만 이루어질 수 있다.(멤버 케어 사역자가 어떤 경우에는 멤버의 동의를 얻기 위해 많은 노력을 기울여야 한다. 이런 노력은 기울일 만한 가치가 있고, 신뢰를 유지하는데 필요하다.) 멤버 케어 사역자가 신뢰를 얻지 못하면 효과적으로 일할 수 없을 것이다. 멤버들은 그들을 돕는 자가 정보를 어떻게 다루는지 보고 그를 신뢰하게 된다. 멤버 케어 사역자는 믿을 만하고, 정직하고, 지혜롭고, 경건하다는 평판을 얻어야 한다. 개인적인 정보가 멤버 케어 사역자에게 주어질 때 그는 책임관계에 대해 아주 분명해야 한다. 수퍼바이저는 그 멤버의 필요를 채우는 데 몇 시간이 걸렸는지, 멤버 케어 사역자가 얼마나 잘 일하고 있는지 알고 싶을 것이다. 하지만 돌봄의 자세한 내용은 알 필요가 없다.

한 번은 대도시에 있던 어느 멤버 케어 사역자가 멤버 한 명이 자살을 고려하고 있다는 사실을 알았다. 그 사역자는 도시를 가로질러 가서 이 멤버와 함께 있을 필요가 있었다. 그런데 밤중에 여자 혼자 다니는 것은 매우 위험한 일이었다. 그 사역자와 남편은 그런 경우에는 남편이 동행할 것이란 점을 예전에 내게 분명히 밝힌 적이 있었다. 그리고 남편은 그 어려운 상황에 대해 조금만 알면 되었다.

관계

우리는 이미 멤버 케어 사역자와 수퍼바이저의 관계와 책무에 대해 다루었다. 이밖에도 언급해야 할 두 가지 다른 관계가 있다.

멤버 케어와 인적 자원(Human Resources, HR). 이 둘은 같은가, 다른가? 이 둘은 다음 여섯 가지 면에서 다르다.

	인적 자원(HR)	멤버 케어
권위	많다	없다
초점	단체	멤버
관계	보통 사무실에서 일하고, 행정부와 관계하며, 정책과 문서에 따라 일함	현지에 있고, 개인이나 부부, 가족 단위로 일함
활동	직무 명세서에 명시되어 있음	일반적인 과업
구체성과 유연성	분명하고 구체적임	본인이 받은 훈련과 현지 상황을 고려하면서 유연하게 반응함
병적인 문제와 위반에 대한 접근	정책이 있고 조치를 취할 권한도 있음.	멤버와 함께하고, 디브리핑을 하며, 돌보기도 하되, 진단을 내리거나 앞으로의 행동을 처방하지는 않음

위에 열거된 것과 약간 다른 한 가지 문제는 인사 관리의 법적 측면과 관계가 있다. HR 담당자는 피고용인들(멤버들)에 대한 법적 제약을 알고 있어야 하고 그 기준들을 지켜야 한다. 이에 비해 멤버 케어 사역자는 영적이고 윤리적인 지침 외에 그런 정보나 제약이 없다.

비록 HR과 멤버 케어가 상당히 다르지만, 양자는 상호보완적이어야 한다. 경쟁이나 서로 깎아내리는 일이 없어야 한다.

물론 단체의 크기를 고려해야 한다. 작은 단체는 HR 담당자가 없거나 HR 담당자 한 사람이 멤버들을 잘 돌보면서 자기 업무를 수행할 수도 있다. 누구나 직책과 지위를 막론하고 모든 사람이 남을 돌보는 방식으로 그들의 역할을 수행하기를 바랄 것이다. 이는 곧 단체 전체에 배려의 풍조가 배여 있다는 것을 의미한다. 그러나 이것은 현지에서 멤버들과 함께하는 멤버 케어와 같은 것은 아니다.

또 다른 관계는 한 단체의 치료사(상담사나 목회 상담사)나 방문 치료사와 멤버 케어 사역자의 관계이다. 멤버 케어 사역자는 많은 통찰력과 지혜를 갖고 있어야 하고 또 보통은 갖고 있지만 보조 상담사가 아니다. 멤버 케어 사역자는 자기가 감당할 수 없는 필요를 가진 멤버를 만나는 경우 그 사람을 상담사에게 보내게 될 것이다. 상담사는 또한 멤버 케어 사역자가 힘든 상황에 빠질 때 그에게 컨설팅을 해줄 수 있다.

멤버 케어 사역자는 치료사나 상담사보다 자유가 더 많다. 상담사는 문서상의 지침과 윤리에 묶여 있는 반면, 멤버 케어 사역자는 영적이고 윤리적인 제약에 묶여 있다. 예를 들어, 상담사는 이중적인 관계를 피해야 하지만, 멤버 케어 사역자는 모든 멤버들과 깊은 관계를 개발할 수 있고, 그 강점을 활용하여 현지에서 매우 유익한 서로서로의 사역을 수행해 나갈 수 있다.

이 두 역할 사이에 경쟁이 있어서는 안 된다. 그들은 상호보완적이 되어야 하며, 그렇게 될 때 모든 사역자에게 유익을 준다.

08 "멤버 케어 사역자의 도구" 요약

1. 지식은 다음 영역에서 멤버 케어 사역자에게 굳건한 토대를 제공할 것이다
   a. 섬기는 단체
   b. 사역의 상황(문화적, 지리적)
   c. 인간의 본성과 인간 행동
   d. 자신
   e. 구체적인 필요와 필요한 기술

2. 교차문화적인 관계의 능력
   a. 좋은 평가 기술
   b. 좋은 자문 네트워크
   c. 위기에 미리 대비하기
   d. 신뢰를 얻기

3. 직위에 대한 이슈를 정리하기
   a. 비밀보장 vs 정보 관리
   b. 권위; 멤버 케어 사역자와 행정부의 관계
   c. 책임관계(한계 내에서 이뤄지는 멤버 케어 사역)
   d. 단체 속 멤버 케어 사역자의 여러 관계
   - 인적 자원부(HR)와의 관계
   - 목회 상담사와의 관계

09

선교단체와 멤버 케어

안정된 대규모 선교단체인 위클리프 성경번역 선교회(WBT)가 왜 멤버 케어에 대해 생각하기 시작했을까? 그리고 구체적으로 그들은 무엇을 했는가? 또한 우리(딕과 로라 매 가드너)는 어떻게 관여하게 되었는가?

1990년에 위클리프의 국제 이사회와 SIL(위클리프의 자매기관)은 90년대의 우선순위를 멤버 케어에 두었다. 그러나 1998년 인사담당 국제 부총재(IVPP)가 이사회 결정에 대한 후속조치를 하기까지는 직책도 없었고 재정도 없었다. 그 부총재는 우리 부부에게 '멤버 케어에 대해 무언가를 하라'고 요청했다.

멤버 케어 과업을 위한 준비

왜 우리인가? 우리가 멤버 케어에 참여하게 된 데는 몇 가지 이유가 있었다. 첫째, 우리는 남 멕시코의 산악지대에 자녀들과 함께 20년간 살면서 필드 사역자와 번역가로 일한 경력이 있었다. 여름이 되면(모두 15회) 후보자 선발과 신참 사역자들을 평가하는 일을 했었다. 우리의 배경에는 위클리프 국제 상담부를 지도하기 위해(12년간) 수년 간 대학원 공부를 한 것도 포함된다. 이 모든 것이 우리로 하여금 70여 개 국가 출신의 어른 사역자 6천 명으로 구성된 우리 선교회 가족을 위해 멤버 케어를 개발하는 작업에 착수할 수 있도록 우리를 구비시켜 주었다. 우리는 그 단체에 아주 오랫동안 몸담고 있었기에 많은 멤버들과 대다수 지도자들을 알고 있었다. 로라 매는 또한 WBT와 SIL의 인사담당 국제 부총재로 섬겼고, 미국 위클리프 이사와 항공선교회, 그리고 다른 선교관련 단체의 이사로 섬겼었다. 이로 말미암아 우리가 위클리프의 관점은 물론 다른 많은 선교단체의 관점에서 포괄적으로 멤버 케어를 볼 수 있게 되긴 했으나 우리의 경험이 모든 사람에게 유익하진 않다는 것을 잘 알고 있다. 그래도 약간의 도움은 될 것이다.

12년 동안 상담을 하고 상담부서를 지도한 후 우리는 멤버들에게 필요한 많은 도움이 상담과 별로 관계가 없다는 사실을 깨닫게 되었다. 상담 훈련을 받지 않은 사람들도 실질적인 도움을 많이 줄 수 있다는 것을 알았다. 이에 덧붙여서, 상담사들은 치료를 제공하는 것 외에도 디브리핑, 컨설팅, 글쓰기, 격려하기, 연구조사, 그리고 예방작업과 같은 것들을 충분히 제공할 수 있다고 우리가 느꼈다. 우리는 멤버 케어가 상담과 경쟁하는 것이 아니라 조화를 이룰 필요가 있다고 믿는다.

긴박한 필요

우리 국제 이사회가 멤버 케어 사역을 개발하도록 지시하게 된 배경에는 다음과 같은 필요가 있었다.

- **비극.** 사고, 질병, 또는 자살로 인해 멤버가 갑자기 죽으면 잘 알려지

고, 믿을 만하고, 노련한 사람들이 재빨리 도움과 자원을 제공해야 한다.

- **긴박한 필요와 도움의 요청**. 자녀가 가출하거나 멤버들 사이에 도덕적 실패가 발생하면 워낙 긴급한 상황이라 도움을 구하게 된다. 그래서 위기 구조팀과 개별 치료사들이나 도우미들이 훈련을 받고 그런 상황에 대비해야 했다.
- **모든 수준에서의 갈등의 고조**. 예를 들어, 정책에 대한 이의, 불복종, 상호 갈등 해결의 거부, 다세대간의 갈등, 다문화적인 갈등 등.
- 젊은 멤버들 사이에 **삶을 관리하는 기술이 부족한** 사람의 증가 - 좋은 부부관계를 개발하는 법, 자녀양육, 금전 관리, 업무일정 짜기, 감독 부재 시 자기 관리 등.
- **사회 불안정과 철수 상황의 증가.** 많은 스트레스를 야기하고, 일에 대한 집중력을 잃게 하고, 동기를 저하시킴.
- **고갈되는 영성**은 고립과 목회적 돌봄의 부족, 성경에서 자신과 가족의 영적 양식을 얻을 수 없음, 성경 지식과 사용 기술의 부족 등에 기인함.
- **피랍**을 비롯한 여러 종류의 위기.
- **줄어드는 지원자**; 지원자들은 그들이 합류하려는 단체에서 도움과 돌봄을 기대함.
- 후속적인 돌봄보다 **예방이 더욱 효과적**이며, 더 낫고, 더 현명하다는 인식의 고조.
- **숙련된 도움은 멤버들 중에서 찾을 수 있으며**, 이러한 필요들을 채우기 위하여 따로 또는 숙련된 상담사들과 함께 일하면서 훈련할 수 있다는 깨달음을 갖게 됨.

우리 부부가 IVPP로부터 멤버 케어라는 새로운 역할을 개발하라는 요청을 받았을 때의 상황이 이랬다. 그러면 우리는 무엇을 했는가?

토대 놓기

첫째, 우리는 이 작업이 단체의 뒷받침, 즉 최고 수준인 국제 이사회의 지지를 받고 있다는 사실을 명확히 했다.

둘째, 돌봄은 성경의 많은 곳에서 명령하고 보여주고 있는 만큼 우리는 돌봄의 성경적 토대에 초점을 맞추었다. 성경은 모든 대인관계의 지침이 된다(요 13:34, 35). 리더십은 희생적인 온유함으로 양떼를 돌보고 삶의 모든 측면에서 경건의 본을 보이는 등 섬기는 마음으로 발휘돼야 한다(요 13:14-16; 벧전 5:2,3). 그리고 우리는 사람들에게 성경적 인생관은 고난, 고통, 부족, 용서, 혼돈과 위기를 포함하고 있으며, 이런 요소들은 개인의 경건과 개인 및 그룹의 성숙에 기여할 수 있다는 점을 상기시켰다. 또한 멤버 케어를 구축한다고 모든 필요가 다 채워지는 것은 아니란 것을 명확히 했다.

셋째, 우리는 멤버 케어 사역의 철학을 작성했는데, 이는 사람들에게 좋은 멤버 케어는 다섯 가지 측면을 갖고 있다는 것을 상기시켰다(이것은 켈리 오도넬이 그가 편집한 책, *Doing Member Care Well*, pp. 15-19에 제시했던 모델과 비슷하다). 돌봄의 다섯 가지 측면 내지는 영역에 대해서는 2장에서 다루었지만, 우리가 무엇을 했고, 또 다른 사람들이 자기 단체 내에서 멤버 케어 사역을 시작하려 할 때 고려할 점을 상기시킨다는 의미에서 여기서 간단히 언급할까 한다.

a. 하나님은 그분의 자녀들을 돌볼 궁극적인 책임이 있다.(주님의 돌봄)

b. 멤버들은 서로서로 돌보고, 격려하며, 세울 책임이 있다.(상호 돌봄)

c. 파송교회는 돌봄의 책임을 공유하고, 그 교회 출신 멤버의 인생의 모든 시점에 관여해야 한다.(파송자의 돌봄)

d. 멤버 각자는 자신과 자기 가족의 개인적이고, 영적이며, 신체적인 복지에 책임을 져야 한다.(자기 돌봄)

e. 그리고 단체는 멤버들이 영적, 지적, 정서적인 활력을, 신체적으로 최적 상태를 개발하고 유지하도록 돕는 분위기를 만드는 데 적극적이어야 한다.(파송자 또는 단체의 돌봄)

2장에는 돌봄의 순서가 약간 다른 것에 유의하라. 2장에 나오는 순서와 우리가 만든 이 순서 모두 따를 만한 좋은 모델이다.

고려사항과 장애물

비교적 새로운 무언가를 제안할 때면 주의할 점들과 제기될 염려에 대해 고려해야 한다. 멤버 케어에 대한 관심이 커지고 있음과 관련하여 우리는 다음과 같은 장애물을 극복해야 한다고 생각한다.

1. 대부분의 사명선언서는 세계 복음화를 위해 가장 중요한 자원인 사람들을 돌보겠다는 헌신을 표명하고 있지만, 보통은 그 내용이 거의 없고 실제적인 전달 체계도 없다.

2. 어떤 리더/행정가들은 멤버 케어의 필요성을 최소화시킨다. 멤버 케어를 강조한다는 것은 파송국가/또는 교회가 부적절한 사람을 보냈거나 지원자 선별 작업을 철저히 하지 않았다는 것을 의미한다고 보기 때문이다.

3. 멤버 케어를 중시하는 것은 현재 돌보지 않고 있다거나, 현재 리더십이나 행정을 책임지는 사람들이 부주의하다는 것을 의미할 수 있다.

4. 누군가 "당신은 채울 수 없는 기대치를 만들 것이다"라고 경고했다.

5. 이보다 더 심각한 경고도 표명되었다. "멤버 케어는 하나의 산업이 되어 세계 복음화를 증진시키기보다 오히려 경쟁자가 되고 있다."

6. 그리고 또 다른 타당한 우려가 있다. "모든 섬김의 활동이 '멤버 케어'가 된다. 이는 마음대로 떠다니고, 누구에게도 책임지지 않고, 어쩌면 비생산적인 사역자를 양산할 수 있다. 어떤 사람들은 배려하는 마음을 갖고 타인에게 좋은 일을 한다는 이유로 멤버 케어의 역할을 부여받을 수도 있다. 어떤 구조, 훈련, 구체성이 필요하다."

7. 일부는 또 다른 주의사항을 얘기했다. "하나님의 말씀으로 충분치 않다는 말인가? 우리가 그 말씀을 실천하기만 하면 다른 사람이나 다른 것이 필요하지 않을 것이다." 우리는 사역과 관계와 관련하여 그리스도의 몸의 역할만 스스로 상기하면 된다.

우리는 위클리프 내에서 멤버 케어를 홍보할 때 이런 우려들을 인정하고 반응을 보이려고 노력했다. 멤버 케어 아이디어를 실행하는 최선의 방법은 정보에 밝고, 투명하고, 실제적이고, 유익하고, 최대한 성경적이 되어 단체 내에서 조화롭게 일하는 것이라고 믿었다. 그리고 실제로 그렇게 노력했다. 우리는 멤버 케어의 개념은 신체적 안락함이나 개인적 취향을 만족시키는 것 자체를 목표로 삼는 게 아니고, 이런 것이 세상에 그리스도를 전파하는 사명보다 우선하면 안 된다는 것을 분명히 했다.

전략과 단계

우리의 전략은 각 본부에 멤버 케어 담당 코디네이터/컨설턴트를 찾아서 세우는 것이었다. 전 세계에 있는 여러 권역에는 권역별 코디네이터를 찾아서 세울 예정이었다. 각 필드나 그룹에는 멤버 케어 촉진자를 두도록 했다. 코디네이터, 컨설턴트, 촉진자, 제공자의 역할들은 지리적으로 분배를 했다.

그러면 가드너 부부가 한 일은 무엇인가?

1. 인사담당 국제 부총재의 권위 아래서 일하면서 그에게 보고했다. 이는 아주 공적인 역할이었다.
2. 국제 이사회의 지시임을 인정했다.
3. 경쟁하지 않고 현행 인사 시스템을 통해 일했다.
4. 기존 서비스들을 존중하고 그것들을 조정하기 시작했다.
5. 주된 필요를 파악하기 위해 간단한 조사를 실시했다.
6. 문서 자료, 개인적 방문, 워크숍, 세미나, 컨퍼런스 등을 통해 단체의 모든 부서와 계속 의사소통을 했다.
7. 스태프를 세우고 예산을 책정했다.

단체 지도자들에게 하는 제안

우리는 단체 지도자들에게 이런 제안을 한다. 당신이 멤버 케어를 촉진시킨 위클리프의 필요를 인식하면서 당신도 그 중에 많은 필요를 접했을 것이다.

행동하기 전에

당신이 무슨 일을 결정했든지, 그것은 당신의 선교단체의 구조에 맞아야 하고, 당신의 교회 문화에서 기독교적 사고방식과 잘 어울려야 한다. 그 일은 실행 가능하고(실제적이고 가능한 것) 지속될 수 있어야 한다. 다른 나라들이 급속하게 파송자로서의 리더십을 잡고 있다. 신생 파송국가들은 멤버 케어 계획을 위해 이런 것을 바라볼 터이고, 그들 자신의 멤버 케어 계획과 프로그램을 개발하기 위해 하나의 모델을 찾을 것이다.

멤버 케어의 실행에 필요한 활동들

1단계: 멤버 케어가 당신의 단체 내 최고위층의 지지와 승인을 받고 있는 가? 그렇지 않다면, 그렇게 되도록 당신이 할 수 있는 일은 무엇인가?

2단계: 이 작업을 이끌어갈 신뢰할 만하고 훈련받은 사람, 부부, 또는 팀이 생각나는가? 군이 상담사일 필요는 없지만 상담 기술이 어느 정도 있다면 도움이 될 것이다. 현명하고 경험 많은 목사 부부(또는 팀)가 좋은 후보이다.(참고, "새로운 멤버 케어 촉진자는 어디서부터 시작해야 할까?"-7장).

3단계: 당신은 이 부부나 개인이 당신의 단체 내 멤버 케어의 필요를 파악하도록 도울 것인가? 기본 조사와 좋은 경청의 기술이 필수적이다 (참고, "멤버 케어 평가 도구"-부록 4).

4단계: 당신의 단체에서 이미 멤버 케어 방식으로 이루어지고 있는 것 이 무엇인지를 조사하고, 그것이 어떻게 존중되고, 증진되며, 조정될 수 있을지 생각하라.

5단계: 당신과 당신 단체가 지금 할 수 있는 일에 대해 다함께 토론하 라. 당신은 어디서 시작할 것인가?(참고, "오오" 플랜-부록 5)

당신은 2장에 포괄적인 멤버 케어 모델을 갖고 있다. 당신은 7장에 멤 버 케어 사역자의 직무 명세서를 갖고 있고, 9장에서는 위클리프 이야기 를 통해 한 선교단체 내에서 멤버 케어가 어떻게 자리 잡았는지를 알게 되었다.

다른 말로 하면, 토대에 해당하는 제1부의 아홉 장들과 멤버 케어 담 당자가 자주 직면하는 중요한 이슈들을 논의하는 제2부의 아홉 장들을 당신이 갖고 있는 만큼 당신의 단체 내에서 멤버 케어 계획을 추진할 수 있는 포괄적인 그림을 보유하고 있는 셈이다.

미래를 생각하며

선교단체를 위한 몇 가지 함의가 있다. 다음 여섯 가지가 중요하며, 각 단체는 그 단체와 관련된 특정 사안들을 추가로 생각해도 좋다.

1. 첫 번째 함의는 **멤버 케어에 다방면에 박식한 사람**(generalist)**이 더 많이 필요하다**는 것이다. 하지만 이들은 전문가들과 연결되어 있어야 한다(예, 교육적인 문제들, 교육적인 검사와 참고자료, 갈등, 다문화적 팀 빌딩, 선교사와 현지인 사역자, 위기 대처인과 정신 건강 전문가 등을 위한 리더십 개발을 위해).

2. 두 번째 함의는 **장거리 사역 팀 접근이 일부 지역에는 효과가 있다**는 것이다. 전문가와 다방면에 박식한 사람들로 이뤄진 팀은 네팔, 캄보디아, 터키, 스페인, 또는 과테말라와 같은 나라에 대해 특별한 '부르심'을 느낄 수 있고, 그 나라나 그 필드의 사역자들과 관계를 맺고 그 관계를 수년간 유지할 수도 있다. 그런 팀은 일 년에 한두 번만 방문하지만 필드 사역자들과 관계를 잘 구축하여 신뢰감과 공감대를 형성하고 그 나라의 필드 상황에 대해 정확한 이해를 얻게 된다.

3. 세 번째 긴박한 필요는 **교회는 선교 전반에 대한 교육이 더욱 필요하다**는 것이다. 교회는 오늘날의 선교 현황, 다양한 선교사역, 여러 나라의 다양한 필드 상황, 그리고 선교 과업에 실태 등에 대해 알 필요가 있다.

4. 네 번째로, **모든 수준과 모든 전문 영역에서 더 많은 국제적인 멤버 케어 인력이 필요하다**. 아시아인은 자기 자녀들에게 특별 교육이 꼭 필요하다고 느낀다. 아프리카에 있는 라틴 사역자들은 포르투갈어나 스페인어를 할 수 있는 사람, 그래서 그들에게 너무나 중요한 확대가족으로부터

단절되어 느끼는 외로움과 슬픔을 이해해 줄 사람이 필요하다고 느낀다.

교육 전문가는 여러 나라 출신의 아이들을 테스트하는 법, 문화적 편견에 따라 도구들을 조정하는 법, 자녀들의 욕구를 부모에게 전달하는 법을 알아야 한다. 예를 들어, 체면을 중시하는 부모에게 그 자녀의 욕구를 당신은 어떻게 전달하겠는가?

교차문화적인 결혼의 복잡성을 이해하고 그런 경우에 결혼 상담을 할 수 있는 능력은 보기 드물지만 꼭 필요한 기술이다. 위기 상황, 철수, 재난은 물론 정상적인 생활에 대한 디브리핑을 이해하고, 개인이나 그룹에게 디브리핑하는 법을 아는 것은 꼭 배워야 할 전문기술이고, 이는 얼마든지 배울 수 있는 것이다(부록 3의 정기적인 디브리핑 세션을 위한 질문 세트를 참고하라).

5. 다섯 번째 함의는 **컨설턴트의 필요성과 역할이 커지고 있고 선교 현실에서 그들을 구비시키는 일이 필요하다**는 인식이다. 컨설턴트는 객관성과 올바른 관점을 제공하고, 참여자들에게 가용 자원을 알려주고, 정신적 역기능이나 법적 이슈들에 대해 경고하는 등 상당히 많은 일을 할 수 있다. 상담사와 멤버 케어 사역자들은 좋은 컨설턴트가 되는 법을 배울 수 있지만, 이런 역할들을 신중하게 이해하여 경계와 직업윤리를 잘 유지할 수 있어야 한다.

6. 오늘날의 여섯 번째 함의는 **전자 서비스에 대한 이해와 적절한 활용**이다. 상담은 어느 정도까지 전자 기기를 이용할 수 있는가? 보안은 어떻게 유지할 것인가? 그런 서비스는 얼마나 믿을 만한가? 이런 경우에 기록은 어떻게 만들고 보관하는가? 전자 기기를 통해 인적자원을 제공한다는 의미는 무엇인가?

이 장에서 나는 위클리프와 SIL에서 멤버 케어 사역을 개발하게 된 내력과 그 내용, 그런 의사결정 배후에 있는 논리, 그리고 우리 단체들이 현재 직면하고 있는 긴급한 필요와 이런 문제들의 함의 등을 나누었다.

우리에게는 해답보다는 질문이 더 많은 것 같다. 그러나 우리가 올바른 질문을 제기하고 있고 좋은 답을 찾는 방향으로 가고 있다고 믿는다. 아마 우리에게 효과가 있는 것이 다른 단체들에도 효과가 있고, 그것이 다른 상황에서도 하나의 교재로 사용될 수 있을 것이다. 이러한 내용이 쓸모가 있기를 나는 기도한다.

09 "선교단체와 멤버 케어" 요약

1. 10가지 이유 – 안정된 대규모 선교단체가 왜 멤버 케어 사역을 시작했을까?(대부분의 선교단체들이 이와 비슷한 필요를 갖고 있을 것이다.)
   - 갑자기 발생하는 비극
   - 멤버와 리더의 도움 요청
   - 모든 수준에서의 갈등의 고조
   - 삶을 관리하는 기술의 부족
   - 사회 불안정과 철수사태의 증가
   - 영적 고갈
   - 피랍과 위기
   - 지원자의 감소
   - 후속적 돌봄보다 예방이 더 효과적이다
   - 기술적인 도움을 받을 수 있고, 그 기술을 훈련할 수 있다.

2. 든든한 토대를 놓는 것이 필수적이다
   - 단체 최고위층의 뒷받침이 절대로 필요하다
   - 견고한 성경적 토대
   - 멤버 케어의 다섯 가지 측면을 이해하고 실행하기: 주님의 돌봄, 자기/상호 돌봄, 파송자의 돌봄, 전문가의 돌봄, 네트워크를 통한 돌봄.

3. 성공적인 멤버 케어 프로그램의 다섯 단계
   - 최고위층의 뒷받침
   - 믿을 만하고 훈련된 사람이나 팀
   - 단체 내의 멤버 케어의 필요성을 파악하기
   - 멤버 케어의 견지에서 이미 수행되고 있는 일을 조사하기.
   - 무엇을 해야 하고 어디서 시작해야 할지 다함께 논의하기.

맺는 말

앞의 아홉 장에서는 기독교 타문화 사역의 첫 두 단계를 커버하는 인사 관리 시스템을 제시했다. 그 논의는 우리 멤버들을 잘 돌보아야 한다는 관점에서 진행되었고, 훌륭한 행정 역시 좋은 멤버 케어라는 전제에 기초하고 있다.

나의 간절한 바람은 우리 멤버들의 돌봄과 청지기직에 대한 개념들을 성경적 진리와 원리에 닻을 내리게 하고, 이를 실행할 때 이해와 연민, 유연성을 나타내도록 격려하는 것이다. 많은 경우에 내 제안들은 이상적인 것으로 들릴 수 있고, 많은 선교단체들이 보유하지 않은 자원들 – 필드 경험이 있는 훈련된 스태프, 재정 등 – 을 요구한다. 내 의도는 독자에게 반드시 해야 할 일을 일러주는 것이 아니다. 오히려 선호할 만하고 바람직한 방향을 제시하여 독자로 하여금 가용 자원을 사용하고 문화적으로 적합한 방식으로 그 나름의 방법을 개발할 수 있게 하는 것이다.

우리는 모두 우리 동료들이 선한 뜻을 품고, 하나님과 하나님의 말씀에 대해 잘 알고 그의 뜻을 이루는 데 헌신되어 있으며, 모든 면에서 모범적인 삶을 사는 사람이라고 생각하고 싶어 한다. 그리고 대부분의 기독교 사역자들은 그렇다. 그러나 우리 모두는 죄와 연약함을 지닌 타락한 사람들이고, 유혹과 낙심에 빠지기도 한다. 우리는 결함이 있는 인간이다. 우리는 과업수행을 할 때 지름길을 찾으며, 우리의 영적 성장에서도 그렇게 한다. 그러나 성공하는 경우가 드물다.

성령의 도우심으로 우리는 하나님이 원하는 사람이 되고 그분이 원하는 일을 할 수 있다. 우리가 성령께서 다른 사람을 그리스도의 형상으로 빚어내도록 우리 자신을 내어놓으면 우리 자신도 그리스도의 형상을 닮아가게 된다. 이를 위해 주님이 사용하는 하나의 도구는 바로 우리의 일이다. 그래서 앞선 장들은 선교단체 내의 인사 관리의 기술적인 측면들을 다루었지만, 하나님의 의도는 우리가 섬기는 사람들 속에서 그리고 우리 속에서 성장이 이뤄지게 하는 것이다. 주님께서 우리에게 주신 일을 우리가 신실하게 이루는 것 자체가 성장의 도구이다. 우리가 남을 섬기는 동안 하나님께서 우리 안에서 그분의 일을 추진하시길 기도한다.

"하나님은 그리스도 예수를 통해 우리 각 사람을 지으셨습니다.
그렇게 하신 것은 그분께서 하시는 일,
곧 우리를 위해 마련해 놓으신 선한 일,
우리가 해야 할 그 일에 우리를 참여시키시려는 것입니다."

(에베소서 2:10, 메시지)

Part II

도전을
직면하고
극복하려면

10

타문화 사역자의 상실과 슬픔

만약 당신이 타문화 사역자들의 이야기를 충분히 듣는다면, 그리고 당신이 신뢰할 만하다는 평판을 받았다면, 당신은 가슴이 무너지는 상실, 슬픔, 후회, 그리고 종종 엄청난 고난의 이야기를 듣게 될 것이다.

내 이야기를 하자면, 나의 직계 가족 가운데 그동안 여덟 명이 죽었고, 이 중에 여섯은 갑작스런 사고로 죽었다. 기억나는 첫 번째 사건은 큰 오빠가 전쟁터에서 죽은 것이다. 여덟 살인 내가 그 소식을 들었을 때는 슬픔이 무엇인지 몰랐다. 그 오빠는 집을 떠나 대학에 갔고, 그 후엔 군사 훈련을 받고 젊은 시절 대부분을 군대에 몸담고 있었기 때문에 내가 잘 알지 못했다. 그래서 나는 사람들 앞에서 눈물을 흘리지 않았다. 따라서 엄마는 내 존재에 지울 수 없는 말을 남겼다. "…너, 정말 독하구나!"

이후에도 성적 학대, 가출한 남동생으로 인한 가족의 분열, 부모가 "너는 이제 우리 자녀가 아니야. 우리가 준 것을 모두 돌려줘"라고 말하며 나를 버린 사건 등 많은 고통이 뒤따랐다. 훗날 다른 오빠의 아내가 농장 사고로 갑자기 죽는 바람에 내가 오빠네 네 자녀(7, 6, 4, 3살)를 돌보느라 그의 재혼 때까지 취업을 연기했다. 상실의 고통은 계속 이어졌다.

나는 싱글로 선교단체에 가입하면서 과연 결혼의 특권을 누릴 수 있을지 – 누가 나랑 결혼할까? – 의아해했다. 그런데 아주 멋진 남자와 결혼했다. 그러나 첫 다섯 번의 임신이 다 유산으로 끝나는 바람에 통절한 상실감을 느꼈다.

우리는 선교사역을 하는 동안 많은 상실과 슬픔, 많은 헤어짐, 많은 임지 이동, 그리고 얼마간의 실패와 환멸을 경험했다.

이러한 어려운 경험을 거치는 동안 다음 몇 가지가 나를 도와주었다.

- 내가 달라져야겠다는 결의: 나는 '독한' 사람과 정반대되는 인물이 될 거야.
- 남에게 필요하고 도움을 베풀 수 있는 존재가 되자
- 나는 생각보다 더 탄력적인 사람이라고 깨닫다
- 자비로운 행정과 리더십, 그리고 남을 잘 돌보는 친구들
- 사랑스러운 부부관계
- 하나님의 말씀이 새롭게 다가오다
- 좋은 친구들이 실제적으로 돌봐주고 말로 위로하고 지지해주다

나의 동료와 친구들은 나보다 훨씬 많은 사건과 경험을 겪었다.

죽음. 상실의 심도를 측정할 척도가 없지만 배우자 사별이야말로 자녀 상실과 함께 최고 수준에 가까울 것이다. 한 젊은 여인은 이렇게 말했다. "나는 스스로를 과부로 부르지 않기로 했어요. 그건 나이 든 여성에게나 해당되는 말이에요!" 그러나 슬픔과 고난을 부인한다고 아픔이 사라지는 게 아니다. 어떤 사람이 처음으로 여권 신청서에 "미망인"이라고 쓰는 일은 지극히 고통스럽다.

죽음과 더불어 큰 상실에 해당하는 것은 갑작스러운 **재난**이다. 지진, 토네이도, 홍수, 전염병, 만성질병, 신경 쇠약, 그리고 공격(강도, 피랍, 폭발) 이후의 안전의 상실 등.

인생 단계에 따른 상실도 있다. 싱글에서 결혼으로, 결혼해도 자녀가 없는 상태, 결혼하여 자녀가 있는 상태, 중년, 노화와 은퇴, 사역 종료. 각 단계마다 약간의 유익도 있지만 종종 좋았던 과거의 상실이 수반된다.

그리고 **꿈과 희망, 계획의 상실**이 있다. 미처 못 채운 기대, 잃어버린 기회, 우리 자신 또는 다른 사람의 행동으로 인한 좌절, 깨어진 관계들.

이미지 상실도 있다. 어느 새내기 타문화 사역자는 과거 몇 년을 통틀어 가장 지적이고 잘 구비된 후보자였다. 5년 후 그의 학교 신문에 어깨에 커다란 짐을 지고 정글의 강을 건너는 그의 사진이 실렸다. 그 사진의 제목은 "성공할 가능성이 가장 높은 인물로 뽑혔는데 – 지금의 그를 보라!" 였다. 누구나 후원금에 의지하기 시작할 때는 그 위상을 상실한다. 여성에 적대적인 상황에 몸담는 여성과 그 딸들은 위축되고 종종 약탈자들에 둘러싸인 듯한 느낌을 받는다. 은퇴할 때나 시한부 중병에 걸렸을 때 닥치는 가치 상실. 내가 더 이상 기여할 수 없다면 지금의 나는 누구인가?

재배치는 많은 상실을 수반한다. 마조리 포일은 타문화 사역자들이 자주 이별해야 한다는 것을 알았기 때문에 "하이-바이(hi-by) 신드롬"이란 말을 창안했다. 재배치는 옛 친구의 상실과 새 친구 사귀기, 고향에 돌아가도 너무나 변해서 더 이상 고향으로 못 느끼는 문제 등을 포함한다.

거의 언급되지 않는 한 가지 슬픔은 **환멸**이다. 환멸은 우리 존재의 핵심과 우리의 신념 체계에 타격을 주기 때문에 극심한 슬픔이다. 환상의 상실, 이상의 상실, 우리가 믿었던 바가 가능하지 않았거나 않을 것이란 두려움, "헛수고"를 했다는 느낌은 참으로 대처하기 어렵다. 환멸의 다른 예들은 다음과 같다.

- 이상과 희망, 꿈의 상실
- 우리가 계획한 대로 세상을 바꿀 수 없음
- 우리의 "어두운 면"을 드러내는 높은 스트레스 때문에 자신에 대한 믿음을 상실함
- 소진되어 커다란 필요에 직면하면 마비가 되어버림
- 하나님에 대한 믿음의 상실 – 하나님이 너무 천천히 움직인다고, 우리 기도를 거의 들어주지 않는다고, 우리가 기대한 대로 그분의 약속을 지키지 않는다고 느낄 수 있음
- 소명을 받고 우리가 헌신하면 "성공"이 따라오고 축복을 받을 것으로 생각했을지 모름
- 지도자들이 "남모르는 약점"을 갖고 있음을 발견함. 지도자들이 융통성이 없고, 무심하고, 인색하거나, 우리의 가치관과 반대되는 정치적 힘겨루기를 하는 모습을 봄
- 파송교회는 필드 사역자들의 삶에 일어나는 일에 대해 거의 모르고 관심도 없어서 그 사역자들이 겪는 상실을 거의 알아채지 못하고 그들의 성공을 축하하지도 않음
- 사람들이 자아를 만족시키려고 권력 있는 자리와 직함을 얻으려고 애쓰는 모습을 볼 수 있고, 옹졸함과 뒷 담화, 이기주의와 게으름을 목도할 수 있음
- 나 자신에 대해서도! 이와 똑같은 태도와 행동을 나에게서도 발견할 수 있다!

이러한 상실들은 예상할 수 있고 어느 정도 대비할 수 있다. 하지만 우리가 미처 준비하지 못하는 것은 심각한 상실을 겪을 때 생기는 내면의 혼란스런 느낌이다. 그러한 혼란은 사역과 관련된 슬픔에 내재된 특징인

것 같다. 우리가 이해할 수 없는 것을 이해하려 하고, 해명할 수 없거나 용서할 수 없는 행동 속에서 의미를 찾으려고 할 때 우리는 쉽게 내적인 혼돈을 경험한다. 거기서 길을 잃고 우리의 소명과 목적을 잊어버리기 쉽다. 부록 7 "타문화 사역자들이 경험하는 스트레스 요인들"을 참고하라.

리더십은 어떻게 도울 수 있을까?

내 경우에는 초기에 접한 리더십이 내 속에 깊이 각인되었다. 나는 여러 차례의 죽음과 가족의 필요 때문에 사역을 시작하는 것을 연기할 수밖에 없었다. 리더들이 나의 헌신을 의심하고 나에 대한 불만족을 표현할 것으로 예상하고 있었다. 그런데 그들은 나에게 연민과 이해, 배려를 베풀어 주었다.

보통 우리 단체의 리더들은 스스로 남의 눈에 띄고 알려지는 것을 허용했고, 사람들과 기꺼이 친구관계를 맺거나 멘토나 코치로 섬기고 싶어 했다. 나는 초기에 자비로운 리더들을 경험한 덕분에 훗날 좀 불친절하지만 진실한 말을 하는 또 다른 리더를 올바른 관점에서 볼 수 있었다. 나는 리더들이 똑같지 않다는 사실을 깨달았다!

「인사 저널」(Personnel Journal) 1996년 4월호에 이런 글이 실려 있다.

"슬픔과 사별은 우리의 에너지를 감소시키고, 생산성을 떨어뜨리고, 심지어 명료하고 이성적으로 사고하는 능력에 영향을 주는 충격적인 경험이다. 애도의 과정은 길지 모르고, 그 기간에는 우리가 동기와 창의성을 잃어버릴 수도 있다. 확실히, 우리 모두는 우리가 일하며 사는 동안 어느 시점에서든 그런 영향을 받는다. 그럼에도 죽음과 슬픔이야말로 우리가 접하길 가장 두려워하는 고통스러운 통로이다. 이는 인적자원 스탭과 매니저들도 어떻게 다룰지 모

르는 난제다 – 종종 당신도(그들도) 부인하는 부류에 속할지 모르겠다."(p. 79)

저자들은 나중에 이렇게 말한다.

"생산적으로 잘 일하도록 직원들을 관리하는 직책을 맡은 인사부 매니저로서, 당신은 슬픔의 사이클을 인식하고 슬픔에 빠진 직원의 사기와 업무 역량을 효과적으로 다루는 방법을 제공하는 일터 환경을 조성할 능력이 있다. 인간적인 면과 전형적인 휴가 정책의 효율성을 평가하는 일 이외에도 HR은 당사자를 지원하는 포괄적인 프로그램을 제공할 수 있다. 워크숍과 유연한 작업 일정, 고용과 관련된 도움과 재정 상담 등이다."(p. 82)

우리 며느리가 교통사고로 죽었을 때 우리 단체 최고위층의 일부 지도자들이 보여줬던 반응을 생각하면 우리는 계속 위로를 받는 느낌이다. 함께함, 조언, 지도, 손님접대, 그리고 구체적인 배려와 구두적인 위로 등, 그들은 우리 가족의 모든 구성원에게 큰 영향을 미쳤고, 그것은 우리 지도자들의 삶에 하나님이 함께하신다는 것을 웅변적으로 대변했다.

타문화 사역은 사역자들이 각 사람이 구원받을 가치가 있고, 모든 사람은 하나님의 말씀 속에 표현된 그분의 진리를 들을 권리가 있다고 믿기 때문에 이루어지는 것이다. 그렇다면 우리가 우리 동료와 동역자와 하급자들에게 똑같이 높은 가치를 부여해야 하지 않을까? 한 기관의 정책과 절차는 사역자들이 그들의 일을 잘 수행하게끔 돕기 위해 만들어야지 아이들을 대하듯 엄격한 규칙으로 제한하려고 해서는 안 된다. 인적자원을 관리하거나 리더십 지위에 있는 자들은 베드로전서 5:2-3절에서 베드로가 말한 것처럼 "하나님의 양떼"를 돌볼 책임이 있다는 것을 명심해야 한다. 고린도후서 13:10b에서 바울은 이렇게 말했다. "주께서 너희를 넘

어뜨리려 하지 않고 세우려 하여 내게 주신 그 권한을 따라 엄하지 않게
하려 함이라.”

필드 멤버 케어 담당자나 친구는 어떻게 도울 수 있을까?

나의 신학교 동료 중 한 사람은 글쓰기를 통해 풍성한 사역을 경험했고
지금은 주요 기독교 저널의 편집장으로 일하고 있다. 그의 부부는 두 딸
이 있었고, 세 번째 임신에서 건강한 아기를 기대하고 있었다. 그런데 세
번째 딸은 건강하지 못했다. 내 친구는 〈크리스채너티 투데이〉에 자기 부
부의 경험에 관한 글을 썼는데, 제목은 “보지 못하고, 말도 못하고, 아무
것도 할 수 없는 신학자”였다.

　어린 아기의 무력한 상태가 뚜렷해지자, 자비로운 크리스천 소아과 의
사가 어린 딸을 치료하는 중에 이렇게 물었다. “당신네는 누구에게 기대
고 있습니까?” 부모는 이렇게 대답했다. “교회 친구들과, 궁극적으로는
주님이지요.” 이 헌신적이고 경건한 부모가 하나님에 대한 신학적 이슈
들을 붙들고 씨름했을 때, 마침내 “주님은 그의 백성 중에 계셨다”는 사
실이 분명해졌다.

　린 케인(Lynn Caine)은 『미망인』(Widow)의 10장 제목을 “추신: 당신이
얼마나 안쓰러운지 내게 말하지 마세요!”라고 붙였다. 그녀의 용감한 이
야기에는 “무슨 말을 할지 모르겠네요,” “위로의 말도 할 줄 몰라요,” “무
슨 말을 해야 할지 떠오르지 않네요…”, “제가 너무 부족하고 무력한 것
같군요” 등 스스로에게 초점을 맞춘 말을 하는 이들에 대한 책망도 들어
있다. 이보다는 도움의 손길을 내놓고 상처와 외로움에 공감하는 말을 하
는 것이 훨씬 낫지 않은가! 부드럽고 사랑스런 배려의 말을 하고, 당사자
에 대한 믿음을 표현하며, 적절한 성경 말씀을 나누는 것이 어떻겠는가?

또 다른 미망인이 표현한 유익한 말도 있다. "말은 없어도 [내 마음은] 당신과 함께해요. 그처럼 죽음 가까이 사는 것에 대해 난 너무 잘 알지만, 그걸로 충분하진 못하죠. 그게 무언지 나는 알지만, 당신의 경우는 어떤지 몰라요. 누구나 자기만이 갈 길이 있으니까요. 당신이 용감하고 아름다운 분이라는 걸 알아요. 그리고 당신의 남편은 그 사랑을 받을 만큼 귀한 분이었음도 알아요. 우리가 대다수보다 더 행운아라는 것을 알지만, 당신의 좋은 남편이 가셨으니 이 점도 별로 위로가 되지 않겠지요."(Widow, p. 63).

고통당하는 사람에게 가장 유익한 것은 도움의 손길일 것이다. 찾아가고, 안아주고, 식사 한 끼 챙겨주고, 세탁해주고, 화장실 청소하고, 전화 한 통 하는 것, "당신을 위해 기도하고 있어요," "당신은 내 마음에 있어요" 등 관심과 사랑이 담긴 말 한 마디와 카드 한 장. 하나님의 사랑을 표현하는 구체적인 손길과 말에는 위대한 치유의 능력이 있다.

위로하라! 이사야 40:1 "너희의 하나님이 이르시되, 너희는 위로하라, 내 백성을 위로하라 [내 백성에게 부드럽게 말하라]." 하나님의 백성을 돌보지 않는 예언자들에게는 하나님의 분노가 강하게 표현되고 있다. "너는 내 백성들을 잘 돌보지 못하였다."(에스겔 34:1-10을 보라.) 고난 받는 사람은 고침이나 해명, 또는 책망을 받기를 원하지 않는다. 그들은 위로를 받기 원하고 그럴 필요가 있다.

우리는 스스로를 위해 무엇을 할 수 있을까?

한 대도시에서 우리의 국제적 임무가 끝났고, 우리는 16년 동안 - 한 곳에서 머물렀던 최장기간 - 살았던 집을 팔려고 했다. 그 때까지의 우리 삶의 모든 것이 끝나고 있었다. 남편은 트럭에 물건과 가구를 가득 싣고 떠났고, 나는 남아서 집을 치우고 마지막 서류에 서명을 했다. 그러자 모든 것이 끝났다. 집을 깨끗이 청소했고 창문도 씻었다. 우리가 거기서 경험했던 모든 삶도 종말을 고했다. "내가 그냥 이대로 걸어 나갈 순 없어. 이 순간을 음미하고 하나님께 위로와 관점을 달라고 간구해야지"하고 생각했다. 그래서 바닥에 앉아 내 성경을 열어 시편 136편을 펼쳤다. 그것은 이스라엘의 여정을 따라 인생의 단계들이 나열되어 있고, 각 절은 다음과 같은 위로의 말로 끝난다. "그의 선하심과 인자하심이 영원함이로다." 그리고 이 말이 모든 장소에서, 모든 사건과 삶의 모든 단계에서 이스라엘에게 해당되었고, 또한 내게도 해당된다는 것을 알았다 - 그의 선하심과 인자하심이 영원함이로다! 얼마나 놀라운 위로인가!

우리 각자는 '하나님이 과연 다스리는가, 아닌가? 그는 선하신가, 아닌가? 그는 사랑이 많으신가? 그는 능력이 많으신가?' 하는 신학적 이슈들을 직면할 때가 온다.

제럴드 싯처(Gerald J. Sittser)는 음주 운전자(나중에 형에서 면제되었다)가 그들의 차를 들이받아 그의 어머니와 아내, 그리고 딸, 이렇게 삼대에 걸친 여성들이 죽임을 당한 경험에 대해 썼다. 그의 책 『하나님 앞에서 울다』(*A Grace Disguised: How the Soul Grows Through Loss.* 1992)에서 이렇게 말했다. "슬픔은 내 영혼 속에 영원히 자리 잡았고 영혼을 키웠다."

크리스토퍼 홀은 「크리스채너티 투데이」(March 3, 1997)에 싯처의 책을 비평하면서 이렇게 말한다.

싯처는 우리 모두가 다양한 종류의 상실을 경험할 것이라는 점을 상기시켜 준다. 우리는 모두 죽는다. 우리는 모두 사랑하는 사람을 묻게 되거나 그들의 손으로 묻히게 될 것이다. 우리 중 어떤 이들은 이혼, 성적 학대, 또는 실업을 통해 상실을 경험할 것이다. 우리는 우리의 상실을 그리스도의 성육신과 십자가와 부활의 빛 가운데 끌어안기로 선택할 것인가, 아니면 하나의 상실이 더 큰 상실을 초래하도록 허락함으로써, 즉 "영혼의 점진적 파멸"을 허락함으로써 불필요하게 우리의 고난을 악화시킬 것인가? 여기서 영혼은 '죄책감, 후회, 원한, 증오, 부도덕, 절망을 통해' 점차 시들어가면서 천천히 죽어간다. 첫 번째 종류의 죽음은 우리에게 일어나고, 두 번째 종류의 죽음은 우리 안에서 일어난다.(p. 47).

하나님의 말씀은 이러한 상실과 고난을 겪을 때 대단히 시의적절하며 도움이 되고 소중하다. 욥기는 고난의 의미에 대한 대화들로 가득 차 있다. 시편은 종종 적대적인 원수의 손에 받게 되는 고난에 초점을 맞춘다. 마가복음은 사역에 실패한 사람(행 15:37, 38)이 쓴 책이고, 그는 제자도의 실패와 박해와 고난의 현실을 다함께 묶고 있다. 독자는 고난이 마가복음 전체에 엮여있는 것을 보게 될 것이다(예: 8:31, 34, 13:9-12; 14:36). 이사야 53장은 우리 주님이 "슬픔과 심한 고초를 아는 자"(3절)이셨음을 우리에게 말해준다.

위로에 관한 신학적 씨름과 사상 외에도 우리가 기억해야 할 실제적인 것이 몇 가지 있다. 어떤 것은 참여해야 하고, 어떤 것들에 대해선 조심해야 한다.

- 슬픔에는 위험과 더불어 기회도 실려 있다
- 애도를 잘하는 사람이 잘 살아 남는다
- 슬픔은 굉장히 다양하다
- 슬픔의 사이클이 있다. 우리가 그 사이클을 통과하고 있음을 알면 도움이 된다. 그러나 슬픔은 직선코스를 밟지 않는다. 우리는 종종 원형으로 그 사이클을 통과하게 되며, 자주 왔다 갔다 하는 편이다.

어느 날은 화를 내고, 그 다음 날에는 은혜롭게 산다. 그 다음 주에는 우리가 부인을 하다가도 이후에 용납하는 자신을 보게 되기도 한다. 슬픔은 매우 개인적인 경험이라 복수의 사람이 똑같이 겪는 경우는 없다. 우리는 각각 하나님의 독특한 피조물이다. 우울증은 이 사이클의 일부이다. 당신 또는 누군가 우울증에 빠지면 그 아래 있는 슬픔과 상실을 찾아보라. 부록 8 "슬픔과 상실의 사이클"을 참고하라.

- 당신 자신과 하나님, 그리고 다른 사람들에게 그 상실을 인정하라
- 다른 사람들을 회피하지 말라
- 슬픔에 많은 감정이 따르는 것을 인식하라
- 당신의 슬픔을 극복하려고 너무 서두르지 말라
- 슬픔을 정리하는데 시간을 들이고 각 양상을 다루라. 일기 쓰기가 도움이 된다
- 슬픔과 싸우지 말라
- 하나님의 말씀을 읽는 데 많은 시간을 쓰라

다음 세 가지 보편적인 유혹에 조심하라

- 비통함과 슬픔에 갇혀있는 것 – 슬픔은 끝이 없다
- 분노하고 원한을 품고, 장차 좋은 일이 일어날 가능성을 아예 배제하는 것, 냉소주의
- 다른 사람의 아픔과 고난, 슬픔에 대해 냉담해지는 것, 미래의 실망에서 자신을 보호하는 것, 다른 사람에게 거리를 두는 것.

지난 세대의 크리스천 영웅이었던 에이미 카마이클(Amy Carmichael)은 생애를 일본과 인도에서 보내면서 커다란 필요와 개인적인 핸디캡을

가진 상황에서 사역을 했다. 그녀의 시, "상처도 없이? 상흔도 없이?"(No Wound? No Scar?)는 슬픔과 상실을 경험한 많은 사람에게 복이 되었다.

당신은 상처도 없고, 상흔도 없는가요?
상처나 상흔이 없는 사람이
멀리 여행할 수 있을까요?

참고문헌

Gardner, Richard A. n.d. "Unresolved Grief." Wycliffe Counselling Department, Dallas, TX.

Johnson, Paul A. 1980. *Who Can I Turn To?* Multnomah Press.

Langston, Sidney. 1992. "Understanding Grief."

Noonan, Ann. 1995. "Blessed Are Those Who Mourn…" Agape News Letter, Vol. XI, No. 2. 『하나님 앞에서 울다』(좋은씨앗).

Sittser, Gerald L. 1996. *A Grace Disguised: How the Sould Grows Through Loss.* Grand Rapids, MI: Zondervan.

Stephenson, Wally. n.d. "Scriptures for Coping with Grief and Loss."

Williams, Ken. 1995. "Grieving Well," Wycliffe Bible Translators, Dallas, TX.

Wolfelt, Alan. 1997. *Understanding Your Grief: Ten Essential Touchstones for Finding Hope and Healing Your Heart.* Fort Collins, CO: Companion Press.

Wolterstorff, Nicholas. 1987. *Lament For a Son.* Grand Rapids, MI: William B. Eerdmans Publishing Company. 『나는 사랑하는 사람을 잃었습니다』(좋은씨앗).

Wright, H. Norman. 1991. *Recovering From the Losses of Life.* Tarrytown, NY: Fleming H. Revell Company.

10장 "타문화 사역자의 상실과 슬픔" 요약 – 유익한 태도와 행동

누가	언제		
	준비 단계	현지 단계	재입국 단계
사역자 자신	• 스트레스를 예상하고 대비하라 • 하나님의 주권에 대한 믿음 • 고난의 신학 • 과거의 슬픔 경험을 처리하라 • 슬픔의 사이클에 익숙해지라	상실과 슬픔의 감정을 인정하고 표현하라 • 당신 자신에게 • 하나님께 • 다른 사람들에게	어려운 경험을 처리하라 • 돌아보고 묵상할 시간을 계획하라 • 멘토의 도움을 구하라
친구들, 지원팀, 동료들	• 당신의 친구를 개인적으로 알아가라 • 이동, 슬픔, 타문화 사역의 스트레스 요인들과 친숙해지라	• 실제적인 도움, 지지, 함께함 • 의사소통과 공감하기 • 깊이 경청하기 • 방문을 고려하라	• 당신의 집을 개방하고 함께하는 시간을 가져라
교회, 파송단체	• 이 주제를 부임 전 오리엔테이션에 포함하라 • 위기대처 계획을 세우라 • 책임을 분명히 하라	• 현지상황에 대한 오리엔테이션 • 리더십의 돌봄과 이해 • 업무량 조절을 고려하라 • 조언, 지도, 재정 후원 • 방문을 고려하라	• 공항에서 맞이하고 따뜻하게 환영하라 • 휴식/리트릿/전문적인 도움에 필요한 재정을 준비하라 • 충분한 나눔과 디브리핑을 위한 시간을 계획하라
멤버 케어 담당자	• 개인적인 관계를 개발하고 전진시키라 • 이 주제에 관한 자료를 모으고 제공하고, 이슈에 대해 토론하라	• 함께 있고 디브리핑을 제공하라 • 애도 과정을 가지는 동안 곁에서 함께 하라 • 다른 사람들이 지원할 수 있도록 조정하라	• 어려운 경험을 처리할 수 있도록 느긋하게 동행하고 격려하라 • 적절하다면, 리더십과 가족을 이해시키라
전문가	• 교회/단체/멤버 케어 사역자는 다양한 종류의 믿음 만한 전문가들의 명단을 업데이트하라	• 장거리 조언(예, 스카이프)을 주라 • 필요한 곳에 공식적으로 초대받으면 방문하라	• 필요한 경우 심리 검사와 자문

11

가정과 사역:
부모, 배우자, 자녀, 확대가족과 사역

"제3문화 아이"(Third Culture Kid, TCK)란
타문화 사역자의 자녀들은 (무의식적으로) 그들 부모의 문화와
그들이 몸담은 환경의 문화가 결합된 "제3의" 문화를
그들 속에 창조한다는 뜻이다. –데이비드 폴록(David Pollock)

이번 장은 한 가정이 그들의 관점에서 사역의 이슈들을 다룬 이야기로 시작된다. 이어서 타문화 사역에 몸담은 가정의 독특한 상황과 특징을 살펴보려고 한다. 또한 비서구 목사와 가정에 초점을 맞추고, 가정과 관련하여 계속 변하는 현실을 염두에 두려고 한다. 기독교 사역자가 건강한 가정을 이루고 싶은 소원이 있음을 감안하면서 역기능 가정과 대조되는 순기능 가정에 대해 묘사하고, 끝으로 건강하고 탄력적인 사역자 가정의 모습을 그려보려고 한다.

두 번째 단원은 파송단체가 사역자들로 하여금 건강한 가정을 유지하도록 어떤 도움을 줄 수 있는지에 대해 논의한다.

세 번째 단원은 탄력적인 가정을 세우는 데 현지의 멤버 케어 담당자와 친구들이 어떤 역할을 할 수 있는지에 대해 논의한다.

네 번째 단원은 가정 자체와 가족이 온전한 모습을 유지하기 위해 취할 단계에 초점을 맞추려고 한다.

교훈적인 이야기

나는 처음 선교사역을 시작할 때 자녀가 셋(11세, 9세, 4세)이었던 가정에게 그들의 내력을 얘기해달라고 요청했다.

그 가정은 이런 내용을 얘기했다.

1. 우리는 선교사역에 헌신하기로 한 결정과 그에 따른 변화에 대해 처음부터 자녀들과 의사소통을 했다.
2. 자녀들은 서로 격려하는 가운데 모든 테스트와 선별과정을 다함께 통과했다. 그들은 다함께 과업을 수행하면서 팀에 대한 소속감을 느꼈다.
3. 우리는 존중하는 태도와 현명한 의사결정 절차에 대해 의논하고 모범을 보였고, 자녀들에게 연령에 걸맞는 의사결정의 자유를 주었다. 그릇된 결정에 대해 의논하고 그로부터 교훈을 얻었다.
4. 우리는 열린 의사소통을 격려하고 또 모범을 보여주었다.
5. 교회 출석은 전혀 문제가 되지 않았다. 가족이 다함께 하는 일이었기 때문이다.
6. 자녀들도 사역에 동참시켜서 그들이 좋아하는 일과 그렇지 않은 일을 가늠할 수 있게 해주었다. 그들이 좋아하는 일에 초점을 맞추도록 격려하되 중도포기는 허락하지 않았다.
7. 자녀가 무언가를 포기하고 싶어 하면 우리는 많이 들어주고 말은 적게 하면서 문제를 함께 해결하려고 노력했다.

이것은 여러 해 전에 있었던 일이다. 그 자녀들은 지금 부모가 되었고, 각 가정은 서비스 분야나 특정 사역에 잘 종사하고 있다. 부모와 자기 가정, 그리고 주님과의 유대관계가 무척 강하고 건전하고 아주 돋보인다.

타문화 사역에 몸담은 가정의 독특한 스트레스 요인

여기서는 대표적인 몇 가지 특징만 열거하려고 한다.

첫째, 일반적인 가정의 자녀들보다 사생활을 누리는 정도가 적다. 마치 무대 위에 사는 듯하다. 찰스 스윈돌 목사는 사역은 무언가를 기여하는 문제일 뿐 아니라 가족의 문제이고 생활방식의 문제라고 한다.

둘째, 첫 번째와 관련된 것으로 사역자 가정은 타인의 관찰과 지속적인 평가 대상이 된다. 그 가정은 사역에의 적합성, 그리고 전문적 능력의 유무, 나중에는 사역의 생산성과 열매에 대해 평가를 받는다. 또한 재정 후원이 사역의 성공에 달려 있다고 종종 생각한다.

셋째, 생활에 관련된 스트레스가 커지는 것이다. 새로운 장소에 새로운 임무를 갖고 가는 것은 언제나 엄청난 도전거리이다. 일상생활의 필수 항목(식품 쇼핑, 의료 기관 물색, 비자 문제, 인터넷 연결, 환전, 교통수단의 선택 등)도 또 다른 도전이다. 이밖에도 한두 가지 언어를 배우고, 새로운 관계를 맺고, 예배할 장소를 찾고, 불결한 낯선 환경에서 건강을 유지하는 일 등도 스트레스 요인으로 작용한다.

넷째, 끊임없는 변화다. 이제는 적응이 되었다고 생각할 때면 많은 것이 변한다. 현지 국가의 경제적 파탄, 사회적 불안정, 통신 체계의 마비, 질병, 선교단체의 정책 변화, 재정 후원에 큰 타격을 주는 파송교회의 분열 등이 발생할 수 있다.

다섯째, 부부 모두 사역에 성공해야 한다는 부담감이다. 부부 모두 언어를 배워 사역하도록 권유를 받는다. 그런데 양자의 언어 학습 능력이 달라서 서로 경쟁하게 될 수도 있다. 또한 자녀들과 함께하는 시간이 줄어들고, 자녀들을 의사소통이 안 되는 보모에게 맡겨야 할 수도 있다. 현지에서는 3세부터 유아원에 보내므로 거기서 도움을 받기도 한다.

마지막 스트레스 요인은 이중적 책임관계다. 그 가정은 그들이 속한 단체나 기관에 어쩌면 매달 자세한 사역 보고를 해야 한다. 동시에 재정을 후원하는 파송교회와 후원자들에 대해서도 큰 책임을 느낀다. 종종 양자가 서로 경쟁한다. 선교단체의 요구사항과 기대치가 높으면 후원자들이 무시될 수 있다. 그 결과 파송교회나 후원자들은 소식을 자주 안 보내는 선교사에 대해 무관심해지고 어쩌면 후원을 중단할 가능성도 있다.

아시아인 선교사 가정이 받는 도전

2012년에 북미 복음주의 협회는 해외 선교사역 200주년을 기념했다. 하지만 지금은 아시아인들의 관심과 헌신이 증가했고, 몇몇 나라는 중요한 파송 국가가 되었다. 이런 해외선교의 새로운 국면은 세계적인 변화의 추세와 함께 전개되고 있다. 적대적인 이념들이 점점 더 자유를 구속하고 있고, 가족 자체가 밀레니엄 세대(1980~1995년 사이에 태어난 인구 - 역주)의 도래와 함께 변하고 있다. 지역 교회는 타문화 사역에 어떻게 참여할지, 이 사역을 돕는 최선의 길이 무엇인지를 확실히 모르는 상태이다.

이 가운데 일부는 범세계적인 현상이다. 예를 들어, 높은 지위와 바쁜 생활의 유혹, 일과 부부관계와 가족의 필요에 우선순위를 매기는 문제는 모든 파송국가 문화의 공통 이슈이다.

아시아인 사역자들은 지위에 대한 욕망이 유난히 강하다. 목사들을 높이 대접하고 존경하는 문화인데다 그들이 눈에 잘 띄기 때문이다. 담임

목사는 모든 것을 맡게끔 되어 있어서 다른 교역자에게 위임하길 꺼린다. 체면 문화 때문에 자녀들은 부모를 공경해야 하고 가정의 문제를 노출시키지 않는 편이다.

더구나 확대가족의 기대로 인해 사역자는 부모에 대한 효도와 사역 사이에서 갈등하기도 한다. 아시아의 선교단체는 역사가 짧기 때문에 멘토나 고문이나 코치로 섬길 수 있는 은퇴한 선교사가 부족하다. 그래서 목사와 파송단체와 어려운 가정이 도움을 받을 길이 별로 없다.

그러면 이러한 도전들에 어떻게 효과적으로 대처할 수 있는가? 우리의 첫 번째 전략은 사역에서 은혜의 역할을 이해하는 것이다. 용납과 유지, 자존감과 성취의 필요성은 보편적이지만 이 필요들을 채우는 방법은 매우 다양하다.

예수님이 우리의 모범이다. 그분으로부터 우리는 용납과 유지, 자존감과 성취가 어디서부터 오는지, 그리고 다음 도표에 예시된 것처럼 다함께 어떻게 흘러가는지를 볼 수 있다. 이 은혜의 사이클은 크리스천 정신과 의사인 프랭크 레이크(Frank Lake) 박사가 창안한 모델에 근거를 둔다.

은혜의 사이클

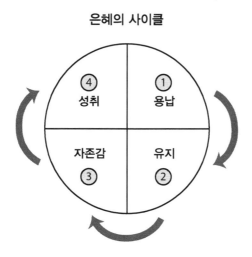

이 사이클의 토대는 나의 행위나 성취에 있지 않고 하나님 앞에서 내가 누구인가에 대한 용납과 확신에 있다. 이는 하나님과의 관계와 하나님 아버지의 기쁨과 관련된 문제다.

하나님께서 나를 기뻐하고 나를 용납하시는 것은 전적으로 나를 향한 그분의 사랑과 은혜에 근거를 두고 있다. 크리스천의 본질은 나의 행위와 나의 지식이 아니라 나와 하나님의 관계에 있다. 친밀한 관계의 문제라는 말이다!

달리 말하면, 크리스천 사역자는 가장 먼저 하나님의 은혜에 대한 깊은 경험적 지식을 토대로 삼아야 한다. 예수님은 이 면에서 우리의 모범이다. 수많은 사람들에게 둘러싸여 끊임없이 필요를 채워줘야 하는 상황에서 그분은 어떻게 소진되지 않을 수 있었을까? 예수님의 삶은 "은혜의 사이클"에 나타난 삶의 패턴을 모범적으로 보여주었다. 그 토대는 사람들의 요구에 있지 않고 하나님 아버지의 기쁨에 있었다. "은혜의 사이클"의 성경적 기초는 성경 여러 곳에 나온다. 몇 개의 핵심 구절은 다음과 같다. 요 15:16a; 신 7:7-8(용납), 요 14:16-17, 20, 23(유지), 사 43:4(자존감), 요 15:5(성취).

많은 아시아 문화와 다른 문화에서는 이와 정반대되는 현상을 볼 수 있다. 바로 "일 중심의 사이클"이다. 어떤 사람이 지위가 있어 성취할 수 있으면 그에게 자존감이 생기고, 지지를 받고 마침내 용납을 받게 될 것이다.

불행하게도, 이 "일 중심의 사이클"은 많은 기독교 공동체 안에서 큰 힘을 발휘하고 있다. 크리스천 사역자가 사역을 더 많이 할수록 더욱 인정을 받게 된다. 사람들은 크리스천 사역자가 일주일 내내 하루 24시간 동안 열려 있기를 기대한다. 조금이라도 능력이 부족하거나 실수를 하게 되면 명예가 실추되고 체면이 손상된다. 이는 절망을 초래할 수 있고, 인

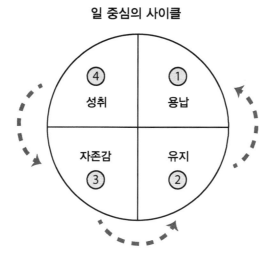

일 중심의 사이클

④ 성취
① 용납
③ 자존감
② 유지

정과 존경을 받기 위해 무슨 일이든 하려고 할 수 있다.

요약해 보면, 일반적 견해는 누구든지 무엇을 성취해야 자존감이 생기고, 지지와 용납을 받는다는 것이다. 여기에는 많은 부작용이 따른다. 위선, 권력 남용, 음모, 탈진과 우울증 등이 대표적이다.

크리스천 타문화 사역자들과 그 가족들은 하나님께 영광을 돌리는 한편 건강하고, 탄력적이고, 효과적인 일꾼이 되려면 "은혜의 사이클"에 토대를 둘 필요가 있다.

가족도 우리 소명의 일부다

우리의 사역은 말과 행동만 아니라 인격으로 나타난다. 그러므로 타문화 사역자의 가정에 대한 책임은 그들 사역의 중요한 부분을 차지한다.

다음 도표는 이 책임의 다양한 면을 보여준다.

하나님과의 관계를 중심으로 그로부터 파생되는 다양한 측면에 대해

책임의 수레바퀴

살펴보자. 하나님 아버지와의 친밀한 관계는 첫 번째 우선순위를 차지할 뿐만 아니라 모든 책임의 근거와 근원이다. 첫째, 타문화 사역자는 스스로를 책임져야 한다. 사도 바울은 에베소 교회 장로들에게 교회에 대한 책임뿐만 아니라 스스로에 대한 책임도 있다는 점을 상기시킨다. "여러분은 자기를 위하여 또는 온 양 떼를 위하여 삼가라."(행 20:28).

두 번째 책임은 우리의 배우자에 대한 것이다. 부부관계는 그리스도와 교회의 관계로 묘사되었고, 에베소서 5:25절은 아내에 대한 남편의 희생적인 사랑에 대해 이렇게 권면하고 있다. "남편들아 아내 사랑하기를 그리스도께서 교회를 사랑하시고 그 교회를 위하여 자신을 주심 같이 하라." 또한 에베소서 5:33절에서는 남편에 대한 아내의 책임을 분명하게 묘사하고 있다. 남편에 대한 아내의 사랑은 존경에서 시작된다. 이 부부관계에 높은 우선순위를 둬야 하고, 이는 자녀들에게 줄 수 있는 가장 큰 선물의 하나이다.

하나님과의 관계에서 파생되는 책임의 세 번째 측면은 하나님이 우리에게 맡긴 자녀들을 향한 책임이다. 어른이 될 때까지 그들을 돌보고, 양육하고, 성장시키는 것이 우리의 몫이다. 이 세 영역은 하나님에게서 우리가 받은 사역의 일부이다.

네 번째 책임은 하나님이 우리에게 주신 소명인 특정한 사역인데, 이 것만이 우리의 유일한 책임이 아님을 명심해야 한다.

확대가족이 어느 정도로 사역자의 책임이 되는지는 신중하게 생각할 필요가 있다. "누구든지 자기 친족 특히 자기 가족을 돌보지 아니하면 불신자보다 더 악한자니라"(딤전 5:8)고 한다. 하지만 어떤 상황에서는 믿지 않는 확대가족이 사역과 경쟁할 수 있고, 우리의 사역을 방해하는 요구를 할 수 있다. 만약 하나님이 우리를 그분의 사역으로 부르셨다면, 우리는 확대가족이 그 부르심을 무효로 만들도록 허용할 수 없다. 누가복음 9:57-62절은 하나님을 섬기는 우리의 소명이 효도의 의무보다 우선한다는 점을 상기시켜 준다. "아버지나 어머니를 나보다 더 사랑하는 자는 내게 합당하지 아니하고 아들이나 딸을 나보다 더 사랑하는 자도 내게 합당하지 아니하며"(마 10:37).

위에서 말한 책임을 살펴보면 진지한 질문이 몇 가지 떠오른다.

- 이 네 가지 책임 중 내가 홀로 져야할 것은 무엇인가? 만약 내가 그 책임을 지지 않는다면 누가 대신할 수 있겠는가?
- 만약 사역 때문에 우리의 자녀나 부부관계를 잃어버린다면 우리는 무엇을 얻은 것인가?
- 내가 사역에 최우선순위를 둔 결과 배우자와의 관계에 실패한다면, 나는 기본적인 책임을 지지 못하고 있는 셈이다.

우리가 이 논의를 마치기 전에 당신이 "어떤 책임이 가장 중요한가?" 하고 물을지 모르겠다. 그 대답은 다음과 같다. 우리가 접하는 상황은 계속 변하기 때문에 한 때 우리의 우선 사항이었던 것이 다른 상황에서는 뒷전으로 물러나야 하지만, 우리는 이 모든 우선순위를 중시하는 방법을 모색해야 한다. "책임의 수레바퀴"는 움직이는 바퀴를 말한다. 중심축이신 하나님은 변함이 없지만, 어떤 책임을 "최고"의 자리에 둘 것인지는 상황에 따라 바뀐다.

하나님의 말씀은 교훈과 이야기와 그리스도의 모범을 통해 우리가 무엇을 우선에 둬야 할지 분별하도록 돕는다. 우리는 개인적으로, 부부로, 그리고 가족으로서 이렇게 물어야 한다. "주님, 이 여러 책임들 중에 지금은 어디에 초점을 맞춰야 하나요? 당신의 뜻을 행하기를 원합니다."

변화하는 가정

저널 「교육 리더십」(Educational Leadership) 에서 투프츠 대학의 아동학과 교수인 데이비드 엘카인드(David Elkind)는 다음과 같이 선언했다. "현대의 핵가족 – 두 부모, 2.5명의 자녀, 한 부모가 자녀들과 집에 머무는 가정 – 이 빠른 속도로 사라지고 있다. 지금은 포스트모던 가정의 시대이고, 나는 그것을 유동적 가정이라고 부른다. 맞벌이 가정, 한 부모 가정, 입양한 가정, 재혼한(혼합) 가정 등이다."(여기서 '유동적'이란 말의 의미는 사람들이 들락날락하며 계속 변화한다는 뜻이다.) 엘카인드는 게이나 레즈비언이 입양이나 대리모로 얻은 자녀를 양육하는 가정과 같은 새로운 도전은 언급하지 않았다. 또한 결혼하지 않고 자녀를 낳은 경우, 만연된 동거생활, 가정에 대한 약속과 가치관의 붕괴, 또는 한 부모 가정의 증가와 같은 것들도 다루지 않는다.

한 가지 예를 들어보자. 오늘 아침 성인 주일학교에서 한 멤버가 최근 사별한 어떤 교인을 위해 기도해달라고 했다. 결혼한 지 몇 년 된 부부냐고 누가 물었더니 "결혼한 지 2년 됐지만 동거한 지는 7년 되었다"라고 대답했다.

이런 현상은 미국을 넘어 전 세계로 퍼져가고 있는 만큼 우리는 그 문제에 주목하며 어떻게 대처할지에 대해 심사숙고해야 한다.

오늘날 신문과 잡지는 온갖 현상을 보도하고 있지만, 최근 연구에 의하면, 우리는 좋든 나쁘든, 가정이란 특별한 공동체 내에서만 느낄 수 있는 친밀감을 갈망하고 있는 것으로 드러났다. 친밀감은 가정의 울타리 안에서 상당한 기간을 함께 지내며 서로 사랑하는 법을 배운 경우에만 느낄 수 있기 때문이다.

엘카인드는 오늘날 점점 더 강해지고 있는 새로운 추세를 묘사한다. 이런 추세가 온 세상에 만연되어 있다 할지라도, 그것은 우리가 추구하는 기독교 모델, 즉 인간사에 개입하시는 하나님이 보여주신 모델이 결코 아니다. 이 모델을 따르는 것이 앞 세대보다 훨씬 어려워졌더라도 우리는 이것을 따르고 실천하고 살아내야 한다.

이처럼 가정이 변하고 있는 상황을 고려하면 우리는 순기능 가정의 모습과 역기능 가정의 모습에 대해 헷갈릴 수도 있다.

가족 건강 검진

완전한 가정은 존재하지 않는다. 모든 가정은 제대로 '작동하는' 만큼 순기능적이다. 그들은 가족 단위로 살면서 삶에 대처해간다. 이를 순기능이라 할 수 있다. 그들은 건강한가? 여기서 어느 가정에 나타나는 특징을 살펴보면서 어떤 행위들의 존재나 부재가 가족 구성원에게 해를 끼치는지 평가해 보는 것이 도움이 된다. 해를 끼친다는 것은 현재 진행되는 것뿐 아니라 미래에 나타나는 영향까지 포함한다. 예컨대, 생존 전술이 어린 시절에는 용납되지만 아이가 성인이 된 후에는 파괴적인 영향을 미친다. 어떤 아이가 생존하기 위해 자기를 학대하는 부모를 속일 수 있지만, 속이는 습관을 성인이 돼서도 버리지 못하면 건강한 관계를 맺기 힘들 것이다.

역기능 가정은 다음과 같은 행동을 특징으로 한다.

- 나쁘다는 것을 부인한다(어느 가정이든 거기에 속한 사람들에게는 정상으로 보이기 때문이다). 구성원들도 나쁘다는 것을 부인하는 것은 그들이 나쁘지 않은 체 하면 그럴지도 모른다고 생각하기 때문이다.
- 정직해지는 것이 불가능하다. 자신의 생각이나 느낌을 솔직히 말하면 안전하지 않다.
- 부모가 자녀에게 또는 서로에게 불분명하고 상충된 기대를 품는다.
- 불안정감, 불확실함, 불안감.
- 두려움과 염려.
- 무질서하고 때로는 폭력적인 가족관계.
- "말하지 말라, 생각하지 말라, 느끼지 말라"는 암묵적인 규칙. 가족 구성원들은 자기가 무엇을 느끼는지 모르고 스스로의 감정을 파악할 수 없다.
- 가족이 역기능을 중심으로 똘똘 뭉쳐있다. 느낌은 중요하지 않다. 입 밖으로 낼 수 없는 비밀이 많다. 진실은 속에 감추기 때문에 화가 나도 인식하지 못한다. 자신의 슬픈 감정을 인식하지 못한다.
- 엄격하고 통제가 많다.
- 정상이 무엇인지 모른다.
- 사랑과 애정을 거의 표현하지 않는다.
- 갈등은 해결되지 않거나 난폭한 방법으로 해결한다.
- 구성원은 자기가 괜찮다고 느끼지 못한다.

- 타인을 신뢰하는 법을 몰라서 관계를 맺는 법을 모르고, 건강한 친구도 사귈 줄 모르며, 종종 외로움을 느끼고, 친밀해지는 것을 두려워한다.

이와 반대로, **순기능 가정**의 특징은 다음과 같다.

- 감정을 자유롭게 표현할 수 있고, 서로에게 따뜻함과 존경과 사랑을 표현하기가 쉽다. 부정적인 감정을 포함해서 여러 감정을 쉽게 표출한다.
- 가족을 위해 유연한 규칙을 만들지만 결코 모호하지 않고 일관성이 없지 않다.
- 용납하고 부양하고 돌보고 사랑하고 안전한 분위기.
- 가족 구성원들은 온갖 감정을 경험하고 확인할 수 있다.
- 갈등이 있을 때 상대방을 파괴시키거나 아프게 하지 않고 협상하고 해결한다.
- 경계선이 명확하고 잘 유지된다.

건강하고 튼튼한 가정에 대한 연구가 많이 추진되었다. 이에 따르면 건강한 가정에는 7가지 특징 내지 특질이 있다고 한다. 이것은 위에 소개한 역기능 가정과 순기능 가정을 대조할 때 사용된 것과는 다르다.

건강한 가정은 일반적인 용어로 묘사된다. 가정은 건강한 사회의 기본 요소이다. 가정이 붕괴되면 국가에 위기를 초래할 수 있다. 튼튼한 가정은 역경을 직면하고, 문제를 해결하고, 아픈 사람과 함께 아파하며, 성장을 도모하기 위해 서로에게 유익을 주는 방식으로 대한다. 그들은 다함께 있는 것을 즐기며, 사랑과 충성과 지지를 아끼지 않는다. 그들은 서로를 가장 소중하게(일보다 중요한 사람으로) 여기며 강한 소속감을 품고 있다. 그들은 남은 생애 동안 서로를 돌보고 부양하는 아름다운 관계를 맺고 싶다고 말하고 또 기꺼이 그렇게 하려고 노력한다.

요컨대, 건강한 가정의 구성요소는 헌신, 감사, 의사소통, 함께하는 시간, 영적 건강, 그리고 위기와 스트레스에 대처할 수 있는 능력 등이다. 여기에 일곱 번째 요소를 더한다면, 필요할 때 도움을 구할 수 있는 능력이다.

타문화 사역자의 가정은 이른바 TCK(Third Culture Kids - 제3문화 아이)에 해당하는 자녀를 양육해야 하는 독특한 어려움을 갖고 있다. 이 주제는 여기에서 논의하기보다는 이에 관한 좋은 책을 소개하는 것으로 대치하겠다. 마리온 넬(Marion Knell)이 쓴 『이동 중인 가정들』(*Families on the Move: growing up overseas-and loving it*)이다. 또 다른 추천도서는 『선교지의 가정』(*The Family in Mission*)인데 고려할 많은 문제를 다룬 포괄적인 책이다. 또한 부록 9 "타문화권에서의 자녀양육"를 참조하기 바란다.

선교단체와 파송교회 지도자의 경우

파송단체와 교회의 지도자들은 많은 사람을 돌보고, 보살피고, 때로는 감독하는 일로 매우 분주하다. 이런 지도자들은 그들의 소명에 따라 하나님을 섬기는데 헌신된 성실한 사람들이고, 다른 사람들의 필요를 일부러 간과하지 않는 자들이라고 나는 가정한다.

이와 더불어 이런 리더들은 성별에 관계없이 부지런한 사람들이라고 가정한다. 건전한 직업윤리는 성숙함의 기본 요소이다. 그런 지도자는 정직하게 일하면서도 삶의 다른 영역도 잘 관리한다. 제대로 일하는 사람은 그 대가로 생활비를 벌고, 하나님을 잘 섬기게 되고, 가족을 위한 시간을 책임 있게 할애하게 된다. 그러나 직업윤리의 중요성을 강조하는 것은 좋지만 이를 핑계로 삼아 일중독에 빠져 탈진 상태에 이르게 되면 안 된다.

지도자들은 그들의 '직무' 중 하나가 남의 모델이 되어 균형 잡힌 삶을 보여주는 것임을 명심해야 한다. 균형 잡힌 삶은 개인적인 안녕은 물론 가족을 잘 돌보는 일도 포함하고 있다. 여기서 나는 지도자가 스스로 자문해야 할 여러 질문을 하나의 점검목록으로 제시하고 싶다. 이 가운데 일부는 지도자의 배우자도 물어봐야 한다.

- 내 시간 중 얼마만큼을 배우자 또는 가족을 위해 써야 하는가?
- 현재 나의 직무 명세서, 업무량, 스태프를 감안하면 배우자나 가족에게 필요한 시간을 떼어놓을 수 있는가?
- 혹시 내 업무를 집에 갖고 오지는 않는가? 그렇다면 그걸 어떻게 막을 수 있을까? 사무적인 일들을 집에까지 가져와 하고 있지 않은가? 어떻게 그러지 않을 수 있을까? 응급 시에 내가 얼마나 행동할 수 있어야 하는가? 응급 상황에 대한 멤버의 생각과 내 생각이 다를 때는 어떻게 할 것인가?
- 응급 상황이 생겨 내가 집을 비우게 될 때 가족의 반응은 어떠한가?
- 할 일이 많고 가족에게 지금보다 더 많은 시간을 할애해야 할 때에도 묵상과 운동, 취미생활, 가벼운 독서를 위한 시간을 어느 정도 정당하게 낼 수 있는가?
- 휴가, 부부생활 세미나, 개인의 성장과 개발을 위해서는 얼마만큼 시간을 내는 것이 적절한가?
- 지역사회에는 얼마나 참여해야 하는가?
- 내가 속한 단체의 소식은 배우자와 자녀에게 얼마만큼 얘기해야 하는가? 중요한 사안만? 불행한 사건만?

- 배우자는 비밀을 잘 보장하는 유형인가?
- 나의 자녀들이 한 멤버의 비행을 보게 되면, 나는 그 멤버의 체면을 살리는 방식으로 아이들과 얘기할 수 있는가?
- 선교단체나 교회는 일을 잘하면 더 많은 일을 맡기는 경향이 있다. 나에게 일을 더 맡길 때 내가 시간을 감안하여 어떻게 '아니오'라고 말하는가?
- 실제적인 필요가 있어도 나는 깨끗한 양심과 가벼운 마음으로 '아니오'라고 말할 수 있는가? 거절하기가 어렵다면 어떻게 그것을 배울 수 있을까?
- 함께 기도하고 나에게 책임을 물을 수 있는 파트너를 나는 어떻게 찾는가? 그리고 그 파트너에게 단체나 교회와 관련된 일을 얼마만큼 얘기하는가?
- 주님과의 개인적 관계와 배우자 및 자녀들과의 관계를 어떻게 유지하고 발전시킬 수 있는가?
- 배우자와 자녀들은 내가 균형 잡힌 삶을 산다고 말할까?

대다수 사회에서는 일이 우리에게 정체성과 자존감을 부여한다고 인정한다. 일이 삶의 중요한 부분이긴 하지만 삶의 핵심은 아니다. 궁극적으로 우리의 정체성은 하나님에게서 찾아야지 우리의 직업이나 근무 시간에 의해 결정되지 않는다. 만약 우리가 하나님의 뜻과 우선순위에 따라 행한다면 우리 영혼의 깊은 차원에서 인생이 좀 더 순조롭게 흘러갈 것이다.

지금까지 지도자들의 가족 관계와 우선순위에 초점을 맞춘 만큼 이제는 지도자의 책무 중 하나가 '양떼를 돌보는 것', '양 무리를 치는 것'과 멤버들을 감독하는 것임을 인정해야 하겠다. 어떤 지도자라도 양떼가 원하는 시간이나 필요한 시간을 다 내어줄 수 없다. 따라서 언제나 아쉬운 마음을 품고 있을 것이다. 그러나 지도자는 그들에게 냉담하지 않으면서 추종자들이 아니라 하나님께 인정을 받기 위해 노력해야 한다(딤후 2:15).

목사나 지도자에게 멘토가 있다면 그는 보호자, 격려자, 믿을 만한 조언자, 위로자의 역할을 할 수 있다. 멘토는 인생 경험이 풍부하고, 지혜롭고, 믿을 만하고, 경건한 동성(同性)의 인물이어야 한다.

멤버 케어 담당자와 친구는 균형 잡힌 삶을 살도록 어떻게 도울 수 있는가?

대인관계는 공적으로나 사적으로 효과적인 사역의 매개체다. 알아채고, 도와주고, 격려의 말을 하고, 함께하고, 손 내밀고, 그룹 내 각 멤버의 특성을 인식하는 것, 이 모든 것이 돌보는 행위이자 우정의 행위다.

돌봄은 진실을 말하는 것을 포함한다. 우리는 동료나 친구가 삶의 균형을 잃고 일에 사로잡혀 가족이나 건강을 등한시할 경우, 적절한 때에 한 마디 해줄 수 있어야 한다. 단, 상대방이 저항하고 방어하게 만드는 방식이 아니라 잘 수용할 수 있는 방식으로 해야 한다. 내가 그런 상황에 처하면 '나 자신에 관한 어려운 진실을 들을 만큼 강건하고, 그에 대해 무슨 조치를 취할 만큼 건강해야 하겠다'라고 다짐한다.

대인관계에 관한 책은 많이 있다. 진실한 친구와 유익한 사역자가 되고 싶은 사람은 누구나 이런 책을 읽고 나눌 필요가 있다. 하지만 우리는 상대방이 어떻게 느끼고 생각하는지를 안다고 생각하기보다 문화적 차이와 특징에 관해 기꺼이 토론할 필요도 있다. 멤버 케어 평가 도구(부록 4 참조)를 보면 멤버 케어 담당자가 속한 공동체의 인구통계에 대해 정확하게 인지하는데 도움이 될 것이다.

사역자는 가족에 대한 책임을 다하면서 어떻게 스스로를 돌볼 수 있는가?

빌리 그레이엄 목사의 딸, 지지 그레이엄 차비진은 『평온함을 추구하는 여성』(A Woman's Quest for Serenity)에서 이렇게 말한다. "weary라는 단어를 사전은 '힘, 인내, 활력 또는 신선함이 다 떨어진 상태'라고 정의한다…'피로(fatigue)'와 '지침(weary)' 사이에는 미세해도 뚜렷한 차이점이 존재한다. '피로'는 육체노동, 외적 압력과 수고에 의해 생기지만…'지침'…은 내적인 갈등에 기인한다. 크리스천에게는 '지침'이 평소의 생활방식이 되면 안 된다."(p. 16)

대체로 우리는 그 지점에 도달했는지 잘 모른다. 그래서 우리는 우리에게 관심이 있는 사람, 가까이서 우리의 삶을 지켜보는 사람의 객관적인 관점이 필요하다.

균형 잡힌 삶을 사는 법에 대해서는 훌륭한 책과 글이 많이 나와 있다. 그 가운데 일부는 이번 장의 참고문헌에 실려 있다. 여기서는 나에게 도움이 되었던 세 가지 전략에 초점을 맞추려고 한다.

첫 번째는 핵심 인물들을 개발하는 것이다. 한두 명의 가까운 친구들과 쌍방향의 대화를 개발하여 매우 개인적인 문제를 나누는 것이다. 쌍방향이라는 말은 나 자신이 상대방에게 가서 상담, 피드백, 조언, 또는 지도 같은 것을 받을 수 있는 동시에, 그들이 나에게 와서 내가 잘 인식하지 못하는 나의 문제점을 지적할 수 있다는 뜻이다. 이런 책임관계야말로 훌륭한 안전망이다.

두 번째 전략은 바람직한 경계선이 무엇인지를 알고 그것을 연습하는 것이다. 이런 것은 문화와 상황에 따라 결정되므로, 무언가를 행하거나 거절하는 것에 대한 나의 원칙을 잘 알고 있어야 한다. 아울러 나의 우선순위를 인식하고 그에 맞게 시간을 할당해야 한다.

세 번째는 '아니오'라고 말하는 법을 배우는 것이다. 영어에서 가장 오용되는 단어가 'Yes'라면 가장 유용한 단어는 'No'이다. 많은 사람에게 불행이 닥치는 것은 정당하게 '아니오'라고 말할 수 없었기 때문이다. '아니오'는 가장 적지만 가장 큰 단어인지라 큰 사람만 사용할 줄 안다. 그 성품이 '아니오'라고 말할 수 있는 능력보다 더 큰 사람은 없다.

- 아담과 하와는 '아니오'라고 말했어야 하는데 그러지 않았다(창 3:1-10).
- 요셉은 '아니오'라고 말했기 때문에 젊은이의 훌륭한 모델로 남아 있다(창 39:7-10).
- 다니엘은 공손하게 '아니오'라고 말했고, 우리는 자녀들에게 다니엘의 용기에 대해 얘기한다(단 1:8).
- 삼손은 '아니오'라고 말하지 않았다…그리고 후회했다!(삿 16).
- 예수님은 '아니오'라고 말했다(마 4:1-11).
- 유혹받는 사람들이 '아니오'라고 말하지 않은 바람에 나중에 후회했다(잠 23:29-32).
- 우리는 지혜롭게 '아니오'라고 말해야 한다. 장로 요한은 "악한 것을 본받지 말고 선한 것을 본받으라"(요삼 11)고 했다. 우리는 무엇에 대해 '아니오'라고 말할 지 분별해야 한다. 이 말은 내 삶에 균형을 잡아준다. 그리고 '예'라는 말에 힘과 진정성을 실어준다.
- '아니오'라고 말할 때는 품위 있게, 공손하게 말하자.
- '예'라고 말할 때는 신나게, 전심으로 말하자.

우리는 때때로 '아니오'라고 말해야 한다. 모든 사람의 필요와 기대를 다 채워 줄 수 없기 때문이다. 우리는 현모양처가 되기 위해 시간을 내야 할 뿐 아니라 하나님을 잘 섬기기 위해 개인적 성장, 묵상, 공부, 자기개발 등을 위한 시간도 확보해야 한다. 이는 정당한 일에 '예'라고 말하기 위해 어떤 필요와 요구에는, 그리고 어떤 타인의 기대에는 '아니오'라고 말할 수 있어야 한다는 의미이다.

나는 이번 장을 마무리하면서 사랑하는 친구 닉 폴스(Nick Pauls)가 췌장암으로 소천하기 직전에 그의 자녀들을 위해 쓴 기도문을 소개하고 싶다. 닉과 도라 부부는 건강한 타문화 사역 가정과 자녀들에게 크게 기여한 사람들이다. 네 자녀는 부모로부터 보고 배운 그대로 남을 돌보는 경건한 삶을 살고 있다.

닉의 기도

주님, 당신이 우리에게 자녀들을 맡겨주셨습니다.

그들의 나이나 태도나 직업에 상관없이 한 사람 한 사람에 대해 감사드립니다.

그들은 언제나 그리고 영원히 우리의 자녀입니다. 우리나 자녀들의 어떤 크고 작
은 행동이라도 그 사실을 바꿔놓을 수 없고 우리도 절대로 그렇게 되길 원치
않습니다.

주님, 기도하기는 '군중을 따라 움직이는' 이 세상에서 그들이 무명씨가 되지 않
게 해 주소서. 그들이 참 자아를 정확하게 발견할 수 있게 해 주시고, 그 자아
가 시들어 갈 때는 그것을 알아차리게 해 주소서. 당신이 그들을 독특한 존재
로 만드셨기 때문입니다.

그들 스스로 실망하거나 포기하는 일이 없게 해 주시고, 삶의 어려운 도전 앞에
투지를 발휘할 수 있게 해 주소서.

그들이 미래에 대한 큰 꿈과 창조적인 생각을 품고 살게 해 주시며, 그 꿈을 실현
하기 위해 계획할 때 주의력과 지혜와 경험자의 상담을 더해 주소서.

그들이 깨어 있어 이 세상의 거짓된 것들을 분별하게 하소서.

그들이 이 세상에 태어나게 된 이유를 알게 하소서.

부모에게 받은 유전적 요소와 독특하게 어우러지는 여러 기회를 주셔서 이 세상
을 축복하고 더 훌륭한 생애를(똑같거나 더 못한 생애가 아니고) 남기게 하여 주
소서.

주님, 우리 자녀들이 이 세상을 더 좋게 만들려면 큰 용기가 필요합니다. 그렇게
하는데 필요한 것을 주소서: 확신을 에너지와 행동으로 바꿀 수 있는 힘을 주
소서.

'아니오'라는 대답을 긍정적으로 보게 하소서.

낯선 사람과도 거리낌 없이 악수할 수 있게 하소서.

자신과 친구의 유익을 위해서 그들의 태도와 습관을 바꿀 수 있게 하소서.

아침마다 일어나서 기쁘게 이 세상을 맞이하게 하소서.

진리에 기반한 신념을 옹호하게 하소서.

해답이 안 보일 때는 겸손하게 어려운 질문을 하게 하소서.

이 세상의 성난 풍파가 닥칠 때 잠잠하고 '당신이 하나님이심'을 알게 하소서.

모든 것이 정신없이 돌아갈 때 '인내하며 기다리게' 하소서.

마음과 영혼과 지성을 다하여 하나님을 사랑하게 하시되, 그런 사랑을 받을 만한 당신께만 그렇게 하게 하소서.

주님, 우리 자녀들이 인간의 힘으로만 살고자 하는 이 세상에서 '주께 맡기다'는 말의 뜻, 우 리를 평온케 하고 자유롭게 하며 강력한 그 뜻을 배우게 하소서.

당신의 성령께서 그들 안에서 일하게 하소서.

당신의 마음이 그들 안에 있게 하소서.

당신의 평안이 그들과 함께하게 하소서.

그들을 창조하신 창조주 하나님께서 늘 원했던 대로 그들을 빚어주소서.

그들의 빛이 사람들 앞에 비치게 하소서.

그러면 부모인 우리는 그들이 무명씨가 되지 않을 줄 알고 안심할 것입니다. 그들의 마음속에 용기를 품고 "이 세상의 지배자보다 더 위대하신 주님이 그들의 죽을 몸 안에서 영광을 받 으시게 하기로" 선택했기 때문입니다.

그들 자신이 그리스도 안에서 온전케 될 것을 믿습니다. 아멘.

－닉 폴스

참고문헌

Andrews, Leslie A.(ed). *The Family in Mission: Understanding and caring for those who serve*. Palmer Lake, CO: Mission Training International.

Ho, Polly C. Ed. 2013. *Rice, Noodles, Bread or Chapati? The Untold Stories of Asian MKs*. Singaproe: Third Culture Kids Care Fellowship(tck.sgp@gmail.com).

Knell, Marion. 2003. *Families on the move: grwoing up overseas - and loving it*. London, UK: Monarch Books.

Knell, Marion. 2007. *Burn up or splash down: Surviving the culture shock of re-entry*. Downers Grove, IL: IVP Books.

MacDonald, Gordon. 1985, 2003. *Ordering Your Private World*. Nashville, TN: Thomas Nelson. 『내면 세계의 질서와 영적 성장』(Ivp).

Pollock, David and Van Reken, Ruth. 2009. *Third Culture Kids: Growing up among worlds*. Boston: Nicholas Brealey America.

Swenson, Richard. 1992. *Margin*. Colorado Springs, CO: NavPress.

Swenson, Richard. 1998. *The Overload Syndrome*. Colorado Springs, CO: NavPress.

Swenson, Richard. 2003. *A Minute of Margin*. Colorado Springs, CO: NavPress.

11장 "가정과 사역: 부모, 배우자, 자녀, 확대가족과 사역 " 요약 - 유익한 태도와 행동

누가	인계		
	준비 단계	현지 단계	재입국 단계
사역자 자신	• 건강한 가정의 특징을 잘 알라 • 가족을 양육하는 일에 헌신하라 • 부부관계 세미나에 참석하라 • 배우자와 같이 나누라 • 현지에서의 자녀 교육의 여러 가능성에 대해 정보를 수집하라	• 모델이 될 만한 멘토나 가정을 찾으라 • 당신의 일정에 가족과 함께하는 특별한 시간과 부부를 위한 시간을 계획하라 • 자녀 교육의 선택을 모니터링하고 평가하고, 필요하면 조정하라 • 당신의 한계를 알고, 지혜롭게 인제 어떻게 "아니오" 라고 말할지를 알라	• 본국 사역을 미리 계획하라 • 자녀의 교육적 필요에 특별히 주의를 기울이라 • 의사소통을 잘 하라 　- 교회 -파송단체 　- 멤버 케어 담당자 -가족
친구들, 지원들, 동료들	• 신뢰할 수 있는 친구와 기도 파트너와 멘토가 되라 • 피드백과 현명한 조언을 제공하라	• 자녀들과 건강한 부부관계를 위해 특별한 관심을 갖고 실제적 지원을 하라 • 친구가 되고, 상호 돌봄을 실천하라	• 본국 사역을 준비할 때 의사소통을 잘 하고 그들의 필요를 발견하라 • 실질적인 도움을 주선하라
교회, 파송단체	• 오리엔테이션 기간에 사역과 가정생활의 균형에 대해 논의하라 • 가족과 자녀 교육에 대한 기대와 배려에 관한 정책을 세우라	• 과중한 사역으로 인해 가정과 자녀가 피해를 입지 않는지를 감시하라 • 기도하라! 방문하라! • 특별한 필요가 있는지 여부를 알아보라	• 본국 사역은 가족의 필요와 특히 자녀 교육의 필요에 맞게 미리 계획하라 • 그들의 말을 들을 시간을 갖고, 디브리핑을 제공하고(자녀들에게도), 적응에 필요한 조언을 주라
멤버 케어 담당자	• TCK의 특성과 그들을 양육하는 법에 관한 정보를 제공하라 • 교육의 선택을 돕고 각각의 장단점을 논의하라	• 가정에 관심을 갖고 지도하라 • 가정생활세미나를 주선하거나, DVD 등을 제공하라 • 자녀들과 친구가 되어 주라 • 디브리핑을 제공하라	• 안식년 계획에 관해 주도적으로 논의하라 • 디브리핑을 제안하고, 파송단체와 교회와 함께 디브리핑을 주선하라
전문가	• 세미나를 열어달라고 요청하고, 튼튼한 부부생활에 필요한 자료를 제공하라 • 자녀들이 발달상의 필요와 탄력성 개발에 관한 특별한 정보를 주라	• 온라인으로 부부관계, 가족, 자녀의 문제와 관련해 상담하라 - 약기 증상, 조언과 지원, 자녀 돌보기가 어려워지는 경우 등	• 건강 검진 • 자녀, 교육 그리고 부부관계에 대한 평가와 지원

12

싱글 선교사

> 결혼이든 싱글이든 둘 다 좋은 것이다.
> 어느 편이든 그 자체로 다른 편보다 낫거나 못한 것이 아니다.
> 그래서 우리가 싱글이든 기혼자이든 우리의 상황을
> 하나님이 우리에게 주신 특별한 은혜의 선물로 받아야 한다.
> — 존 스토트(John Stott)
>
> 역사상 가장 위대하고, 가장 지혜롭고, 가장 온전한 인간,
> 한 번도 결혼한 적이 없는 분은 예수 그리스도이다.
> 그분의 가장 위대한 사도도 결혼한 적이 없고 그의 싱글됨에 대해 감사했다.
> 예수께서 다가오는 시대에는 우리가 결혼하지 않을 것이라고 말씀하셨다.
> 그리고 다가올 시대가 이미 이 세상 속으로 뚫고 들어왔다고 덧붙였다.
> — 존 파이퍼(John Piper)

이야기

첫 번째 이야기는 창의적 접근 국가에 텐트 메이커로 파송된 젊은 아시아 여성의 이야기다. 그녀는 비즈니스 영역에서 일하면서 시간이 나는 대로 사역을 하게 되어 있었다. 그녀는 그렇게 일하는 법에 대해 오리엔테이션을 못 받았고, 현지 수퍼바이저도 없었고, 필드 지원도 없었다. 그녀는 그 일에 적절한 사람인지 고민하고, 자신의 소명, 파송단체, 파송교회에 대해서도 회의하게 되었다.

두 번째 이야기는 서아프리카로 파송된 젊은 아시아계 미국인 여성이 공적인 모임에서 나눈 것이다. 영어를 유창하게 구사하고 캘리포니아 출신이라 모두들 미국인으로 생각했다. 현지 사역자 그룹은 주로 미국인들이었고, 그녀가 잘 적응해 아프리카 문화나 그룹 문화에 관한 긴급한 문제에 나름의 해답을 찾을 것으로 기대했다. 그런데 그녀는 자신을 오히려 아시아인에 가깝다고 느꼈고, 길을 잃고, 아주 외롭고 방황하게 되었다.

세 번째 이야기는 젊은 남성 필드 디렉터에 관한 것이다. 그는 가용 자원이라 그 직책에 선임되었지만, 행정 업무나 싱글 남성 리더가 겪는 복잡한 문제에 대한 오리엔테이션을 받지 못했다. 그는 배우자가 없어서 살림살이, 후원자와의 의사소통, 식품 구입과 음식 준비, 손님 접대, 개인적 돌봄 등에 도움을 받지 못했고 막역한 친구도 없었다. 또한 여성 가사 도우미와 여성 싱글 사역자나 자녀를 둔 부모들을 어떻게 대해야 할지 몰랐다. 그는 지나치게 조심스러워졌는데, 그 문화에서는 어색한 태도였다.

네 번째 이야기는 한 중년 여성이 열정적으로 선교 지도자 그룹에게 공개했던 것이다. 그녀는 자기가 직면했던 이슈들을 얘기했다. 일종의 리더십 위치에 있었음에도 어린애 취급을 받았다. 결혼 생활이 행복하지 않은 기혼자들과 일하는 것이 어려웠다. 싱글 여성으로서 그녀는 종종 누군가의 남편과 함께 사역을 해야 했다. 그녀는 항상 그 남성 동료의 아내와 가족을 의식해야 했으며 남성 동료 사역자와 거리를 두어야 했다. 무척 피곤한 관계였다. 그녀는 이성문제를 의식해야 했고, 때로는 자신이 중성인(중성화된) 사람이라 느꼈다. 하지만 그런 생각이나 그렇게 취급받는 것을 좋아하지 않았다. 그녀는 자신의 여성성을 개발하지 못했다고, 즉 그 부분이 발달하지 못했다고 느꼈다. 따라서 여성적 매력이 없는 존재로 생각하게 되었다. 더구나 여성이라는 이유로 중요한 리더십을 맡은 적이 없고 보통은 조력자에 머물렀다. 그래서 늘 남성 상관을 모셔야 했다. 어떤 프로젝트를 맡아도 리더로서의 존경을 받지 못했다. 늘 제기되는 이슈는 '당신 언제 결혼할 거요?'였다. 그녀는 이렇게 대답했다. "내가 만약 지금 결혼한다면 아이를 가질 수 없습니다. 출산이 불가능한 나이가 된 거에요. 이것도 하나의 상실입니다. 젊었을 때에는 별로 생각하지 않았지만, 지금은 많이 생각하는 문제지요." 그녀가 결혼하지 않았기 때문에 다른 사람들은 그녀가 무언가 부족하고 뭔가 좀 부적절하다고 추정한다. 여성으로서 그녀는 이성과의 동반자 관계, 남성과의 우정이 필요했다.

그녀는 경건하고 좋은 공동체에 속하기를 갈망한다. 남자와 여자 모두 다함께 매일 한 끼씩 먹었던 시절에 그런 공동체를 조금은 경험했다고 한다. "싱글로 온갖 어려움을 겪는 중에도 내가 공유할 수 있었던 그 공동체가 너무나 좋았습니다."

이슈들

- 외로움
- 나는 어디에, 누구에게 속해 있는가?
- 주거 시설 – 가정은 어디에 있는가? 독방은 비싸지만, 함께 사는 것은 쉽지 않다. 싱글들은 종종 아주 작은 공간에 살게 된다.
- 업무상의 관계 – 누가 내 파트너가 될 것인가? 일을 어떻게 분담할 것인가? 나는 언제나 다른 문화 출신과 함께 일하는 것 같다.
- 때로는 혼자 일한다
- 직장을 얻을 기회 – 제약이 많다
- 정체성 – 결혼하지 않았다는 이유로 '이류급'으로 간주된다
- 업무량 – 나는 기혼여성보다 훨씬 많이 일하는 것 같다
- 결혼 – 과연 결혼할 수 있을까? 필드에 머물러야 하는가, 아니면 집

으로 돌아가 누군가를 찾아야 하는가? 현지인과의 결혼은 어떤가?

- 정의의 문제 – 하나님은 공평하시지 않다!
- 정서적인 필요 – 이 필요를 홀로 채워야 한다. 성적 욕구를 어떻게 적절하고 경건한 방법으로 채울 것인가? 인생의 의사결정을 홀로 내려야 한다
- 대인관계 – 모든 사람과 잘 지내는 것이 너무나 어렵다. 도대체 경계선은 무엇인가?
- 의사소통 – 누구에게 이야기할 수 있는가?
- 영적 생활 – 나는 바쁘게 살고 대체로 외로움을 느끼는데, 어떻게 영적 생활을 유지할 것인가?
- 나는 왜 나보다 어리고 덜 유능한 사람 밑에서 일해야 하는가? 단순히 그들이 남자이기 때문에 리더가 되어야 하는가?
- 늙은 부모를 돌보는 일은 보통 가족 중 싱글 여성에게 맡겨진다.
- 안식년은 종종 부담스럽고 힘들다.
- 홀로 보내는 휴가는 그리 만족스럽지 않고, 쉬는 날은 외롭다
- 자기연민, 자기위로, 그리고 이기심에 빠지고 싶은 유혹이 아주 강하다.

이런 이슈들이 싱글 남성에게도 있을까? 그들의 이슈 목록은 더 짧다. 그래도 위에 언급한 이슈들 중 다수가 그들에게도 해당한다고 생각할 것이다. 남자들은 이런 것을 덧붙였다.

- 외로움
- 자신과 집을 돌봄
- 정욕과 공상, 포르노의 문제를 다루며 성적 순결을 지킴

- 후원자들과의 접촉
- 보고서 작성

몇 가지 소견

한 싱글 여성이 여성 동료에게 약간의 조언을 해주었다. 그녀는 이런 장점을 열거했다. 싱글은 사역에 쏟을 시간이 더 많고, 홀로 있는 시간도 많고, 시간을 잘 통제하고, 일정도 더 유연하다. 그들은 마음대로 움직이고, 지체하고, 늦게까지 머물 수 있고, 타인의 계획에 영향을 주지 않는다. 종종 현지인과 다른 사람들과 더 강한 우정관계를 맺을 수 있다. 그리고 스스로 많은 일을 해야 하기 때문에(새로운 것을 배우고) 더욱 개발되고, 룸메이트와 파트너가 잘 맞지 않으면 바꿀 수 있다.

또 다른 소견은 소셜 네트워킹과 관련이 있다. 인터넷은 도처에 있다! 그리고 거의 어디에서나 인터넷을 사용할 수 있다. 물론 인터넷은 위에 언급한 것들 중 다수, 즉 조언, 재미, 소셜 네트워킹을 통한 친분, 관계, 배움, 기회, 정보 등을 제공할 수 있다. 릭 리처드슨은 이렇게 말한다. "친밀한 관계의 성격이 변화하는 것 외에도 우리 문화는 인터넷, 트위트, 문자, 이메일, 유튜브, 페이스북, 온라인 비디오 게임, 기타 소셜 미디어의 폭발적인 성장을 보아왔다. 지금은 많은 젊은이들이 7일 하루 24시간 내내 빠져있는 가상 사교계가 존재한다"(IBMR, "Emerging Adults and the Future of Missions", April, 2013, p. 83). 기술에 정통한 사람들에게는 소셜 네트워킹이 많은 유익을 주지만, 리처드슨은 이런 경고를 한다.

…선교 지도자와 선교단체는 소셜 미디어의 단점과 한계를 이해할 필요가 있다. 그들은 오늘날의 접속 및 의사소통의 통로를 이용할 때 지혜와 분별력

을 발휘해야 한다. 소셜 미디어와 접속은 중독성이 있고, 가상적 만남이 실제적인 만남을 밀어낸다. 선교는 언제나 사람들이 그리스도를 알고 온전케 되는 모습을 보기 위해 십자가의 길, 내어주고 희생하는 길을 걷도록 도전하는 등 사람들과 교회의 삶에서 영적인 역할을 해왔다. 소셜 미디어와 관련해서는, 금식과 희생, 성육신적 사역으로 나타나는 영적 차원이 반드시 평형추로 남아야 한다. 선교 지도자들과 선교단체들은 계속해서 젊은이들에게 소박한 사역의 길을 걷도록, 특히 소셜 미디어가 부각시키는 일시적 유행과 순간적 만족의 패턴과 관련해 그렇게 살도록 도전할 필요가 있다(p. 83).

파송기관(선교단체와 교회)이 변화를 일으킬 수 있다

로즈(가명)는 외국에서 두 임기를 보내는 동안 교회 개척과 문해(literacy) 분야에서 대단히 유능하고 효과적인 사역을 했다. 그녀는 지도자 역할을 했고, 지역 공동체도 그녀를 높이 평가하고 존경하였다. 그러나 늙은 부모를 돌보려고 고향으로 돌아오자 교회에 다시 적응하기가 매우 힘들었다. 아무도 그녀의 말을 경청하지 않았고, 아무도 그녀의 현지 사역에 대해 물어보지 않았고, 아무도 그녀의 다양한 은사를 교회에서 사용하도록 도와주지 않았다. 그녀가 싱글 여성이라서 모두들 그녀를 진지하게 고려하지 않거나 교회 사역에 기여할 사람으로 보지 않았다.

　나의 한 여성 동료도 그와 비슷한 경험을 했다. 인류학 박사학위를 가진 아주 명석한 그녀와 남편은 필드 사역이 종료되어 미국으로 돌아온 후 지역 교회에 적응하려고 무척 노력하고 있었다. 그런데 이 교회에서 여성에게 열려 있는 역할은 유아부나 식당, 또는 성가대뿐이라는 말을 들었다.

나의 경험은 약간 달랐다. 우리 부부는 두 아들과 함께 연구 안식년을 보내며 대학원에 다녔는데, 양 부모가 대학원에 다니는 바람에 자녀들은 모든 면에서 성장했다. 우리 교회 목사는 우리에게 다가와 내 은사와 전공과 경험, 그리고 가용성 여부를 묻지도 않은 채 성인 여름 성경학교를 조직하고 인도할 수 있을지 물었다. 나는 욕구불만을 이렇게 표현했다. "목사님은 제게 말씀하신 적도 없잖아요! 어째서 제가 이 일을 할 능력이 있고 또 그럴 만큼 자유롭다고 생각하세요?" 그는 이렇게 대답했다. "글쎄, 그냥 추정한 거죠. 어쨌든 당신은 선교사니까요."

남편이 다른 교회에서 겪은 경험은 그에게 큰 충격을 주었다. 우리는 토착 언어를 배우는 일, 그것도 주로 쓰고, 문해 교재를 개발하고, 신약성경을 번역하고, 구약의 일부를 그 언어로 번역하는 일에 우리의 생애를 헌신했었다. 신약성경을 봉헌하는 날이 왔다. 그것은 기념비적 사건으로 일생에 한 번 있는 그런 행사였다. 우리가 파송교회로 돌아왔을 때 남편은 이 번역된 신약성경 한 권을 회중에게 선사하도록 약간의 시간을 달라고 요청했다. 목사는 우리 생애와 회중의 삶에서 의미심장한 이정표를 경축하는 데 단 오 분밖에 주지 않았다.

교회와 선교위원회는 그들이 파송한 사람들의 안부를 자세히 묻는 등 그들과 긴밀한 접촉을 유지해야 한다. 그들은 죽음과 상실의 때에 함께함으로 위로를 베풀 뿐만 아니라 기념비적인 일과 승리와 성취, 장기간 사역을 축하할 필요도 있다. 다른 말로 하면. 사역자로 하여금 그 자신과 가족이 회중에게 중요한 존재임을 알게 하라는 것이다!

선교단체는 감독, 오리엔테이션, 지속적인 관심과 주목, 그리고 모든 멤버를 잘 돌보게 할 정책을 만들고 실행하는 것 등의 책임을 진다. 선교단체는 인적자원부나 인사부에 이렇게 물어야 한다. "우리가 현재 싱글 여성들(남성들)을 대하는 방식이 옳은가? 그것은 하나님을 영화롭게 하는가? 이 동료들을 잘 섬기는 것인가?" 만일 옳지 않다면 우리의 사고방식과 행동방식을 어떻게 바꾸어야 할까? 어쩌면 지위와 직함, 나이와 성에 대한 우리의 사고방식이 크게 바뀌어야 할지 모른다. 선교단체가 적어도 다음과 같은 제안들을 고려해 보기를 권한다.

1. 직책이란 나이나 성, 신분이 아니라 능력에 근거해서 주어지는 것이다.
2. 장기 사역자는 존경을 받아야 한다. 오랜 기간 성실하게 잘 섬긴 사람들은 현지와 파송교회 모두로부터 존경을 받아야 마땅하다.
3. 싱글은 결혼한 부부나 가정과는 다른 필요가 있기 때문에 거처와 재정, 돌봄과 관련해 특별한 배려가 있어야 한다.

파송단체와 파송교회가 끝으로 기억할 점은 싱글이라고 다 똑같은 부류가 아니라는 것이다. 독신을 선택한 사람도 있고, 이혼이나 사별로 싱글이 되었을 수도 있다. 어떤 과부는 돌봐야 할 자녀들과 미혼자에겐 없는 시댁이 있을 수 있다. 22세의 싱글은 50세가 된 여성과 똑같은 방식으로 살지 않는다. 달리 말하면, 싱글 그룹의 다양성을 이해하고 존중해야 한다는 것이다.

필드에서 일하는 멤버 케어 담당자와 친구들은 어떻게 도울 수 있는가?

멤버 케어는 네 가지 방법으로 도울 수 있다.

1. 선교단체가 싱글 지원자들과 싱글의 이슈에 대해 토론하도록 격려하라. 싱글 사역자의 장점을 지적할 수 있는 길을 모색하라. 가족을

떠나 홀로 먼 외국에 나가는 것에 대한 그들의 두려움에 귀를 기울이라. 친구를 사귀는 인간관계 기술을 개발하도록 격려하라. 싱글 지원자를 연상의 행복한 싱글 사역자와 연결시켜 전자가 질문을 할 수 있게 하고, 성공적인 사역을 하는 선배 사역자를 볼 수 있게 해 주라.

2. 공동체의 돌봄을 증진시키라. 짐을 지는 일은 우리 모두에게 필요하고, 우리 모두가 참여할 수 있다. 서로를 귀하게 여기기, 손님 환대, 다함께 놀기, 휴가를 가정들과 함께 보내기, 기도 파트너를 만들기, 마을 팀들과 파트너가 되도록 지원하기 등. 싱글들을 실행위원회, 위기관리 위원회, 사회 위원회 등과 같은 필드 리더십 팀에 포함시키라.

3. 싱글이 주도적으로 스스로를 돌보도록 격려하라. 싱글은 선교사 동료와 현지인 양자와 관계를 맺고 친구가 되어야 한다. 초대받기를 기다리지 말고, 손님을 초대해서 대접하고, 가족이 있는 사람들과 나들이 가는 것도 계획해야 한다. 싱글은 하나님과의 깊고도 개인적인 동행을 계발해야 한다. 그들은 또한 컴퓨터 사용, 차량 수리, 언어 실력 등과 같은 새로운 기술을 배울 필요가 있다. 싱글은 자신을 위해 더 많이 배우고 행할수록 더욱 독립적이 되고 더 안정감을 느끼게 된다. 또한 자신이 계속 무언가를 요구하는 자가 아니라 기여하는 자가 됨으로써 그 공동체에 환영 받는 존재라고 느낄 것이다.

4. 앞을 내다보라. 안식년이 싱글들에게는 어려운 시간이다. 선교단체와 교회는 안식년 동안 어떻게 싱글을 지원할 수 있을까? 은퇴도 매우 어려운 일일 수 있다. 어디서? 누구랑? 충분한 돈은?

친구들과 공동체도 영향을 미칠 수 있다

싱글이거나 결혼했거나 우리의 기본적인 필요는 비슷하다. 주요 차이점은 싱글들은 보통 일상의 책임을 같이 나누는 일정한 어른과의 관계를 갖고 있지 않다는 것이다. 여기에 바로 공동체의 역할이 있다. 짐을 지는 일은 우리가 서로 나눠야 할 책임이다. 우리는 싱글이든 결혼했든 존경과 감사, 사랑, 이해, 시간, 기회, 충성을 베풂으로써 서로를 소중히 여기게 된다. 우리는 모두 충성스럽고, 경청해 주며, 바로잡는 피드백을 주고, 자유롭게 나눌 수 있는 친구가 필요하다.

때로는 좀 더 구체적이고 실제적인 도움이 필요하다 – 자동차 수리, 컴퓨터 문제, 이사, 집수리, 행정적인 기대에 부응할 시간이 없을 때 중간에서 대변해 주기, 은퇴 자금 마련에 대한 자문, 어떤 문제를 풀거나 사전에 계획할 때 남자의 관점에서 조언하거나 제안하기, 늙은 부모님 돌보기, 대학 학자금 융자에 대한 도움, 삶의 중대한 결정들에 대해 기도하기 등. 이 중의 다수는 결혼관계로 "주어지는" 것이다. 싱글은 그런 도움을 받을 수 있다는 것을 알 필요가 있다.

한 싱글 여성이 최근에 이렇게 썼다. "싱글로서 내게 가장 어려운 일은 대부분 혼자서 결정을 내려야 한다는 것이다. 특히 인생의 중요한 전환에 관한 결정은 더욱 어렵다…" 싱글은 그녀의 유익을 도모하는 사람, 어떤 결정을 내릴 때 관련된 요소들, 예를 들어 "믿음으로 물러서기"를 해야 할지, 또는 균형과 정서적인 건강을 유지할 필요가 있는지를 잘 분별해서 도와 줄 수 있는 그런 사람이 필요하다.

공동체의 돌봄은 양 방향으로 움직인다. 싱글은 받을 기회와 줄 기회가 모두 필요하다. 결혼이 모든 문제를 해결해줄 것처럼 생각하는 싱글 친구를 보면 좌절감을 느낀다. 결혼한 사람들이 싱글의 어떤 측면을 전혀

싱글이 직면하는 도전들	싱글이 결혼한 친구들에게 말하는 것
• 현지인들은 우리의 독신 상태를 하나의 결함으로 본다. • 배우자나 자녀가 없기 때문에 "제외"되었다는 느낌. • 누구와도 친밀한 동반자관계를 맺기 어려움. • 때때로 우리는 룸메이트 선택에 제약이 있거나 누군가와 함께 살도록 요구받는다. • 어떤 때는 우리의 기쁨과 문제를 나눌 대상이 없다. • 나 홀로 휴가는 재미없다. • 어떤 상황에서는 우리가 "별종" 같이 느껴진다. • 특히 해외에서는 이성과의 관계가 제한되거나 전무하다. • 외로움 • 자기중심이 되거나 외톨이가 될지 모르는 두려움 • 우리의 정체성을 우리의 일에서 찾게 될지도 모른다.	• 싱글 상태는 결혼과 마찬가지로 성장을 위한 하나의 선물이다. • 싱글 상태에 대한 우리의 느낌에 민감해지고, 우리로 그에 대해 얘기할 수 있게 해주라. 우리를 동정하지 말라 – 우리는 싱글 상태를 귀하게 여길 수도 있다. • 당신의 남편과 함께 일할 때 우리를 의심스럽게 보지 말고 신뢰하라. • 당신 자녀들에 대한 이야기를 좋아하지만 우리는 다른 주제에 대해 얘기하는 것도 좋아한다. • 싱글 상태가 반드시 희생은 아니다. 주님께 대한 우리의 섬김이 최우선순위이다. • 당신의 배우자와 가족으로 인해 하나님께 감사하고 그들을 당연시하지 말라. • 우리는 그리스도 안에서 당신의 형제와 자매이다 – 온전하고, 그에게 사랑 받는 존재이며, 당신의 동역자요, 독특한 은사를 받은 사람이다. • 우리를 알기 위해, 그리고 우리의 문제와 고민을 경청하기 위해 시간을 내어주라. • 싱글 팀을 기혼자들처럼 대우할 필요는 없다. 그들은 따로따로 어떤 활동이나 사교 모임에 초청을 받을 수 있다. • 가끔씩 가정생활의 맛을 보게 해주라, 그러나 우리를 당신의 가사 도우미로 취급하지는 말라.

이해하지 못하듯이 결혼생활에도 싱글들이 결코 알지 못하거나 들어가 볼 수 없는 측면들이 있다(말썽부리는 아이, 죽어가는 배우자, 결혼했지만 말할 수 없는 외로움 등). 이런 간극을 인정하고 계속 충성스럽고 사랑하는 친구가 되어주면 이 영역에 잠재된 많은 긴장을 푸는 데 도움을 줄 것이다.

자유 시간/개인시간은 싱글이 조심스럽게 지켜야 할 선물이다. 흔히 이 시간을 다른 멤버나 다른 부서가 사용해도 좋은 시간처럼 생각하기가 쉽다. 개인 시간을 갈망하는 엄마들은 '자유로운' 싱글을 부러워할 수 있다. 기혼자나 싱글 모두에게 개인 시간이 꼭 필요하기 때문에 그 시간을 일부 내놓는 것은 의식적인 너그러운 몸짓임에 틀림없다. 어떤 서비스를 요청했을 때 "아니오"라는 대답을 받을 때는 그것을 존중해야 한다.

자기 자신을 위해서는 무엇을 해야 할까?

개인적인 책임의 이슈에는 하나님과의 관계도 포함된다. 싱글에게는 특히 정의의 문제와 필요한 것과 배려가 아주 중요할 수 있다. 이밖에도 대인관계 기술과 친구를 사귀고 친구가 되기로 다짐하는 것, 주도적으로 자기를 돌보고 삶을 관리하는 것 등의 이슈들이 있다.

어떤 사람들은 기구 수리, 컴퓨터 지식, 차량과 거처 관리 등을 즐기는 반면 그렇지 않은 사람들도 있다. 그러나 후자도 생존을 위해 이러한 기술을 기꺼이 배울 필요가 있다. 타문화권에서 성공적으로 생활하려면 인간관계의 기술과 더불어 고도의 전문적 기술이 필요하다. 싱글은 자신을 위해 더 많이 배우고 움직일수록 더 독립적이 되고 안정감을 느낄 것이다. 그런 사람은 또한 공동체에 계속 요구만 하는 자이 아니라 기여하는 자로 환영받는다고 느낄 것이다.

한 친구는 내게 자신이 당한 문제를 어떤 방식으로 풀었는지 다음 사례를 말해주었다.

창의적 접근 지역에서 수년 동안 일했던 인도네시아 출신의 싱글 여성은 집을 항상 말끔하게 정돈하는 것이 중요하다는 것을 깨달았다. 그녀는 침실을 포함해 아파트 전체가 어수선한 다른 싱글 여성에게 자기 경험을 말해 주었다. "어느 날 친구에게 이렇게 말했지요. '아무리 작은 집이라도 깔끔하게 해 놓으면 기분이 아주 좋지. 그러면 안정감이 생기고, 긴장을 풀고 가정의 분위기를 느낄 수 있어!' 내 친구는 내 말을 듣고 진짜 아파트를 치우고 정리하기 시작했어요. 그것이 그녀가 자신의 싱글 상태를 받아들이는 데 도움이 되었음을 알 수 있었어요. 내게 자기의 '새로운' 아파트를 보여주었을 때 그녀는 정말 자랑스러워했고, 이제는 정말 긴장을 풀고 그 집을 즐길 수 있다고 말했지요."

자기 돌봄(self-care)은 인생 말년에 배우자를 잃은 사람에게는 특별히 어려운 영역일 것이다. 그들은 보통 일상의 책임을 공유했기 때문에 배우자가 해오던 일을 자신이 직접 할 준비가 안 되어 있다. 그들은 자신이 공동체에 짐이 된다고 느낄 수 있다.

싱글이 선교사역을 성공적으로 수행하려면 이런 이슈들 중 그들에게 해당되는 것을 해결하지 않으면 안 된다. 많은 사람이 그렇게 했고, 만족스런 경력을 이뤘고, 풍성하고 소중한 관계를 누렸고, 온갖 기회를 즐길 수 있었다. 어떻게 해서 그럴 수 있었을까? 그들만이 당신에게 말해 줄 수 있다. 당신에게 권하고 싶은 것이 있다. 오랜 기간 선교사역을 잘 수행한 싱글 사역자를 찾아내어 그녀의 적응기간, 하나님과의 관계, 의외의 사건과 실망스러운 일, 성장한 영역, 그리고 새로운 젊은 멤버에게 남겨 줄 유산 등에 대해 물어보라는 것.

건강한 싱글

영적 건강이란 것은 싱글과 결혼한 사람의 차이가 없다. 영적으로 건강한 사람은 평화로운 사람이다. 즉, 하나님의 성품과 주시기도 하고 거두시기도 하는 하나님과의 평화, 주변에 있는 사람들과의 평화, 그리고 자신과의 평화를 누리는 사람이다. 건강한 사람은 늘 성장하고 배우며, 관계를 잘 맺는다. 그들은 성령의 열매(갈 5:22-23), 위로부터 오는 지혜(약 3:13-18), 그리고 주님을 순종하는 축복(히 5:8-12)을 나타낼 것이다.

요약과 제안

멤버 케어 사역자가 싱글이라면 동성(同性)의 싱글들에게 사역을 잘 할 테지만 결혼한 사람들과 가족 또는 이성의 사람들에게도 약간의 사역을 할 수 있다. 나이가 많은 싱글 멤버 케어 사역자는 영적으로 성숙하고 온전하고 지혜로운 사람이 되어 사람들의 신뢰를 얻을 수 있을 것이다. 멤버 케어 촉진자는 아주 다양한 사람들과 함께 일하고 그들을 섬길 준비를 갖춰야 한다. 싱글도 가지각색이다. 21세 싱글은 50세 싱글과 아주 다르며, 한 번도 결혼한 적이 없는 싱글은 같은 나이의 미망인과 같지 않다. 그리고 이혼한 싱글은 미혼 싱글과 다르다. 싱글 여성은 싱글 남성과 다르다. 따라서 각자의 필요를 이해하려고 많이 노력해야 한다.

1. 싱글남녀는 하나님의 형상대로 지음을 받은 자들이며 결혼한 사람들과 똑같이 존중하고 귀하게 대우해야 한다. 몇 가지 면에서 다르긴 하지만 열등한 존재가 아니다.
2. 싱글 사역자는 동반자관계에 대한 욕구와 집안 수리와 같은 실질적 도움이 필요하다. 도울 때에는 상대의 품위를 떨어뜨리지 않도록 주의해야 한다.
3. 싱글 사역자들과 관계 맺을 때는 친구 만드는 기술이 아주 중요하다.
4. 필드에서 일하는 멤버 케어 사역자는 해당 그룹의 범위와 다양성에 친숙해지기 위해 그들의 문화, 나이, 특성 등에 관한 기본 조사를 실시해야 한다. 멤버 케어 평가 도구가 도움이 될 것이다(부록 4를 보라).
5. 탄력성과 전반적인 안녕은 여전히 각 개인의 책임이다. 아무도 다른 사람의 모든 필요를 다 채울 수는 없다. "그걸 해야 한다면 그건 내게 달렸다."

참고문헌과 자료

Foyle, Dr. Marjory, *Honourably Wounded*: Stress Among Christian Workers(EMIS)의 8장은 스트레스와 싱글에 관한 내용이다. 인도와 네팔에서 30년간 사역한 최초의 여성 크리스천 정신의학자이자 싱글 전문인으로서 2001년에 이정표가 되는 책을 썼다. 『영광스러운 상처』(학지사).

Hawker, Debbie, Ed. 2014. *Single Mission*. Phoenix, Arizona: Condeo Press.

Hay, Rob et al. *Worth Keeping: Global Perspectives on Best Practice in M. Retention*. 2007.

Hoke, Steve and Bill Taylor. *Global Mission Handbook*. IVP, 2009. 이 책은 좋은 아이디어들로 가득하다. 『글로벌 미션 핸드북』(Ivp).

Kraft, Marguerite G. ed., *Frontline Women: Negotiating Cross-cultural Issues in ministry*. William Carey(William Carey, 2012). 대부분의 기고자들이 여성이며, 유용한 책이다.

Moreau, A, Scott, Gary R. Corwin, and Gary B. McGee는 *Introducing World Missions: A Biblical, Historical and Practical Survey*(Baker Academic, 2004)란 제목의 교과서를 집필했다. 12장의 제목은 "Personal and Family Issues"이고 거기에 실린 싱글에 관한 내용(pp. 211-214)은 읽어 볼만하다.

O'Donnell, Kelly. O'Donnell은 *Doing Member Care Well: Perspectives and Practices from Around the World*(William Carey, 2002)의 담당 편집인이다. 세계적인 관점에서 싱글에 대해 논한 내용이 포함되어 있다.

Powell John R. and Joyce M. Bowers는 *Enhancing M. Vitality*(Mission Training International, 2002)의 담당 편집인들이다. 3부 "Complexities of Cross-Cultural Service"에 여러 장이 들어있고, 적어도 두 장은 싱글 여성 선교사가 쓴 것이다.

Richardson, Rick. 2013. *International Bulletin of M. Research*, Vol. 37, No. 2. "Entering Adults and the Future of Missions," pp. 79-86.

Storti, Craig는 *The Art of Crossing Cultures*의 저자이며, 2008년 개정판을 Nicholas Brealey Publishing에서 출판했다. 기독교 서적은 아니지만 좋은 책이다.

Seindoll, Luci. 2008. *You bring the confetti, God brings the joy*. Thomas Nelson.

12장 "싱글 선교사" 요약 – 유익한 태도와 행동

누가	준비 단계	언제	
		현지 단계	재임국 단계
사역자 자신	• 싱글 생활의 유익과 도전에 대해 이해하라. • 주님과의 친밀한 교제를 증진하고 그 분 안에서 만족/정체성을 발견하라. • 남에게 먼저 다가가고 대인관계 기술을 개발하라. • 삶을 나눌 수 있는 몇몇 가까운 친구를 사귀라.	• 모델로 삼을 만한 성숙한 싱글 타문화 사역자들을 사귀라. • 멘토와의 열린 관계를 개발하라. • 주도적으로 개인적 성장을 위해 얼마나 노력하라.	• 본국 사역을 일찌감치 계획하라. • 교회, 파송단체, 멤버 케어 담당자와, 가족과 의사소통을 하라. • 휴가를 함께 보내거나 수양회에 동참할 친구를 위해 기도하라. • 장차 받을 훈련을 계획하라.
친구들, 지원들, 동료들	• 선교사역에서 싱글이 처하는 상황에 친숙해지라. • 격려와 피드백을 줄 수 있는 믿을 만한 친구 또는 영적 멘토가 되라.	• 상대방이 자기 말이 경청되었다고 느낄 때까지 잘 듣고 소통하라. • 실질적인 지원을 하라. • 의사결정에 피드백을 주라. • 휴가 때 초대하라.	• 본국 사역을 계획할 때 의사소통을 잘하고 그들의 필요에 대해 알아보라. • 실질적인 지원을 주선하라.
교회, 파송단체	• 오리엔테이션 중에 가정 문제뿐 아니라 싱글의 이슈도 토론하고, 서로에 대한 존경과 지지를 촉진시키라. • 싱글의 필요를 고려하여 정책들을 만들라.	• 적절한 생활 여건을 제공하라. • 경청하라. • 피드백과 감사를 표현하라. • 그들의 은사에 따라 리더십을 발휘할 기회 등 섬길 기회를 주라. • 개인과 사역이 발전하도록 격려하라.	• 본국 사역에 대한 계획을 일찌감치 논의하여 여러 영역에서 준비를 갖추게 하라. • 경청하고 디브리핑할 시간을 충분히 주라.
멤버 케어 담당자	• 열린 의사소통을 촉진하고 균형을 제공하거나 주선해 주라. • 싱글의 건강한 삶에 관한 지원을 나누라	• 문화적으로 적절하고 안전한 행위에 대해 오리엔테이션을 하라. • 서로를 소중히 여기고, 환대하며, 함께 놀기도 하는 공동체 의식을 증진시키라. • 디브리핑을 제공하라.	• 본국 사역 계획에 대해 먼저 이야기하라. • 교회와 파송단체와 함께하는 디브리핑을 제안하고 주선하라.

13

갈등

"보라 형제가 연합하여 동거함이 어찌 그리 선하고 아름다운고
머리에 있는 보배로운 기름이
수염 곧 아론의 수염에 흘러서 그의 옷깃까지 내림 같고
헐몬의 이슬이 시온의 산들에 내림 같도다
거기서 여호와께서 복을 명하셨나니 곧 영생이로다"
—시편 133편

얼마나 놀라운 시편인가! 문제는 이처럼 달콤한 조화는 그리스도인들이나 타문화 사역자들 가운데서도 별로 볼 수 없다는 것이다. 대인관계의 갈등은 많은 사역자들로 자기 소명을 버리고, 독립적으로 일하거나 본국으로 되돌아가게 하는 주된 요인이다.

갈등은 생기기 마련이다

성경에서도 갈등이 생겼다. 우리는 사도행전 6:1-7절에서 집단들 사이에 갈등이 일어난 장면을 검토하고, 사도행전 15:37-38절과 디모데후서 4:11절에서 수준 높은 탁월한 지도자 두 명 사이에 일어난 갈등과 그 갈등의 해소에 대해 살펴볼 것이다.

우리는 갈등을 어떻게 정의하는가? 사전은 '누군가와 대립하는 상태, 적대적이거나 양립할 수 없거나 모순된 상태; 이해관계나 아이디어에 대한 심한 불일치 또는 반대, 충돌'로 정의한다. 갈등은 사람들이 관심을 두는 폭넓은 사안들에 걸쳐 발생한다. 갈등이 때로는 좋은 것일 수 있다(지혜롭게만 다룬다면 서로 합의하는 해결책, 건설적인 결과, 더 좋은 아이디어로 귀결될 수 있다). 그러나 이런 경우는 드물고 보통은 고통스런 감정과 긴장관계로 끝난다. 그러므로 이번 장에서는 파멸과 상처를 낳을 수 있는 역기능적 갈등에 초점을 맞추려고 한다.

갈등은 종종 직접적 의사소통 방식 대 간접적 의사소통 방식, 수치와 명예에 관한 신념과 의례들, 그리고 나이와 성에 따른 역할과 같은 문화적 요소들 때문에 복잡해진다. 이는 당사자들의 배경과 고통스런 갈등의 기억으로 더욱 복잡하게 된다.

테드 워드(Ted Ward)는 효과적인 대인관계에 필요한 여섯 가지 자질을 들고 있는데, 이는 갈등을 직면할 때 특별히 유용하다. 그 여섯 가지는 친절, 인내, 인격 존중, 공손, 타인의 유익 고려, 그리고 끈기이다(*Introducing World Missions*, 2004, p. 237에서 인용함).

또한 켈리 오도넬(Kelly O'Donnell)의 최근 책, 『글로벌 멤버 케어』(2011)에도 갈등과 관련된 유익한 정보가 많다.

갈등 - 다섯 단계

갈등과 관련된 과정을 보통 다섯 단계로 구분할 수 있다.

1단계: 의사소통. 의사소통이 갈등의 원인이 되는 경우는 의미상의 어려움과 오해와 "소음"이 의사소통을 방해할 때이다. 이는 타문화 사역에서 매우 중요하다. 단어의 의미의 차이, 은어 또는 불충분한 정보 교환은 모두 의사소통의 장애물이다. 멤버들의 목표가 서로 다른 것, 리더십 스타일, 또는 관할구역의 명료성 등도 장애물로 작용할 수 있다. 잠언 17:14절은 이 단계를 잘 묘사한다 - "다투는 시작은 둑에서 물이 새는 것 같은 즉 싸움이 일어나기 전에 시비를 그칠 것이니라."

2단계: 인식과 개인화. 이것은 종종 가정에서 또는 그룹 내 대인관계의 갈등에 나타난다. 양쪽 모두 예전의 갈등을 인식하고 있고 그 영향을 받고 있거나, 그것이 개인화되어 사람들이 감정적으로 휘말리게 될 때 일어난다. 부정적 감정은 문제를 지나치게 단순화할 수 있고, 신뢰를 줄이거나 다른 사람의 행동에 대한 부정적 해석을 낳는다. 에베소서 4:31절은 이 단계에 대해 지침을 제공하고 있다 - "너희는 모든 악독과 노함과 분냄과 떠드는 것과 비방하는 것을 모든 악의와 함께 버리고."

3단계: 의도. 왜 이것이 3단계에 해당하는가? 왜냐하면 상대방이 나쁜 의도를 품은 것으로 보면 갈등이 증폭되기 때문이다. 나쁜 의도를 품는 것도 마찬가지다. 예수께서 "I Am"이란 말을 사용하신 것은 자신이 다스리는 분임을 분명히 하신 것이다. 그는 자신이 누구인지 아셨으며 그의 의도는 아버지의 계획을 수행하려는 것이었다. 그의 초점은 분명했다. 예수께서 광야에서 그처럼 극적인 유혹을 경험하신 것은 우리의 의도가 과연 하나님의 사명을 수행하려는 것인지를 분별하는 데 좋은 지침이 될 것이다. 잠언 4:23절은 우리에게 이렇게 말해준다. "무릇 지킬 만한 것 중에 더욱 네 마음을 지키라 생명의 근원이 이에서 남이니라."

4단계: 행동. 이 단계는 갈등이 아주 눈에 띄는 때이다. 이것은 말과 행동, 관련된 사람들의 반응을 포함한다. 이 단계는 종종 사람들이 상호작용을 하는 다이내믹한 과정이다. 왜냐하면 갈등이 그동안 계속 존재했지만 숨겨져 있었기 때문이다. 갈등은 미묘하고 간접적일 수 있고, 고도로 통제된 갈등은 더 큰 긴장을 야기하게 되고, 갈등은 갈수록 격렬해지며 파괴적이 된다.

5단계: 결과. (좋은 갈등인 경우) 순기능적 결과가 나올 수 있고, 역기능적 결과를 낳기도 한다. 후자는 좋은 결과를 방해하거나 비극적인 결말을 낳는 경우이다. 이런 결말은 파괴적일 수 있고, 불만을 품게 만들며, 사역이나 그룹의 파괴나 해체를 낳을 수도 있다.

갈등을 어떻게 성경적으로 다룰 수 있는가?

사도행전 6장의 이야기는 두 그룹의 과부들, 즉 그리스어를 쓰는 헬라파 과부들과 아람어나 히브리어를 쓰는 과부들에 관한 것이다. 매일 양식을 나눌 때 차별을 한다고 느꼈거나 실제로 차별했기 때문에 불평이 생겼다. 이로 인해 사역을 계속하는 동안 사람들의 필요를 채울 수 있는 행정 구조를 만들게 되었다.

초대 교회가 이 갈등을 처리한 방식에서 몇 가지 중요한 교훈을 배울 수 있다.

1. 사람들이 배고프거나 무언가 부족할 때는 반발할 가능성이 많다. 그들은 자기들과 행운아들을 비교할 것이다. 그래서 불평을 하거나 화를 낼 것이다. 불평과 분노는 종종 숙덕거림과 뒷공론, 그리고 지도자들에 대한 미묘한 태업으로 발전한다.
2. 자원이 부족할 때는 어려운 사람의 일부가 간과될 수 있다. 의도하지 않았지만 차별이 존재할 수 있다. 비록 의도하지 않았다 할지라도 도움을 못 받은 사람들은 차별을 당했다고 느낀다.
3. 사람들이 그들을 대변하는 사람(또는 리더)이 있을 때는 불만을 터뜨릴 수 있다. "우리 리더가 경청하고 있으니 우리가 어떻게 느끼는지

를 말하자!" 리더는 이러한 불평을 떨쳐버리기 쉽다. 그럴 때에는 사람들이 계속 불평하며 더욱 화를 내게 될 것이다.

4. 사람들이 간과된다고 느낄 때는 말로 화를 내는 수밖에 없다고 느낄 수 있다.

5. 사람들이 무력하다고 느낄 때는 불평이 남아있는 유일한 대안이 될 것이다. 불평이 효과가 없을 때는 우리가 세상의 많은 갈등에서 보듯이 감정이 고조되고 만다.

6. 갈등은 보통 저절로 해소되지 않는다. 많은 경우에 외부의 객관적 개입이 필요하다. 갈등은 인지하는 범위가 넓어질수록 더 커진다. 다른 말로 하면, 그 갈등에 대해 아는 사람이 많을수록 더 커진다는 뜻이다.

7. 비판하거나 불평하는 사람 또는 차별당한다고 느끼는 사람을 꾸짖는 것은 문제를 해결하지 못한다. 오히려 문제를 억누르는 바람에 불만이 더 커질 것이다.

8. 지도자가 모든 것을 다 할 필요는 없다. 예를 들어, 양식 나누는 일을 지도자가 할 필요는 없다. 그러나 공동체의 불평과 욕구에 귀를 기울이고 처리하지 않는다면 그들의 복음전도 사역은 방해를 받게 될 것이다. 지도자가 양식을 나누든지 않든지 간에, 그의 책임은 이 문제가 현명하게 다루어지도록 하는 것이다.

사도행전 15:37-38절에는 바울과 바나바가 첫 번째 선교여행에서 그들을 버린 신참 필드 사역자인 젊은 마가의 적합성을 놓고 의견의 차이를 보인다. 바나바는 마가에게 다시금 기회를 주고 싶어 했지만 바울은 그렇지 않았다. 그 다툼은 뚜렷한 불일치와 분립으로 끝났다. 바울은 실라를 데리고 한 길로 갔고, 바나바는 마가를 데리고 다른 길로 갔다.

성경은 이 이야기의 속편을 디모데후서 4:11절에서 보여주고 있다. 거기서 나이든 바울은 최후의 투옥 중에 그를 돕도록 마가를 보내 달라고 했다. "그가 나의 일에 유익하니라."

이 두 대목은 우리에게 갈등은 거의 피할 수 없지만 제대로 다루기만 한다면 충분히 관리하고 해소해서 교제를 회복할 수 있다는 교훈을 준다. 하지만 갈등은 또한 개인과 그룹의 성장 수단이 되어 교제 회복과 신뢰 증진, 그리고 상호이해와 자기이해의 증대를 이룰 수 있다고 믿는다.

우리는 먼저 갈등이 생길 때 책임자(행정가, 리더, 목사)가 할 수 있는 일이 무엇인지 살펴볼 것이다. 또한 동료들과 멤버 케어 사역자가 할 수 있는 일이 무엇인지 고찰할 것이다. 마지막으로, 우리는 한 개인이 갈등에 빠질 때 어떤 선택안이 있는지 살펴볼 것이다.

리더는 긴장된 관계나 갈등이 있음을 알게 될 때 무엇을 할 수 있을까?

우리 모두는 네 가지 기본적인 갈등 유형을 직면하게 될 것이다. 내면적 갈등(intrapersonal, 당신과 당신 자신 사이의 내적 긴장), 대인적 갈등(interpersonal, 당신과 다른 사람 사이), 그룹내적 갈등(intergroup, 그룹 내부), 그리고 기관 사이의 갈등(interorganizational, 당신 기관과 다른 기관 사이) 등이다. 또한 개인과 그가 속한 기관 사이에도 갈등이 생기는 경우가 있다.

1단계: 자기인식과 자기통제

예수님은 고도의 자기 인식과 완전한 자기통제에 도달한 본보기다. 우리의 자기인식 수준을 높여주는 몇 가지 질문이 있다.

• 이 상황에서 내 책임은 무엇인가?

- 여기에 내게 열린 문을 선사할 관계가 있는가, 아니면 나 자신의 권위에만 의지해야 하는가?
- 이 갈등이 생기도록 나는 무슨 역할을 했는가?
- 나의 의사소통은 명확했는가?
- 나는 열린 마음으로 경청했는가?
- 나는 판단하는 자세를 취하지 않았는가?
- 나는 행동을 취할 권한을 갖고 있는가?

물론 권위에 기대는 것은 갈등 해결의 좋은 도구가 아니다. 그러나 때로는 마지막 수단으로 필요하다.

2단계: 많이 기도하고 내 마음을 준비시키라

어쩌면 내가 성장할 때 경험한 쓰라린 갈등이 기억에 남아있을 수 있다. 또한 성격상 나는 갈등을 회피할 수도 있다. 이 두 문제는 우리가 기도하는 가운데 다뤄야 하고 하나님의 도우심을 구해야 한다.

3단계: 경청하기로 다짐하라

리더는 최대한 중립적이 되어 열린 마음으로 양쪽의 입장을 모두 경청해야 한다. "사연을 듣기 전에 대답하는 자는 미련하여 욕을 당하느니라"(잠 18:13). "송사에서는 먼저 온 사람의 말이 바른 것 같으나 그의 상대자가 와서 밝히느니라"(잠 18:17).

리더는 한 사람의 말을 먼저 듣게 될 것이다. 이후에는 다른 사람을 찾아서 그의 이야기도 들어야 한다. 이상적으로는, 리더가 이어서 두 사람을 함께 불러서 서로 경청하도록 격려하는 게 좋다.

만약 당신이 어떤 사람의 말을 듣게 되면, 그 사람이 멈출 때까지 방해하지 말고 경청하라. 몸짓으로 당신이 잘 듣고 있음을 알려 주라. 그 사람이 특히 그의 감정과 그의 눈에 비친 사실을 있는 그대로 말하도록 유도하라. 듣고 있는 동안에는 동의나 반대를 하지 않는 것이 최선이다. 당신은 그가 보고 느낀 것을 듣고 있음을 명심하라. 그가 본 것을 더 명확히 볼 수 있도록 돕는 질문을 하거나, 그의 잘못된 인식이나 판단에 대해서는 부드럽게 지적하라. 그 사람에게 상대편에게 가서 갈등을 풀려고 시도하도록 격려하라. 만약 그 시도가 실패했거나, 혼자 가기를 너무 두려워한다면 그와 함께 가는 것을 고려해 보라.

4단계: 두 사람을 함께 부르려고 노력하라
만약 당신이 두 사람을 함께 부를 수 있다면 아래의 질문을 각자에게 차례대로 물어보는 게 좋다.

- 당신이 보기에 무엇이 문제인 것 같은가?
- 상대편의 행동 중에 무엇이 그 문제에 기여했는가?
- 당신은 상대편에게 무엇을 원하는가?
- 당신이 그 문제에 기여한 바는 무엇인가?
- 그 문제를 해결하기 위해 당신이 취할 수 있는 첫 걸음은 무엇인가?

이 과정은, 만약 당신이 양쪽에게 적개심을 토로할 수 있게 한다면, 가장 효과가 있다. 각 사람이 그 문제에 부분적인 책임이 있다는 것을 이해하고 시인하도록 격려하라. 만약 서로 용서하기로 동의하고 앞으로의 행동에 대해 합의하는 것으로 끝낼 수 있다면, 양쪽이 따르고 실천할 사항을 글로 적으라.

5단계: 그 갈등에 대해 아는 사람들에게 알리라

그 갈등을 아는 모든 사람에게 이제 갈등이 해결되었다고 알려야 한다. 그것은 끝났다. 용서를 구했고 용서가 받아들여졌다. 양쪽은 앞으로 존경하며 조화롭게 함께 일하기로 동의했다. 이 중요한 단계가 종종 간과된다. 그 결과 그 갈등에 대해 들었던 다른 사람들이 심지어 두 당사자들이 갈등을 풀었는데도 불구하고 계속 화를 품고 있을 수 있다.

6단계: 화해시키는 일은 위험부담이 따른다

때때로 당신은 양쪽의 공격대상이 된다. "만약 당신이 일을 좀 더 잘했더라면 이 오해는 없었을 것이다." 마태복음 5:9절은 "화평케 하는 자는 복이 있나니…"라고 하고, 야고보서 3:18절에서는 "화평하게 하는 자들은 화평으로 심어 의의 열매를 거두느니라"고 말한다. 다른 말로 하면, 갈등하는 사람들 사이에 화평을 가져오기 위해 노력하는 것은 복된 일이지만, 이는 쉬운 일은 아니다.

많은 경우에 갈등에는 "얼굴이 없다." 즉, 그 사람은 '그들' '그 체계' '그 단체', 또는 한 무리의 사람들에 대해 화를 낸다. 이와 같은 경우에는 다른 전략을 사용해야 한다. 사실적인 증거와 함께 곧바로 그 사람에게 도전하는 것은 도움이 안 될 것이다. 무엇보다 먼저 존중하는 태도로 그의 이야기를 들어야 한다. 그 다음에 그가 미처 생각하지 못한 사실과 요소들이 있다는 것을 고려해 보도록 도와야 한다.

통찰력과 지혜를 겸비한 어느 리더가 그의 팀에 새로운 스태프를 영입하게 되었다. 그는 똑똑했지만 불안정했는데, 그 불안함을 거만한 태도와 비판적인 행동으로 포장했다. 리더는 그를 그의 사무실로 불러서 전혀 상관없는 일을 고려해 보라고 했다. 즉, 어떤 전략에 대해 생각하도록 한 뒤에 그의 의견을 물었다. 그러한 존중이 그 사람을 비판자가 아닌 동맹

자로 만들었다. 이러한 관계는 미래에 서로에게 유익할 것이다.

문화적 이슈들

다문화 팀은 모든 이슈에 대해 복합적인 문화와 문화적 이해 및 기대의 차이로 인해 갈등을 하게 될 것이다. 오해와 상처를 초래하는 것들, '체면'의 문제, 그리고 여기 제안된 단계들의 실행의 어려움 등이 다 합쳐져서 갈등 해소가 더욱 어렵게 된다. 한 아시아 사역자는 의견 차이 때문에 어려움이 생기는 팀 상황을 다룰 때 다음 과정을 밟으라고 제안했다.

- 문제를 팀 안에서 논의하기보다는 개별적인 약속을 하라.
- 용납의 분위기를 만들고, 비난하지 말고 이슈를 제시하라. 토론을 개시하고 해결책을 찾을 수 있도록 도우라.
- 양측의 신뢰를 받고 있는 제삼자를 참여시키라. '뜨거운' 이슈이거나 신뢰의 기반이 흔들리는 경우라면 이렇게 하는 것이 적절하다 (*Enhancing M. Vitality*, p. 258).

갈등 상황에서 동료들이나 멤버 케어 사역자는 무엇을 할 수 있을까?

대부분의 선교계는 현재 팀 중심으로 운영되고 있고(Rob Hay, *Worth Keeping*, p. 176), 팀들은 점점 더 동질 그룹이 아니고 더욱 다문화적 성격을 지닌다. 여러 문화와 지역과 언어권에서 온 사람들이 뒤섞여 있는 것은 오늘날의 선교에서 가장 도전적인 상황을 조성할 뿐만 아니라, 또한 잠재력이 가득한 신나는 상황을 만들고 있다.

"사람들이 차이점으로 인해 어려워하기 때문에 팀은 만만찮은 도전에 직면한다. 우리와 같은 사람들과 같은 언어를 쓰고 같은 음식을 먹는 동질성은 우리를 편하게 한다. '정상적'이고 균형 잡힌 사람들이 필드로 가면 때로는 극단적 민족주의자와 애국자가 된다. 우리는 자연히 우리가 알고 익숙한 것으로 후퇴한다"(Hay, p. 176).

그러므로 나는 개인이 대학 수준에서 이러한 차이를 다루는 전략을 배우고 실천해야 한다고 믿는다. 이러한 문제들을 잘 해결하도록 팀을 이끌어 줄 상관이 없을지도 모른다. 그것은 멤버들 각자에게 달려 있다.

간접적인 갈등에 대해 중국 속담은 이렇게 말한다. "갈등 상황을 다루는 36가지 방법 중에 도망치는 것이 최선이다"(*Introducing World Missions*, p. 276). 그러나 회피는 대체로 갈등을 해결하는 좋은 방법이 아니다. 현안에 대해 얘기하고 자기 문제로 인정하고 이해를 증진시키고, 필요하다면 용서를 구하고 용서해 주어야 한다.

많은 경우, 상처를 준 사람이 자기가 무슨 짓을 했는지 모를 때 갈등 해소의 문제는 더 복잡해진다. 상대방이 상처를 준 사람에게 그의 행동에 대해 말해줄 가능성은 별로 없다. 그러므로 자기 자신에 대한 피드백을 구하는 것은 팀원 각자가 할 일이다. 우리가 진정으로 효과적인 사역을 하고 싶다면 타문화 관계를 능숙하게 다루는 법을 배워야 한다. 경험과 나이가 많은 사람과 멘토링 관계를 맺고, 현지인 친구와 신뢰의 관계를 개발하고, 고통스런 진실을 기꺼이 들을 정도로 겸손해지고, 중요한 변화를 감당할 만큼 건강해지는 것보다 더 좋은 길은 없다.

멤버 케어 사역자는 이런 문제들에 대해 팀 멤버들과 얘기할 수 있을 만큼 충분히 신뢰하는 관계를 개발해야 한다. 멤버 케어 사역자는 화평케 하는 전략에 능숙해야 하며, 특히 문화적인 뉘앙스를 띈 문제에 대해 그래야 한다. 이상적으로는 멤버 케어 사역자는 중재 기술에 대한 훈련을 받는 것이 좋다.

갈등 상황에서 당사자는 무엇을 할 수 있을까?

성숙하다는 것은 나의 모든 필요를 다른 사람이 다 채울 수 없다는 사실을 아는 것이다. 실은 채워지지 않은 필요를 안고 살아가는 법을 배워야할 것이다. 어떤 필요들은 오직 하나님만이 채울 수 있는 자원을 갖고 계시다. 이를 인식하고 나 자신에 대해 책임지는 것이 성숙의 표시이며, 이를 우리의 목표로 삼아야 한다.

예방은 언제나 지혜로운 처사다. 사역을 준비하는 동안 각 개인이 취해야 할 두 가지 예방의 단계가 있다. 첫 번째 예방 전략은 장래의 사역을 유능하고 효과적으로 수행하는 경건한 사람이 되는 것을 목적으로 삼는 훈련이다. 모로우(Moreau), 코윈(Corwin), 맥기(McGee)는 우리에게 몇 가지 훌륭한 제안을 해줬다. 다음과 같은 여섯 가지 훈련 또는 성장의 영역을 제시한다(*Introducing World Missions*, pp. 173-178, 요약).

1. **영적 성숙을 향한 진정한 성장**. 사역자는 문화적 경계를 넘기 위해 완전히 성숙해야 하는 것은 아니고 오히려 일생 동안 계속 성장할 필요가 있다. 낯설고 새로운 환경에서 하나님을 신뢰하는 법을 알고, 생존과 성장, 건강한 기도 생활의 유지를 위해 성경을 가까이 하는 법을 알아야 한다.

2. **주어진 과업을 수행할 수 있는 능력**. 초점은 적절한 사역을 맡는 것 또는 맡은 일을 하는데 필요한 전문적인 능력과 기술을 습득하는 것이다. "무지는 그리스도인의 덕이 아니다"(J. P. Moreland, *Love your God with all your mind*, p. 45). 사역자는 자신의 성품뿐만 아니라 자신의 능력(과 지혜)으로도 하나님을 영화롭게 할 것이다.

3. **새로운 문화의 현장에서 사람들과 잘 교류할 줄 아는 능력**. 이는 무

엇보다도 언어 습득 능력, 적절한 처신, 친절한 태도, 분명히 파악하는 기술을 포함할 것이다.

4. **문화적 스트레스에 잘 대처하여 잘 적응하는 능력과 적응 과정을 다룰 줄 아는 능력.**

5. **가족과 중요한 타자가 적응을 잘하도록 돕고 스트레스를 잘 관리하는 능력.** 가족과 팀의 관계가 중요하다. 특히 최근 교차문화적 결혼과 팀이 증가하는 상황에서 이 관계는 사역자에게 중요한 영역이다.

6. **현지 그리스도인들과 진정한 동반자관계를 개발하는 능력.** 양자는 무언가를 서로 주고받는 관계를 개발할 필요가 있다.

이 목록이 모든 것을 총망라하지는 않는다. 그러나 최근의 교차문화 커뮤니케이션 연구는 성공적인 타문화 적응을 위해서는 네 가지 중요한 영역의 기술이 필요하다고 한다. 성품, 사역의 기술 또는 전문적 기술, 전문 지식과 사교 기술 등이다.

『세계선교 입문』(*Introducing World Missions*)의 저자들은 다양한 분야의 훈련이 훌륭한 예방 전략이라고 말한다. 나도 동의한다. 보통 우리는 기술 개발에 초점을 두는 훈련에 대해 많이 생각한다. 하지만 우리가 별도의 예방 기술로 생각해야 할 중요한 측면이 하나 있다고 생각한다. 그것은 바로 성품의 개발이다. 이는 정확한 자기인식과 진리 안에 살도록 우리를 돕는 성령에 대한 의지에 기초를 둬야 한다. 이 두 가지 예방 단계는 다음 논의와 중복되지만 별도의 목표로 추구될 필요가 있다. 다시금 나는 상기한 저자들이 발견한 것을 요약한다.

이러한 성품들은 한 사람이 세상을 어떻게 보고, 다양한 환경에 어떻게 반응하며, 어떤 인생관을 갖고 있느냐와 관계가 있다. 이 자질들의 첫 세 가지는 영적 성숙과 밀접한 관련이 있다.

1. **하나님에 대한 진정한 의존.** 이것은 하나님의 주권적인 돌보심에 대한 진정한 순복의 자세와 그분의 인도에 기꺼이 순종하고자 하는 자세를 포함한다. 이는 기도로 하나님과 정기적인 교제를 나누는 삶을 포함한다.

2. **겸손과 배우려는 태도.** 이 태도는 정확한 자기평가를 기반으로 한다. 진정한 겸손은 자기비하가 아니고 다른 사람을 중요시하는 것을 말하며, 하나님의 전체 계획에 비춰볼 때 자신이 얼마나 작은 존재인지 정확히 이해하는 것이다. 잘 배우려는 사람은 다른 이들의 고유한 가치와 지혜를 인정하는 사람이다. 이런 사람은 현지 일꾼들이 자기보다 학력과 훈련 경력이 떨어진다 할지라도 현지 교회와 일꾼들과 풍성한 동반자관계를 맺으며 나란히 일할 수 있다.

3. **성령의 열매.** 이 아홉 겹의 열매는 생활에서 실제적으로 나타난다.

한 연구조사는 다양한 교차문화 커뮤니케이션 자원을 근거로 개발된 다른 여덟 가지 자질을 이야기한다. 이것들이 겉으로는 영적인 자질처럼 보이지 않지만 그리스도인들이 갖춰야 할 것들이다.

1. 과업보다 사람에게 더 강조점을 둠
2. 비생산적 비판을 자제하는 능력
3. 애매모호함을 관용하고 융통성을 발휘함
4. 공감
5. 개방적인 의사소통 스타일
6. 복합적 인지 능력, 섣부른 흑백논리와 단순한 고정관념을 피함
7. 본국 문화에서의 좋은 인간관계 기술, 다른 사람을 신뢰하고, 타인과 파트너가 되고 교대로 일할 수 있는 능력

8. 끈기, 어떤 상황에 처하든지 끝까지 버티고 어려운 때에도 긍정적으로 생각하는 성향

이제까지는 모로우의 글을 요약한 것이다. 독자에게 이 유익한 토론의 영역과 통찰력을 살펴보도록 권하고 싶다.

이러한 자질들, 즉 영적 성숙, 전문적인 능력, 겸손과 남을 존중하는 자세, 그리고 사역 현장에서의 강한 대인관계 기술과 평가의 기술과 같은 자질들은 갈등이 생겨도 낙담하지 않게 해 줄 것이다. 성숙한 사람은 건전하고 공손한 방식으로 조화와 이해 증진을 위해 노력할 것이다.

크레이그 스톨티(Craig Storti)는 타문화 이해와 행동 분야의 전문가이다. 그의 책, 『문화 교차의 기술』(*The Art of Crossing Cultures*)을 강력히 추천하는 바이다. 여기에 그 책의 후기에 나오는 첫 문단을 인용하겠다.

"그래서 그 여정은 끝났고 나는 출발했던 곳으로 되돌아왔다. 많은 경험으로 더욱 부요해지고, 다수의 깨어진 확신과 다수의 사라진 확실성으로 인해 더 가난해진 상태다. 확신들과 확실했던 것들은 무지의 부산물인 경우가 너무 많기 때문이다. 자기가 항상 옳다고 느끼길 좋아하고 자신의 의견에 대단한 중요성을 부여하는 사람은 본국에 머물러 있어야 한다. 여행을 할 때는 확신을 안경처럼 잘못 두기가 쉽다. 그러나 안경과 달리 쉽게 대체되지는 않는다."(p. 105, *Jesting Pilate*에 나오는 Aldous Huxley의 글로 추정됨)

나는 우리 가운데 타문화에서의 갈등, 또는 어떤 대인관계나 권위를 둘러싼 갈등이든지 금방 해결할 수 있을 만큼 잘 준비되고 훈련되었다고 느끼는 사람은 별로 없다고 생각한다. 이 때문에 여러 유익한 자료들을 추천하고 싶다.

참고문헌

글

Dodds, Larry and Dr, Lois. 1996. "Covenant of Reconciliation." Heartstream
Resources, Liverpool, PA

Dodds, Lois. 1994. "The Paths Through Conflict." Group and Conflict Dynamics,
Operation Impact.

Gardner, Laura Mae. 1992. "Conflict Resolution and/or Management." Dallas, TX:
Counseling Department Bulletin,

Gardner, Laura Mae. 1995. "Managing Organizational Conflict in Missions: Being a
Facilitator of Forgiveness: A Biblical Perspective." Mental Health and Missions,
16th Annucal Conference Angola, Indiana.

Williams, Ken. 1993. "Helping Others Resolve Conflict", Dallas, TX: Counseling
Department Bulletin.

Williams, Ken. 1994. "Conflict Resolution Checklist", Dallas, TX: Counseling
Department Bulletin.

Williams, Ken. 1994. "Ten Biblical Ways to Defuse an Attack", Dallas, TX:
Counseling Department Bulletin.

Williams, Ken. 1995. "Helping Others Manage Conflicts", Dallas, TX: Counseling
Department Bulletin.

책

Barthel, Tara Klena, Judy Dabler and Ken Sande. 2005. *Peacemaking Women:
Biblical Hope for Resolving Conflict*. Grand Rapids, MI: Baker Books.

Barthel, Tara Klena and David V. Edling. 2012. *Redeeming Church Conflicts*. Grand
Rapids, MI: Baker Books.

Dickson, John. 2011. *Humilitas: a lost key to life, love, and leadership*. Grand Rapids,
MIL: Zondervan.

Elmer, Duane. 1993. *Cross-Cultural Conflict*. Downers Grove, IL: IVP Academic.

Helming, Dennis. 1997. *The Examined Life*. Dallas, TX: Spence Publishing Co.

Moreau, A. Scott, Gary R. Corwin, and Gary B. McGe. 2004. *Introducing World Missions*. Grand Rapids, MI: Baker Academic.

O'Donnell, Kelly, Ed. 2002. *Doing Member Care Well*. Pasadena, CA: William Carey Library.

O'Donnell, Kelly, 2014. *Global Member Care: Volume One: The Pearls and Perils of Good Practice*. Pasadena, CA: William Carey Library.

Powell, John R. and Joyce M, Bowers. 2002. *Enhancing M. Vitality*. Colorado Springs, CO: Mission Training International.

Sande, Ken. 2004. *The Peacemaker*. Grand Rapids, MI: Baker Books.

Storti, Craig. 2008. *The Art of Crossig Cultures*, Boston: Nicholas Brealey Publishing,.

Taylor, William D., Ed. 1997. *Too Valuable To Lose*. Pasadena, CA: William Carey Library. 『잃어버리기에는 너무 소중한 사람들』(죠이선교회).

13장 "갈등" 요약 – 유익한 태도와 행동

누가	언제		
	준비 단계	현지 단계	재입국 단계
선교사 자신	• 그리스도 안에서 성장하라 • 자기인식과 자기통제를 개발하라 • 과거의 관계를 깨끗이 하라 • 연합을 추구하고 다양성을 기뻐하라.	• 멘토링 관계를 개발하라 • 피드백을 구하고 방어벽을 내려놓고 겸손히 받으라 • 영적 성숙, 전문적 능력, 겸손, 남을 소중히 여김, 대인관계와 타문화 기술 등과 같은 성장 계획을 세우라	• 갈등이 없는 체하지 말라 • 성숙한 사람이나 상담자에게 조언과 지도를 구하라 • 수양회에 가고 개인적으로 성장할 수 있는 기회를 찾으라
친구들, 지원팀, 동료들	• 기도하고 지원하라 • 타문화권 생활과 영적 전쟁의 어려움을 이해하라 • 어려움을 해쳐 나가게 돕는 든든한 신뢰 관계를 구축하라	• 현지 문화와 당신의 팀원들이 가진 문화들에 대해 배우라 • 좋은 의사소통, 용납, 칭찬, 책망, 상호봉사 등을 촉진하라 • 감정 표현을 잘 받아주고 회복의 과정을 지지하는 안전한 사람이 되라	• 공감하는 자세로 민감한 이슈에 대해 경청하되 어느 편을 들지 말라 • 종결된 화해의 원리들에 따라서 도움을 제공하라
교회, 파송단체	오리엔테이션 기간에 훈련을 제공하라 • 갈등은 불가피하고 연합을 회복하려면 잘 관리될 필요가 있음을 인식함 • 전문적인 능력의 향상 • 성품 개발 • 화해의 지침을 개발하고 가르침	• 자기인식, 자기통제, 경청, 화해에 능숙하도록 성장하라 • 화해의 전략을 사용하라 • 중재자로 섬기거나 중재자를 찾으라	• 디브리핑 과정에 갈등에 대해 다루라 • 화해의 과정에서 사역자가 온전한 모습과 개인적 성장과 변혁을 가지도록 안내하라 • 멘토와/또는 세미나를 제안하라
멤버 케어 담당자	• 차이점을 기뻐하는 모범을 보이라 • 갈등 회피는 갈등을 다루는 좋은 방법이 아님을 모범적으로 보여주라 • 자신을 수정하고 정리하고 좋아보라.	• 신뢰 관계를 구축하여 민감한 이슈들이 일제감치 다뤄지게 하라 • 중립적 입장을 지키라 • 갈등을 겪는 자들을 멘토링하라	• 회복과/또는 상담을 계획하도록 도우라 • 디브리핑을 제공하라 • 사역자가 연민에 빠지기보다 성장하도록 동기부여하라 • 감정을 지혜롭게 나누는 법에 대해 조언하라
전문가	• 책, 세미나, DVD	• 단체가 이슈를 해결하지 못할 때 중재자로 섬기라	• 대인관계와 타문화 의사소통에 관한 세미나

14

위기

예수께서 "세상에서는 너희가 환란을 당할 것이다"(요 16:33)라고 말씀하셨다. 이는 농담이 아니다. 모세는 예수보다 훨씬 앞서 살았던 인물이지만 그의 생애는 이 진실을 잘 보여준다. 다음은 모세 이야기다.

모세는 매우 위험한 상황에서 태어났고, 그의 백성이 심한 탄압과 불의를 당하는 중에 공주의 총애를 받으며 성장했다. 그는 특권을 누렸음에도 불구하고 자기 백성의 일원임을 인식하고 있었던 것 같다. 이로 인해 그의 마음속에 얼마나 큰 긴장이 조성되었을지 상상해보라!

청년 시절에 자기 동족에게 가해지는 불의를 바로잡으려고 이집트인 압제자를 살해했다. 며칠 후 자기 동족 두 사람 간의 분쟁을 해결하려고 하다가 거부당하고 당국에 보고되었다. 그 결과 그는 실패자임을 알고 멀리 도주하여 40년간 숨어 살아야만 했다.

그 후 하나님께서는 그의 백성을 구하기 위해 모세를 부르셨다. 그러나 발걸음을 내디딜 때마다 그에게 맡겨진 일은 굉장히 어려웠다. 끝없는 어려움을 겪다가 자기가 다시 실패한 것을 알고 또 그 때문에 그의 백성과 함께 약속의 땅에 들어가지 못한다는 것을 알고는 마침내 어느 산꼭대기에서 외로운 죽음을 맞이했다.

모세가 견뎌야 했던 것이 무엇인지 생각해보라. 불의, 정치적 음모, 적대감, 살인, 배척, 불가능한 듯한 과업, 비판, 과로, 질투, 자원 부족, 오해 등. 이에 덧붙여 그는 이중 문화에 속한 사람이라 두 방향으로 당기고 어느 문화에도 잘 들어맞지 않는 사람으로 느꼈음에 틀림없다.

위클리프 성경번역 선교회의 대표를 역임한 조지 코완(George Cowan) 박사는 온갖 위기에 직면한 타문화권 사역자들을 위해 기도해달라고 세계 교회에 이런 내용의 회보를 보낸 적이 있다.

> "타문화권 사역자들은 생명을 위협하는 트라우마에서 면제되지 않는다. 예를 들면, 혁명, 강간, 무장 강도, 살해, 납치, 총기 난사, 철수, 약탈, 착취, 폭탄 테러, 가옥과 재산 피해, 자연 재해(지진, 태풍, 불, 전염병), 그리고 응급 상황 등이다. 또 다른 유형의 위기는 공공연한 적대 세력, 거짓 고발, 친구의 배신, 장기 프로젝트의 취소, 팀 내의 갈등, 역할의 변경, 회심자의 변심, 동료의 부도덕, 배우자와의 이혼이나 별거, 가정이나 그룹 내에서의 질병, 죽음, 폭력, 자녀의 가출이나 곤경, 사고나 자살에 의한 갑작스런 죽음, 인플레이션이나 후원자의 죽음, 또는 파송교회의 문제로 인한 뜻밖의 후원금 단절 등이다."

하나님은 세상을 향한 그분의 사랑과 돌봄을 타문화에 밝히 보여주도록 우리를 부르셨다. 이 증거 사역은 불가피한 위기 상황 중에 가장 뚜렷하게 나타날 것이다.

이번 장의 초점은 사역자를 돌보는 문제에 맞춰지고, 우리는 다양한 돌보는 사람들의 여러 역할에 대해 연구하게 될 것이다.

지도자와 행정가, 목사를 위한 제언

이 주제에 관한 많은 문헌으로부터 나는 두 가지 기본 개념을 추출했다.

돌봄의 첫 번째 표시는 **연결**과 관련이 있다. 지도자가 사역자들이 어디에 있으며, 어떻게 그들과 접촉할 수 있는지를 알고, 또한 그들과 접촉하는 가장 믿을 만하며 효과적인 수단이 무엇인지를 아는 것을 의미한다. 지도자는 사역자가 현재 몸담은 지역의 조건들과 그들이 당면한 어려운 문제가 무엇인지를 아는 것이 필요하다. 풍성한 의사소통이야말로 고립된 사역자들에게 얼마나 큰 위로가 되는지 모른다! 그들을 잊지 않고 있음을 아는 것 자체가 그들에게 큰 힘이 된다.

돌봄의 두 번째 요소는 **준비**에 관한 것이다. 지도자나 목사는 일반적으로 사역자들에게 닥치는 위기에 대해 알고, 구체적으로 자기 사역자들이 일하는 지역의 위기상황에 대해 알아야 스스로 준비를 갖출 수 있다. 또한 위기가 가져올 충격과, 그 위기가 여러 종족에게 어떤 영향을 미칠지 이해해야 한다. 어른들에게 초점을 맞출 경우 아이들이 받는 충격은 다르다는 걸 알 필요가 있다. 싱글들 또한 부부들과는 다른 위기를 통과하게 될 것이다.

한번은 우리가 거주하던 멕시코 남부에서 토지 사용권을 놓고 폭동이 일어나 고문과 살해가 자행되어 그곳을 떠나야만 했다. 당시 싱글 여자 선교사가 우리가 번역 사역에 좀 더 많은 시간을 낼 수 있도록 우리 아이들의 공부를 지도하며 우리와 함께 거주하고 있었다. 우리가 그곳을 떠나는 순간 그 여자 선교사가 나에게 이렇게 말했다. "당신들이 떠날 때 네 명의 가족이 함께 떠나는 것이 부럽습니다. 나는 같이 떠날 사람이 없이 혼자거든요." 그 말은 나에게 싱글의 외로움을 다시 상기시켜 주었다.

지도자나 목사는 여러 종류의 위기에 대처하는데 필요한 자원을 파악함으로써 준비할 수 있다. 사역자 한 사람이 납치당한 경우에는 교섭자가 필요하다. 협상의 전문가를 어디서 찾을 수 있는가? 현지에서 자살 사건이 발생한다면 자살자의 가족과 사역 그룹에게 도움을 줄 수 있는 전문가를 어디서 찾을 수 있을까? 만일 그룹이 현지에서 철수해야 하고 그룹 디브리핑이 필요하다면, 이에 도움을 줄 수 있는 노련한 사람들의 명단을 가지고 있는가? 따라서 여러 분야의 전문가들에 관한 정보를 신속하게 제공할 수 있도록 미리 파일을 만들고 관리하는 것이 필요하다고 본다.

또 하나의 훌륭한 준비는 위기용 기금을 마련해 놓고 위기관리와 연관된 예기치 못한 비용으로 사용하는 것이다.

이렇게 지도자나 목사가 이런 두 가지 실질적인 방법을 미리 계획한다면, 이것은 현지 사역자들에게 강한 인상을 남길 것이다. 아프리카의 장기 사역자인 론 브라운 박사는 지도자의 개입에 대해 다음과 같이 말하고 있다.

만약 선교 지도자들이 사역자가 겪은 트라우마를 인식하지 못한다면 큰 후유증이 생길 수 있다. 사역자가 겪은 트라우마는 본인에게 엄청난 충격을 줄 수 있지만, 선교 지도자들은 이메일에 적힌 내용을 대충 훑어보아 감정적 영향을 별로 받지 않을 수도 있다. 그 사건을 잘 인식하고 또 트라우마 후 본인이 어떻게 대처하고 있는지를 능동적으로 파악하는 일은 지도자의 책임이다.

한 사역자 가정이 커다란 트라우마 사건을 경험한 후 잠시 본국을 방문했다. 그들은 당시에 선교 지도자가 부인과 함께 그들을 방문했던 것에 감사와 칭찬의 말을 아끼지 않았다. "그것은 이메일 메시지와 비교할 수 없지요. 그분이 사모님과 함께 방문해 주셨어요." 그 방문은 참으로 의미심장했고, 그들이 견뎠던 고통이 핵심 지도자의 방문으로 그 정당성을 충분히 인정받았다고 느꼈다. 이와 반대로, 다른 한 가정은 강도의 습격을 당한 충격적인 사건 이후에 본부 리더십으로부터 아무런 소식도 받지 못했다. "마치 지도자들이 우리를 돌보지 않는 것 같았어요." 그 가족은 홀로 동떨어진 느낌을 품게 되었고, 리더십의 무관심으로 인해 마음의 상처를 입었다(*Resilience in Ministry Despite Trauma*, p. 2).

한 가지 더 첨가할 것은 **독서**이다. 사역에 초점을 두고 위기와 위기관리를 다룬 글을 실은 좋은 책들이 많이 나와 있고, 그 중 몇 권은 부록에 실려 있다. 아울러 타문화사역 팀의 멤버 케어 담당자를 위한 세미나와 워크숍도 많이 개설되어 있다.

멤버 케어 담당자나 친구나 동료들은 무슨 일을 할 수 있는가?

지도자나 목사가 이제껏 진술한 위기 상황에서의 역할에 대해 읽으면 마음이 무거워질 수 있다. 지금도 할 일이 많은데 또 하나의 책임을 떠맡는 느낌일 것이다. 그래서 멤버 케어 담당자가 필요하다. 그는 행정부서나 리더십을 대표하여 돌봄을 베푸는 사람이다. 멤버 케어 담당자는 위기 상황에 필요한 돌보는 역할을 다수 떠맡을 수 있고, 지도자의 이름으로 그 일을 수행하게 된다.

멤버 케어 담당자는 필드의 최근 정황을 잘 챙겨두어야 한다. 다음 정보들을 알아야 한다.

- 각 사역자의 이름과 사역 장소, 그리고 연락방법.
- 각 사역자가 맡은 사역 유형, 그들의 가족, 자녀들의 연령.
- 그 지역에서 얻을 수 있는 자원.

멤버 케어 담당자는 응급 상황에 연락할 수 있는 전문인들의 연락처를 보유하는 것이 좋다. 예를 들면, 인질 사태에 중재할 수 있는 전문가, 트라우마 전문 치료사, 어린이 사역 전문가, 자살을 많이 다룬 경력이 있는 전문가, 다양한 사람들을 위로하는 법을 아는 목사 등이 필요하다. 멤버 케어 담당자는 필요한 전문인들을 재빨리 접촉할 수 있어야 한다.

내가 국제적인 상담사들과 함께하는 상담 센터를 운영했을 때는 모든 상담자들에게 개인과 그룹의 디브리핑, 현지 철수와 인질 사태에 대한 디브리핑을 비롯해 위기와 트라우마에 관한 훈련을 받도록 격려했다. 그리고 연락하면 곧바로 도움을 줄 수 있는 10명의 트라우마 전문가 명단을 만들었다. 그러한 전문인들이 전화 연락만 하면 올 수 있다는 것을 아는 것 자체가 매우 희망적이다. 한 여고생 그룹이 윤간을 당하거나 이와 비슷한 상황이 발생할 때 그런 전문가의 도움을 즉시 받을 수 있다는 것은 고무적인 일이 아닐 수 없다.

이에 덧붙여서, 멤버 케어 담당자 역시 필요한 온갖 돌봄을 제공하기 위해 훈련을 받을 필요가 있다.

- 이메일, 스카이프, 위성전화 등 가장 효율적인 수단으로 접촉하는 관계를 유지한다.
- 경청, 평가, 격려, 디브리핑 등으로 위기에 신속한 대응을 할 수 있는 기술을 연마한다.
- 여권을 늘 갱신한다.
- 비자가 필요하든 불필요하든, 사역자들이 일하는 장소가 어디든지 그곳으로 곧바로 여행하는 방법을 알고, 그 여행에 어떤 예방 접종이 필요한지를 안다.

위기는 "눈에 안 보이는" 엄청난 충격을 준다

심각한 위기나 트라우마를 겪는 사람은 행동으로 나타나지 않는 깊은 충격을 경험한다. 대체로 본인의 정신 속에 발생하고 그의 믿음에 영향을 주기 때문에 스스로 깜짝 놀라게 된다. "피가 나지 않으면 상처는 없다"라는 말은 위기에 관한 신화에 불과하다. 좌절된 믿음은 피를 흘리지 않지만 그 상처는 생각보다 깊다. 위기로 인해 흔들리는 신념을 몇 가지 들어보면 다음과 같다.

- 하나님에 대한 확신 – "그분은 내가 생각했던 하나님이 아니고, 나는 그를 신뢰할 수 없어."
- 인생에 대한 확신 – "내가 선을 행하며 최선을 다하면 성공할 것으로 믿었는데, 인생은 그렇지 않아."
- 나 자신에 대한 확신 – "내가 이런 일로 흔들릴 줄은 몰랐어!"
- 다른 사람에 대한 확신 – "내가 그들을 믿었건만 그들은 나를 실망시켰고, 어떤 경우에는 나를 배신했어!"
- 성장과 성숙, 고통과 고난의 가치에 대한 확신 – 대다수 사람은 고난의 신학을 갖고 있지 않고, 경건한 성숙은 오로지 고난을 통해서만 이룰 수 있다는 것을 모른다.

분명히 믿음은 위기관리와 중요한 관계가 있다. 음식과 물, 집과 의복이 필수품인 것은 사실이다. 그러나 일단 이런 기본 욕구가 채워지면 당사자의 믿음에도 신경을 써야 한다.

당사자는 스스로를 위해 무엇을 해야 할까?

모세의 이야기로 되돌아가서 그 자신을 위해 무엇을 했는지 살펴보자. 어떤 것들은 우리에게 즉각적인 교훈을 준다.

첫째, 모세는 하나님의 부르심에 대한 강한 확신을 품었고 절대로 흔들리지 않았다. 그는 또한 하나님과의 친밀한 관계를 늘 유지했다. 하나님은 아무도 꿈꿀 수 없는 것을 모세에게 계시하셨다. 모세가 죽었을 때 "모세는 여호와께서 대면하여 아시던 자"(신 34:10)라고 선포되었다.

모세는 또한 그의 가족들과도 친밀한 관계를 가졌다. 여기에는 아론, 미리암, 그리고 그의 장인 이드로, 그의 후계자 여호수아까지 포함된다.

그는 생애 마지막 순간까지 하나님의 인도와 공급에 의존했다.

론 브라운 박사는 "트라우마에도 불구하고 탄력성을 유지하는 법"(Resilience in Ministry Despite Trauma)이란 글에서 그가 발견한 중요한 몇 가지 사항을 언급한다. 서론에서는 세계적 상황이 변하고 있다고 말한다. 많은 국가들이 고위험 군에 속하는 나라로 분류되고 있다. 예를 들면, 아프리카 대륙은 생활하며 일하기에 예전보다 더 위험해졌다. 그곳에서 일하는 사람들은 불안정한 삶을 살 수 밖에 없다. 그들이 어떤 단체로부터 파송되었든지 간에 – 비정부기구, 구제 및 개발 기관, 또는 선교단체 – 그곳에 주재하는 동안 개인적인 트라우마를 경험할 가능성이 높다. 하지만 좋은 소식을 전하는 사람에게는 그런 어려운 지역이 새로운 복음전파의 최전선이 될 수 있다. 위기에 처한 국가들은 과거 어느 때보다 더 희망의 메시지가 필요하다. 론 브라운 박사는 이렇게 한다.

최근에, 아프리카에서 사역하던 중 트라우마 사건을 통과했으나 여전히 거기서 섬기고 있는 사람들의 탄력성과 복원력에 기여하는 요인들을 발견하기 위해 프로젝트가 실행되었다. 그곳 사역자들 중 몇 명을 인터뷰한 결과 네 가지 요인이 분명히 밝혀졌다.

사역자들을 트라우마 사건이 일어난 곳에 다시 데려간 네 가지 요인은 다음과 같다. 그들이 그곳으로 부름을 받았다는 강한 '소명' 의식, 태어날 때부터 준비된 삶, 하나님께 받은 말씀, 그리고 든든한 인간관계였다"(*Resilience in Ministry Despite Trauma*, p. 1).

나는 **인간관계**에 내해 좀 더 다루고 싶다. 파송단체는 과업을 수행할 때와 어려운 시기에 서로의 짐을 질 때, 좋은 개인적 관계와 팀의 관계가 엄청난 가치를 지니고 있음을 알아야 한다. 이는 팀 멤버들이 서로의 필요를 인식하고 그것을 채워주려고 한다는 의미이다. 그러므로 가정 내 개인적 관계와 동료들과의 관계, 팀 멤버들과의 관계, 그리고 폭넓은 네트워크 내 사역자들과의 관계 등 이 모든 것은 어려운 시기에 서로를 지지하는 자원이 될 수 있다.

또 다른 중요한 전략은 **트라우마를 인정하는 것**, 발생한 사건에 대해 진실해지는 것이다. 사역자들은 "힘들어요. 정말로 끔찍해요! 도무지 이해할 수 없어요! 내가 감당하기 어려운 일이에요"라는 말이 믿음이 약해져서 하는 말이 아님을 이해해야 한다. 그럴 때에는 경건하고 자애로운 사람이 조용히 함께하면서 상대방에게 믿음을 더해주면 그는 안정을 되찾고 고난의 신학을 회복하여 하나님이 언제나 거기에 함께 계셨음을 깨닫게 될 것이다.

개인적 위험과 고난에 대한 성경적 신학을 개발하라. 이런 때에는 그 사역자가 후보 시절을 뒤돌아보며 각 후보가 위험과 고난에 대한 나름의 입장을 개발하는 것이 중요함을 이해해야 한다. 이는 특히 서구 문화에서 성장한 사람들에게 꼭 필요하다. 서구의 세계관은 우리가 고난을 당하면 무언가 잘못된 것이 있는 만큼 우리는 무슨 수를 쓰더라도 고난을 피해야 한다고 말하기 때문이다.

브라운 박사가 인터뷰한 사람들 중 74퍼센트가 성경적인 고난관을 개발했다고 말한 것으로 밝혀졌다. 한 사람은 요한복음 16:33절 – "이 세상에서는 너희가 환란을 당하나" – 을 인용했다. 또 다른 사람은 예수님이 간고를 많이 겪었으며 질고를 아는 자라는 말씀을 기억하고, 따라서 우리도 그분의 발자취를 좇을 때 고난을 예상해야 한다고 했다.

하나님 및 동료들과의 좋은 관계와 위험과 고난에 대한 탄탄한 신학과 더불어, 위기의 때에 탄력성이 돋보이게 하는 다른 요인들도 있다고 나는 생각한다.

한 가지 요인은 **하나님의 부르심에 대한 절대적인 확신**과 관련 있다. 엘튼 트루블러드는 이렇게 말한다. "크리스천은 이 세상에서 들리는 온갖 헷갈리는 목소리 가운데, 그 자신의 100퍼센트 동의를 얻고 그의 힘과 지성과 감정을 묶어서 자기희생적인 패턴을 엮어내는 단 하나의 목소리가 있다고 고백하는 사람이다. 그 목소리는 바로 예수 그리스도다. 그는 마음과 지성과 힘을 다해 그분을 신뢰한다"(*The Call of the Committed*, p. 23).

또 다른 요인은 필요한 **정보를 얻는 것**이다. 평소에 경청하며 온갖 필요한 정보를 얻어내는 것을 말한다. 사역자가 고립된 곳에서 어려운 일을 할 때는 주의를 집중해야 하므로 세상 돌아가는 일에 대해 무관심해질 수 있다. 누군가 "하나님의 사람은 세 가지 것, 즉 세상과 하나님의 말씀과 그 자신의 마음을 배우는 학생이 되어야 한다"라고 말했다. 우리가 주파수를 맞추고 세상 뉴스를 듣고 시장에서 주고받는 말을 경청하면 위기가 닥쳐도 덜 놀라게 된다. 무슨 일이 일어났는가? 무슨 일이 일어날 수 있는가? 그런 일이 생겼을 때 사람들은 어떤 도움을 받았는가? 여기서 그런 일이 발생하면 나/우리는 무엇을 해야 하나? 현지인의 말을 경청하고, 현지인 전문가를 가까이 하라.

그리고 **우리는 스스로를 평가해야 한다.** 나는 얼마나 강인한가? 내 속에서 위기상황을 직면할 수 있게 해주는 나의 태도와 관점과 자원은 무엇인가? 내가 극복한 고난에 대해 감사하는 마음이 있는가? 내가 겨우 벗어난 고난으로부터 얻은 교훈이 있는가? 나에게 견딜 만한 강인함이 있는가? 건강한 상태는 어떤 것인가?

내가 선교회에서 멤버 케어 책임자로 일할 때, 만성적 위험과 긴장과 불확실성이 팽배한 한 라틴 아메리카 국가에서 일하는 사역자들을 위해 건강의 윤곽을 그려달라는 요청을 받았다. 동료, 지원 사역 등과 같은 정상적인 자원이 없는 상황에서 사역자를 지탱해주는 건강의 요소들은 과연 무엇인가? 연구결과 건강의 네 가지 측면을 도출했다.

1. 신체적 건강은 맡겨진 필드 과업을 수행하기에 적합해야 한다. 각 사람은 다른 사람에게 지나친 부담을 주지 않으면서, 그리고 감정 조절이나 수면을 위해 약에 의존하지 않으면서 자신의 임무를 성취할 수 있을 만큼 건강해야 한다.

2. 영적 건강은 하나님의 승인에 민감하고 매일 주님으로부터 영적 양식을 공급받고 그분의 인도를 받는 삶으로 나타난다. 이런 사람은 하나님의 기준에 부합하여 그분을 기쁘게 하길 원하고 그분의 자녀답게 행동한다. 이 사람은 누구의 감시도 받을 필요가 없다.

3. 관계적 건강은 불신이나 비교나 지나친 요구가 없이 서로 주고받는 등 다른 사람들과 잘 어울려 일할 때 밝히 드러난다.

4. 정서적 건강은 감정 기복이 심하지 않고, 만족감이 외적 환경에 좌우되지 않고, 대체로 기쁨을 잘 유지하는 마음의 상태를 말한다. 이런 사람은 감사가 체질화되어 있다.

나는 또한 **우리를 강건케 해 달라고 의도적으로 하나님께 구할 수 있**
다고 믿는다. 예수께서 죽으신 것이 우리의 죄를 용서하고, 우리를 의롭
게 하고, 우리를 정결케 하기 위함일 뿐 아니라, 우리를 강건케 하고 우리
의 연약함을 강함으로 사용하도록 돕기 위함이라고 믿는다. 하나님의 말
씀에는 강건함에 초점을 맞춘 구절이 많고 심지어는 우리에게 강건하게
되라고 명령하기도 한다.

- "너희는 강하고 담대하라. 두려워하지 말라. 그들 앞에서 떨지 말라.
  이는 네 하나님 여호와 그가 너와 함께 가시며 결코 너를 떠나지 아
  니하시며 버리지 아니하실 것임이라"(신 31:6)
- "강하고 담대하라. 오직 강하고 극히 담대하여…"(수 1:6-7)
- "내 영혼아, 네가 힘 있는 자를 밟았도다!"(삿 5:21)
- "이 땅 모든 백성아, 스스로 굳세게 하여 일할지어다…"(학 2:4)
- "그가 끝까지 너희를 견고하게 하시리라…"(고전 1:8)
- "깨어 믿음에 굳게 서서 남자답게 강건하여라"(고전 16:13)
- "너희가 주 안에서와 그 힘의 능력으로 강건하여지고"(엡 6:10)
- "하나님이 우리에게 주신 것은 두려워하는 마음이 아니요 오직 능
  력과 사랑과 절제하 는 마음이니"(딤후 1:7)
- "너는 그리스도 예수 안에 있는 은혜 가운데서 강하고"(딤후 2:1)
- "그가 너희를 친히 온전하게 하시며 굳건하게 하시며 강하게 하시
  며 터를 견고하게 하시리라"(벧전 5:10b)

올바른 관점과 평형을 되찾는 데는 시간이 걸린다는 것을 우리가 알
아야 한다. 일단 위험이 사라지면 많은 사람은 그 어려운 문제를 뒤로 제
치고 곧바로 일로 복귀하길 원한다. 그렇게만 한다면 우리는 중요한 성장

기회를 놓치게 될 것이다.

나는 최근에 스무 살 된 손녀를 멘토링하는 기회를 얻었다. 그 손녀에게 일기장과 아이디어 북(아이디어를 적을 수 있는 책)을 주었다. 그리고 새로운 경험을 할 때마다 다음 세 가지 질문에 대한 대답을 기록하라고 했다. 나는 이 경험을 통해 무엇을 배웠는가? 나 자신에 관해서는 무엇을 배웠는가? 이 경험 때문에 나에게 어떠한 변화가 있었는가? 나는 손녀가 그 자신에게 초점을 맞추지 말고, 그녀의 마음과 삶과 관점에 일어나는 변화와 성장에 초점을 맞추기를 바랐다. 위기를 겪은 후에도 이런 질문과 대답을 해보면 좋은 성과가 있을 것이라고 믿는다.

마지막으로, 위기를 겪은 후에 생긴 **깨달음을 분명히 표현하는 것도** 도움이 된다. 새로운 확신, 새로운 헌신, 그리고 하나님 말씀의 중요성을 새롭게 인식하는 일이 있을지도 모르겠다. 사실 이것들은 최근에 겪은 슬픈 경험에서 탄생한 것들이다. 가슴 아픈 이야기가 떠오른다.

우리 부부는 여러 해 동안 멕시코 남부에서 사역했다. 다른 선교단체 소속으로 우리보다 연세가 많은 한 부부가 우리와 같은 지역에서 일했다. 그들은 멕시코에서 다른 지역으로 갔다가 결국 미국으로 돌아가 은퇴하게 되었다. 은퇴 직후에 남편이 죽었다. 노부인이 남편의 죽음과 장사에 대한 소식을 전하는 기도 편지를 보냈다. 노부인은 남편의 무덤 옆에 서서 이와 같은 기도를 드렸다고 말했다. "아, 하나님, 상한 마음을 가진 제가 여기에 있습니다. 당신이 아직도 저를 사용하실 만하면 얼마든지 사용하십시오."

우리 마음이 아무리 상하고, 우리가 아무리 연약해도, 우리가 기꺼이 쓰임을 받고 싶다면 하나님은 아직도 우리를 사용하실 수 있다. 그러나 믿음이 강건해지고, 탄력성이 커지고, 위기를 잘 극복할 수 있을 만큼 강건하게 되려면 우리가 성장 단계를 밟을 필요가 있다. 위기는 결코 사라지지 않는다.

이번 장은 위기가 타문화권 사역자에게 미치는 영향, 그리고 사역자 자신과 동료들과 지도자들, 교회와 친구들이 할 일에 초점을 맞추었다.

이와 더불어 각 선교단체는 위기관리에 필요한 정책과 실행절차 매뉴 얼을 갖고 있어야 한다. 이는 이번 장의 주제는 아니지만, 어떤 위기 상황 이든 즉시 물어야 할 일곱 가지 중요한 질문을 제시하고자 한다.

위기 상황 시 초동 대응 방안

1. 무슨 일이 발생했는가?(사고 내용 보고)
2. 누가 알아야 하는가?(정보 소통의 흐름)
3. 누구의 관할인가?(구조 확립)
4. 즉시 취해야 할 행동은 무엇인가?
5. 추후 위험에 노출된 사람들은 누구이고 어떤 조치를 취할 것인가?
   (가족들의 안전을 위한 조치)
6. 어떤 정책을 적용할 것인가?
7. 법적 조치를 취할 사항은 없는가?

참고문헌

글

Gardner, Laura Mae. 2009. "Resilience in Ministry Despite Trauma." Retrieved on April 17, 2014 from http://www.mmct.org/#/resources/crisis-response.

Gardner, L.M. 2005. "Facing and Growing Through Crisis" Presented in Banglore, India to Indian ministry leaders.

Gardner, L.M. 1989. "Crisis Management for the Mission Administrator: A Discussion Guide." Summer Institute of Linguistics, Dallas, TX.

Gardner, L.M. 2010. "Crisis Care." Presented at the Care ConneXion Conference, Portland, Oregon.

책

Fabian, Grace. 2009. *Outrageous Grace*. Greenville, South Carolina: Ambassador International.

Figley, Charles. 2012. *Helping Traumatized Families*. London: Routledge.

Herman, Judith. 1997. *Trauma and Recovery*. New York: Basic Books.

Hubbard, M. Gay. 2009. *More Than an Aspirin: A Christian Perspective on Pain and Suffering*. Grand Rapids, MI: Discovery House Publisher.

14장 "위기" 요약 – 유익한 태도와 행동

누가	준비 단계	인지	
		현지 단계	재입국 단계
사역자 자신	• 우리를 부르신 하나님은 우리를 보호하시는 분임을 알라 • 위험과 고난에 대한 자신의 입장을 개발하라 • 어려운 시기에 지지해줄 수 있는 든든한 우정관계를 개발하라	• 평생 그리스도 안에서 성장하겠다고 다짐하라 • 멘토를 찾으라 • 트라우마의 충격을 인정하라. "그렇게 느끼는 게 정상" 임을 알라	• 위기 이후의 회복은 시간이 걸리는 과정임을 이해하고 수용하라 • 반추하고 비전을 새롭게 할 시간을 계획하라 • 영적 도움과 심리적 도움을 구하라
친구들, 지원팀, 동료들	• 잠재된 위험을 이해하라 • 튼튼하고 안전한 공동체를 세우라	• 늘 연락하라 • 재정 후원과 실제적 도움을 주라 • 방문을 고려하라	• 공감하며 경청할 준비를 갖추라 • 친구가 되어주라 • 무슨 필요가 있는지 주도적으로 알아보라
교회, 파송단체	• 위험 평가와 위기 대처 계획을 수립하라 • 개인 정보를 수시로 점검하는 좋은 행정력을 발휘하라 • 위기관리 정책과 지침을 만들고 숙지하라 • 위기 대처용 자금을 확보하라 • 오리엔테이션 때 이 주제를 다루라	• 위기대처 계획 뿐 아니라 현지의 사정과 위험도 알라 • 위기대처 계획을 따르고 위기 대처용 기금을 사용하라 • 의사소통의 흐름을 주도하고 유지하라 • 위기 이후에 디브리핑을 주선하고 제공하라	• 위기의 충격을 이해하고 있음을 알려라 • 위기용 디브리핑을 보장하고 회복 과정을 위한 시간을 확보하라 • 재정을 공급하라
멤버 케어 담당자	• 위기관리와 돌봄의 여러 측면을 습득하라 • 지원을 수집하고 함께 나누라	• 방문하고, 기도하고 실제적 지원을 제공하라 • "이는 비정상적인 상황에 대한 정상적인 반응" 임을 이해시키라 • 지원을 주선하라	• 필요한 지원 계획을 세우라 • 한동안 회복 과정을 감독하라
전문가	• 위기관리와 위기 시 돌봄에 관한 세미나를 개최하라	• 방문요청을 받으면 즉시 수행하라	• 중립적 입장에서 디브리핑과 전문적 지원을 제공하라

15

도덕적 딜레마

표준
우리 생활의 모든 영역(생각, 말, 행동)에서 우리는 거룩하게 살기 위해
최선을 다하고, 우리 주님의 모범을 똑바로 반영하고, 또한 하나님의 말씀이
제시하는 기준과 지침을 성실하게 따를 것이다

이 책의 초고를 집필하려고 나는 캔자스 주에 위치한 한 작은 농장의 캐빈에 은둔했었다. 당시에 선교에 관한 몇 권의 책과 글을 갖고 갔다. 그런데 도덕적 행위의 이슈들을 다룬 표준 교과서와 같은 책들을 읽으면서 죄, 악, 도덕적 타락에 대한 색인이나 논의나 언급이 없는 것을 보고 깜짝 놀랐다. 그 대신 사용된 용어는 "개인적 이슈들," "온전함," "영적 전쟁," "깨어짐" 등이었다. "심리적 문제"와 "영적인 문제"에 대한 언급은 있고, "탈락"이란 말을 진지하게 사용했다. 사역과 관련된 이 모든 범주와 논의는 참되고 유익하지만, 내가 믿기로는 우리가 사전에 경고를 받아 잘 인식하며 구체적 전략을 갖춘다면 영적 싸움을 위해 잘 무장할 수 있을 것이다.

우리는 선교부와 선교단체와 선교 분야에서도 죄와 악과 도덕적 타락

등이 발생한다는 사실을 명백히 그리고 구체적으로 인정하지 않으면 안 된다. 그럴 가능성이 없는 사람과 단체는 없다. 사실은 영적 전쟁, 정서적 필요, 오해받을 가능성, 자원과 대인관계의 결핍, 인터넷을 통한 온갖 유혹 등으로 인해 더욱 심한 압력을 느낄 수 있다. 이밖에도 성경 지식의 부족과 더불어 개인적 도덕 기준과 헌신의 결핍도 문제를 심화시킨다.

성경은 우리에게 권위 있는 지침을 제공한다. 바울 사도는 고린도전서에서 교회 안에 있는 죄(근친상간)를 분명히 다루고 디모데에게 이런 가르침을 준다. "의를 좇아 행하라"(딤전 6:11), "네 자신을 지켜 정결하게 하라"(딤전 5:22b), "청년의 정욕을 피하고 의를 따르라"(딤후 2:22). 바울이 죄에 대한 입장을 밝힐 뿐 아니라 유다, 베드로, 그리고 히브리서 기자도 명백한 경고를 주고 있다.

다른 성경구절로는 고린도전서 1:2, 데살로니가전서 4:7, 데살로니가후서2:13-15, 디모데후서 1:9, 히브리서 12:14, 베드로전서 1:13-16, 베드로전서 2:21; 3:8-9, 베드로후서 1:3 등을 들 수 있다.

나는 우리 선교단체의 멤버이자 리더로 활동했을 뿐 아니라 다른 많은 선교단체의 자문과 이사회의 일원으로 섬겨왔다.

무서운 악의 세력

내가 개인적으로 관찰하거나 다룬 많은 이슈들 중에는 다음 다섯 가지가 포함되어 있다.

- 친구이자 동료이며 동년배였던 사람이 중대한 죄를 범하고, 폭로의 위협을 받자 그 불가피한 결과를 알고는 스스로 목숨을 끊었다.
- 우리 부부의 친구들이 결혼 서약을 깨기 시작하다가 이혼했다.

- 한 젊은 부부가 절망에 빠져서 사역지로부터 귀국했다. 남편이 믿음과 비전을 잃고 더 이상 하나님을 신뢰하지 않았기 때문이었다.
- 인터넷 포르노에 중독되는 문제.
- 교묘한 정서적 이탈과 결혼관계의 불륜.

사역자의 도덕적 문제는 다음 세 가지 범주로 나눌 수 있다. 불법 행위(탈세, 밀수, 교통 위반 등)과, 하나님의 도덕법 위반(부도덕, 만취, 이혼, 학대 등), "기독교적인 죄"(험담, 비방, 비난, 조종, 거짓말 등) 등이다. 이 논의에서는 세 가지 범주를 구별하지 않을 것이다.

하지만 수박겉핥기 식으로 넘어가지 않도록 오늘날 만연되어 있는 몇 가지 이슈를 나열할 까 한다.

마약이나 약물 남용, 여러 중독, 이혼, 동성애, 혼외정사(정서적 이탈 포함), 자녀 학대, 노인 학대, 영적 학대, 권력 남용, 대인관계의 갈등과 소외, 권위에 대한 도전, 반역, 분노, 증오, 거짓말, 험담, 비방, 성희롱, 이기심, 공금 횡령, 온갖 부도덕 등. 물론 더 많은 항목이 추가될 수 있다. 바로 이번 주 한 선교사 모집 담당자가 남편에게, 그의 경험에 의하면 새로운 선교사를 허입하는 과정에서 제일 문제가 되는 것은 포르노 문제라고 말했다고 한다.

이런 행위에 덧붙여, 오늘날은 유혹의 손길이 너무 강하고 만연되어 있어서 우리가 하나님의 말씀으로 무장하지 않으면, 그리고 하나님을 기쁘게 하는 것이 우리의 최우선순위가 되지 않으면 유혹을 뿌리칠 수 없을 것이다. 몇 가지 유혹을 나열하면 다음과 같다.

1. 포르노 – 부부관계가 없이 성적 만족을 구하는 것
2. 소유욕 – 물질에 대한 과도한 욕심

3. 권력욕 – 리더가 되려 하고, 타인 위에 군림하며, 타인을 부리려는 것

4. 외모 집착 – 멋있게 보이고, 합당한 노력 없이 신뢰와 존경을 받으려 하고, 외모와 평판에 집착하는 것

5. 안전에 대한 추구

6. 마땅한 결과를 모면하려는 태도

7. 권리 주장 – "나는 이보다 나은 대접을 받을 자격이 있어."

8. 가족이나 제도 등으로부터 받은 피해로 인해 원한과 증오심을 품고 사는 것, 해소되지 않은 갈등

9. 남모르는 중독

하나님의 백성에게 왜 이런 일이 일어나는가? 우리는 영적 전쟁을 치르고 있고 사단이 우리의 적이라는 사실을 잊어버릴 수 있다(욥 1-2장, 엡 6장 등).

게다가 유혹의 손길은 매우 교묘하고, 특히 과로하거나 외롭거나 외딴 곳에 있을 때, 그리고 지지해주는 교제권이 없을 때 강한 힘을 발휘한다. 명심해야 할 바는 우리가 선포(말, 명백한 증언)와 행위(생활방식) 둘 다로 복음 증거를 해야 한다는 점이다. 우리를 지켜보는 사람들은 귀로 듣는 것보다 눈으로 보는 것을 더 신뢰한다. 기독교 사역자들은 종종 가족과 친구들로부터 멀리 떨어져 있고, 서로 책임지는 관계가 없고, 영적 양식과 인도를 받기 위해 성경을 제대로 활용하지 못하는 경우가 적지 않다.

사역자의 도덕적 타락은 언제든지 일어날 수 있는 일이다. 그렇다면 우리 자신과 타인이 타락하지 않도록 어떻게 예방할 수 있을까?

타락 예방을 위한 선교단체와 교회의 역할

사역 초기 단계에서는 교회의 역할이 중요한 요소이다. 하나님의 말씀은 생활방식과 개인의 행위에 대해 무엇을 말하는가? 젊은 사역자들과 부부는 스스로 하나님 말씀을 섭취하고 그 인도를 받는 법을 어떻게 배울 수 있는가? 교회는 모든 교인에게 성경 지식과 믿을 만한 해석, 그리고 충실한 성경 적용에 대해 어떻게 확실히 가르치고, 특히 사역 현장으로 향하는 사람들에게 그렇게 하겠는가?

선교단체의 역할도 중요하다. 이런 문제에 대한 기준과 정책과 실행 절차들을 보유해야 하고, 그것을 지원자들, 후보들, 모든 멤버, 협력 사역자들에게 수시로 충분히 알려야 한다. 동시에 그 기준을 지키지 못한 경우에 따르는 결과도 알려줘야 한다. "이것이 우리가 믿고, 장려하고, 측정하는 표준입니다. 그리고 이 표준에서 벗어난 행동을 하면 반드시 이런 대가를 지불하게 됩니다."

법과 기준이 필요한 이유는 그것이 어떤 사건이 발생할 때 의사결정자들이 어떤 조치를 취할지를 알려주는 행정 절차이기 때문이다. 그러나 이런 것들이 사건을 현명하고 공정하게 처리하는 데는 무척 유용하지만 우리를 거룩하게 지켜주지는 못한다. 시내 산에서 주어진 십계명은 우리의 행동 지침으로 허락된 것이다. 그 계명의 10개 중 8개는 강한 부정적 용어로 표현되어 있다. 우리는 원하는 만큼 항상 선을 행할 수는 없어도 항상 악행은 거부할 수 있다.

어떤 사역자가 유혹에 빠져서 불행한 결과를 초래했을 때는 선교단체와 교회가 협력해서 일을 처리하는 것이 이상적이다. 나는 선교단체가 은혜 충만한 반응을 보이고, 교회는 넘어진 사역자를 재활시키기에 충분한 자원과 전문가를 보유하고 있기를 바란다.

아울러 예방하는 일이 조사하고 벌하는 것보다 더 높은 가치를 갖고 있다는 것을 알기를 바란다. 교회는 성경을 잘 가르침으로써 그런 문제를 예방할 수 있다. 선교단체는 유혹이 얼마나 간교하고 만연되어 있는지를 주지시키고, 좋은 전략을 수립하고, 사람들(멤버 케어 담당자, 목회 사역자)에게 외로움과 낙담과 싸우도록 격려하고, 사역자들이 스스로를 관리하고 서로서로를 돌볼 수 있도록 권면할 수 있다.

지도자들과 목사들은 눈에 잘 띄는 만큼 거룩함과 의로움과 경건의 모델이 될 책임이 있음을 인식해야 한다. 선교단체 리더들과 목사들이 육신의 정욕을 좇아서 주님과 추종자들을 배신했을 때 얼마나 큰 파탄을 초래하는지 우리가 생생하게 보았다. 그런 행위로 인한 많은 대가, 하나님의 이름과 평판과 하나님의 사역에 미치는 손해는 도무지 계산할 수 없을 정도다.

나는 리더십 개발 코스에 훈련자로 섬긴 적이 있었는데, 당시에 우리 선교단체의 대표자를 초대해 강의를 듣는 시간이 있었다. 그는 그의 신념과 가치관에 대해 강연하기로 했다. 우리에게 얼마나 훌륭한 모델이었는지 모른다! 그 시간에 그가 미친 영향력은 그가 다른 데서 행한 어떤 리더십 강연보다 더 강력하게 우리에게 다가왔다!

우리 부부는 어느 서아프리카 수련회에서 큰 트라우마와 인명 손실, 높은 탈락율과 도덕적 타락을 경험했던 그룹에게 강연을 하는 중이었다. 수련회 마지막 시간에 그룹 대표가 앞으로 나오더니 역대하 34:31-32절을 읽었다. "왕이 자기 처소에 서서 여호와 앞에서 언약을 세우되 마음을 다하고 목숨을 다하여 여호와를 순종하고 그의 계명과 법도와 율례를 지켜 이 책에 기록된 언약의 말씀을 이루리라 하고, 예루살렘과 베냐민에 있는 자들이 다 여기에 참여하게 하매, 예루살렘 주민이 하나님 곧 그의 조상들의 하나님의 언약을 새롭게 하며 따르니라."

그 대표는 "나는 오늘 이 언약을 새롭게 세우는 바입니다"라고 말한
후 개인적으로, 그리고 공동체적으로 하나님을 전심으로 따르기로 다짐
하는 일에 동참하라고 멤버들을 초대했다.

지도자들은 옳고 그름에 대한 그들의 입장을 분명히 해야 한다. "우리
나라의 도덕적 붕괴는 부분적으로 리더십의 실패에 기인한다"라고 빌리
그레이엄이 말했다. 지도자는 공적인 입장을 밝히고 자신의 입장과 신념
을 확실히 표명해야 한다. 하나님의 우선순위를 일관성 있게 따르는 것만
으로 충분치 않다. 반드시 비전을 천명해야 한다. 아울러 경건하게 살겠
다고 분명히 다짐해야 한다.

예방을 위한 멤버 케어 담당자와 친구들의 역할

우리는 누구나 어느 영역에서든 리더의 위치에 있지 않은가? 우리는 하
나님의 말씀에 대한 묵상에서 나오는 선과 악에 대한 입장을 갖고 있는
가? 죄가 얼마나 간교하게 속임수를 쓰는지, 그리고 우리가 얼마나 곧바
로 유혹에 빠지는지 인식하고 있는가? 우리 멤버들과 동료들의 의식을
잘 알고 그들의 필요에 민감하다는 것을 보여주었는가? 과연 우리는 일
탈과 방황의 가시적 증거를 인식하고 있는가? 히브리서 2장은 신자들에
게 방황하지 말라고 경고한다. 그 다음 장들에서는 마음이 완고해지는 것
에 대해 분명히 말하고 있다. 타락의 과정은 거의 알아차릴 수 없도록 점
진적으로 진행되는 것이 확실하다. 우리는 하나님께 민감하여 우리를 그
분에게서 분리시키는 문제를 재빨리 처리해야 하고, 우리 자신부터 다음
과 같은 것들을 해야 한다.

- "종교보다 하나님의 얼굴을 더 가리는 것은 없다"는 것을 기억하라

(Plantinga, Martin Buber, *Between Man and Man*, p. 107에서 인용).

- 정치적으로 올바른 용어 뒤에 숨지 말고 죄의 악함을 그대로 인정하라.

- 죄의 대가에 대한 의식을 개발하라. 리처드 가드너의 글 "부도덕한 행위에 따른 값비싼 대가"(The High Cost of Immorality)를 읽으라.

- 은혜로운 자세를 유지하라. 하나님의 은혜와 용서를 받지 못할 사람은 없다. 갈라디아서 6:1절은 죄에 빠진 사람을 바로잡고 회복시키는 일은 성숙하고 겸손한 사람들의 몫이라고 분명하게 말한다.

- 우리가 있는 곳에서 그리스도의 몸이 되겠다고 헌신하고 그 헌신을 잘 유지하라.

- 우리 자신과 다른 사람이 방황하는 조짐을 간파하고, 용기 있게 그러나 부드럽게 지적하라. 서로 돌아보아 사랑과 선행을 격려하라(히 10:24, 25).

종종 선교단체에서 발견되는, '기독교적인' 죄라고 불리는 행위들과 사고방식이 있다. 그 가운데 내가 관찰한 것을 일부 열거해보겠다.

- 잘못된 말 사용 – 무익하고 해로운 말로 영향력을 행사하려는 것. 신랄한 말, 불평, 과장, 거짓말, 비방, 약속 파기, 거짓 맹세, 침묵하는 바람에 서로 격려하지 못하고 강건케 하지 못하는 것 등. 고의적인 거짓말은 드물고, 대체로 진실에 무관심하다.

- 기독교적 지성을 포기하기 – 먼저 우리는 마음(mind)을 다하여 하나님을 사랑하라는 명령(눅 10:27; 마 22:37)을 받았는데도 그리스도의 마음을 개발하지 못하는 것(빌 2:5ff). 나는 모어랜드(J.P. Moreland)의 훌륭한 저서 『마음을 다해 하나님을 사랑하라』(*Love your God with all your mind, NavPress*, 1997)를 강력하게 추천한다.

- 박탈감과 패배의식을 갖는 것 – "우리의 필요는 너무나 큰데 돈이 충분히 없다"는 불평. 이와 정반대는 "하나님이 일하고 계셔. 우리가 아직 못 봤을 뿐이야"하며 흥분과 기쁨과 믿음을 감추지 못하는 태도.

- 하나님에 대해 경외심과 경이로움을 품기보다 너무 잘 알고 있다는 느낌.

- 잘못된 행동을 합리화한 뒤에 그 문제를 다루기 위해 세워진 리더와 구조와 메커니즘을 공격하는 것. 악은 반드시 규제되고 제대로 다루어져야 한다. 그렇지 않으면 의로움과 의로운 사람들이 설 자리가 없어진다. 우리는 반드시 죄를 다뤄야 하고 죄를 다루는 사람들을 지지해야 한다.

- 중독과 악의 영향력에 대한 순진한 태도는 타락상을 그냥 봐주고 죄를 다루려는 노력을 지지하지 못한다. 타락한 세상에서는 모든 사람이 다 실수로 죄를 짓는 것이 아니다. 어떤 사람들은 악하다(잠 21:10을 보라).

개인적인 예방 전략

윈스턴 처칠이 "빈 가방은 바로 세우기 어렵다"라고 말한 것으로 전해지는데, 이는 우리의 성품(신념, 행위 등)을 온전하고 올곧고 고결하게 다듬는 것은 우리의 개인적 책임이란 뜻으로 나는 이해한다.

고결성(integrity)이란 건전한 도덕적 원칙, 그리고 특히 진실과 공정성과 관련된 순결한 미덕을 지닌 성품, 올곧음과 정직성과 성실성을 의미한다. 이는 위선과 이중성에서 자유롭고 정직하고 단도직입적인 성품을 말한다. 이런 단어들은 의로움을 잘 묘사하는 것들이다.

잠언 11:3절은 고결성이 지혜의 일부이고 정직한 자의 소유라고 말한다. 그래서 고결성을 소유한 사람은 하나님의 뜻을 분별하고 실행하고자 하는 열망과 능력을 갖고 있어야 한다. 우리를 올곧게 만들어주는 것은 하나님께 열린 마음이다.

고결성에는 두 가지 측면이 있다. 하나는 선을 지향하는 태도이고, 다른 하나는 악을 인식하고 악을 거부하는 태도이다. 우리는 우리의 입장을 천명할 용기가 있어야 한다. 이 이중적 자세에 함축되어 있는 것은 어떤 기준에 바탕을 둔 분별력이다. 우리가 가진 유일한 기준은 전혀 오류가 없고 성령의 영감을 받은 하나님의 말씀이다. 이 말씀은 모든 문화에 해당되는 진리이다. "단단한 음식은 장성한 자의 것이니 그들은 지각을 사용함으로 연단을 받아 선악을 분별하는 자들이니라."(히브리서 5:14)

우리가 하나님의 말씀을 마음에 두려면 하나님의 말씀을 알아야만 한다. 오늘처럼 사람들이 성경에 무지한 시대에는 내가 성경을 공부하고, 묵상하고 그 진리를 따르기 위해 성숙한 자질과 분별력을 개발하겠다는 강한 결단과 지속적인 노력이 반드시 필요하다. 우리는 멘토나 코치와 책임관계를 맺으라고 격려하고 싶다.

한 걸음 더 나아가, 우리는 다음 단계들을 고려해보라고 권한다.

1. 우리가 맨 먼저 할 일은(선을 행하고 악을 구별하는) **분별력 있는 성경적 통찰력을 보여주고 장려하는 것이다.** 이 통찰력은 순진함을 떨쳐버리고, 동기에 대한 판단을 하나님께 맡기고, 죄에 대해 단호하되 은혜로운 자세를 취하는 것을 말한다. 우리가 인생을 헌신한 그 구원자의 좋은 소식은 죄에 대한 나쁜 소식이 없으면 의미가 없다. 그런데 선과 악을 가르는 선은 사람과 사람 사이를 통과하는 게 아니라 각 사람의 마음 중간을 관통한다(솔제니친). 따라서 "잘못을 저지를 수 있는 인간 능력을 과소평가하는

것은 끔찍한 실수다"(Plantinga, p.1). 우리는 순진한 상태에 머무를 수 없다.

게일 맥도널드는 로저 굴드(Roger Gould)의 책, 『인생의 경로』(The Course of Life)를 인용한 적이 있다. "…어릴 때부터 사람들은 굉장히 부정확한 가정(假定)을 품고 산다. 그 중에 하나는 '내 안에는 미지의 중요한 내적 세력이 없으며, 내 삶 속에는 공존하는 복수의 상충되는 실체들이 없다'고 생각하는 것이다"(G. MacDonald, p.189). 우리가 온전하게 예수님을 좇으려 한다면 우리의 자기기만을 인정하지 않으면 안 된다.

2. 두 번째로 할 일은 **점차 하락하는 타락의 패턴을 인식하는 것**이다. 그 어떤 법과 규칙, 규정, 나를 책임지는 사람, 조직이라도 우리를 거룩하게 지켜주기에는 역부족이다. "중요한 것은 우리가 어떤 규칙을 지키느냐가 아니라 우리의 중심이 어떤 사람이냐 하는 것이다"(C. S. 루이스). 우리의 마음을 하나님의 인정을 받는데 고정시키고(딤후 2:15), 거룩함이 없이는 아무도 주님을 볼 수 없는 만큼(히 12:14) 열심히 거룩함을 추구하고, 그 거룩함에 은혜가 스며들게 하자(히 12:15).

아무도 어느 날 아침에 일어나서 뜬금없이 "오늘 나는 내 생애와 사역을 망칠 것으로 믿는다"라고 생각하지 않는다. 보통은 죄에 빠지는 길이 다음 일곱 단계를 거치게 된다.

1. 욕구를 느낀다(외로움, 충족되지 않은 성욕, 지루함)
2. 낙담한다("내가 원하고 내게 필요한 것을 얻지 못할 거야")
3. 유혹이 가까이 있다("얼마나 멋진 우연의 일치인가!")
4. 공상에 빠진다("내가 이렇게 한다면…")
5. 마음을 품는다("단 한 번만…아무도 모를 거야")
6. 행동으로 옮긴다(이미 끝났다)
7. 반응한다(다음 네 가지 중 하나일 것이다)

a. 은폐, 반복, 합리화, 둔한 양심, 기만, 완고한 마음, 죄에 대한 욕망의 증대.

b. 죄에 대한 깨달음, 회개, 자백, 결과 직면, 회복과정에의 진입, 마침내 회복됨

c. 발각됨 – 폭로, 당황, 수치, 분노

- 회개할 경우에는 b로 가라

- 분노, 후회, 투사, 비난, 비통이 따를 경우에는 a에 나온 행위를 예상하라

d. 죄에 대한 깨달음, 죄책감, 후회, 치유 없이 상처가 곪음, 미해결 상태. 사역을 그만둔다. 후회는 회개가 아니다.

3. 우리가 할 수 있는 세 번째 일은 우리 자신과 다른 사람의 **방황에 민감한 반응을 보이는 것**이다. 만일 어떤 동료가 고립된 곳에서 낙담하는 듯 보이면, 그(녀)는 자기 욕구를 채우고 스스로를 위로하고 싶어서 여러 가지 유혹을 받고 있을지 모른다. 가까이 다가가서 최대한 도움을 주라.

4. 우리가 할 수 있는 네 번째 일은 **우리의 개인적 신념을 공개적으로 표명하는 일에 리더십을 발휘하는 것**이다. "리더십이 없는 시기에는 사회(와 기관들)가 정체되는 법이다"(미국 대통령 H. 트루먼). 고결성과 의로움을 갖춘 리더십이 반드시 있어야 한다. 우리가 일탈의 징표를 알고 주의를 기울이려면 게일 맥도날드가 『한 걸음 더 멀리, 더 높이』(*A Step Further and Higher*)에서 제안한 사항들을 주목할 필요가 있다.

a. 입단속을 잘 못하고 말을 함부로 한다. 대화의 주제로 선택된 것, 다른 사람에 대한 태도, 사건에 대한 긍정적 또는 부정적 관점, 남을 격려하고 칭찬하려는 노력, 비통함이나 기쁨의 표현 등을 주목하라.

누가복음 6:43-45절(나무와 그 열매에 대한 언급)을 읽으라. "자기를 부지런히 살피는 사람은 다른 사람에 대해 잘 말하지 않는다"(토마스 아켐피스).

b. 성경과 예수님의 인격보다는 사람을 우리 행동의 표준으로 삼는다.

c. 불평 또는 자기 연민.

d. 사소한 과업과 쉽게 바뀌는 인간관계에 대한 과도한 투자.

e. 내적 기만

f. 하나님의 법에 불순종하는 길을 선택하는 것.

"하나님이여, 나를 살피사 내 마음을 아시며 나를 시험하사 내 뜻을 아옵소서. 내게 무슨 악한 행위가 있나 보시고 나를 영원한 길로 인도하소서"(시 139:23-24).

"단단한 음식은 장성한 자의 것이니 그들은 지각을 사용함으로 연단을 받아 선악을 분별하는 자들이니라"(히 5:14).

도덕적 실패를 다루는 지침

도덕적 실패는 일어나기 마련이다. 우리는 지금까지 우리 자신과 다른 사람들이 그런 실패를 예방하는 법에 대해 논의했다. 그런데 우리가 책임지는 영역에서 그런 문제가 발생하면 우리는 어떻게 다뤄야 하는가?

그것이 사실인가?

책임자는 어떤 조치를 취하기 전에 자기가 입수한 정보가 사실인지를 반드시 확인해야 한다. 그 정보의 출처가 믿을 만해야 하고 단순한 의혹이

어서는 안 된다. 가능하면 직접 관찰해야 한다. 그 정보에 대해 멤버 케어 촉진자(MCF)나 리더 또는 다른 적격자가 사실여부를 확인해야 한다.

> MCF : 요즘 무척 슬퍼 보이는데 내가 도울 일이 있나요?
>
> 사역자: 아니요, 아내가 내게 화를 많이 내요.
>
> MCF : 왜 그런지 말해 줄 수 있나요?
>
> 사역자: 아내가 아이들을 데리고 친정으로 돌아갈 생각을 하고 있어요.
>
> MCF : 저런! 뭔가 크게 잘못된 것 같군요. 함께 얘기할까요.
>
> 사역자: 내가 그동안 인터넷 포르노를 좀 보곤 했는데, 아내가 싫어해요.
>
> MCF : 함께 얘기할 필요가 있는 문제이군요. 우리 단체의 행동기준에 대해
> 잘 알고 있나요?
>
> 사역자: 네.
>
> MCF : 그러면 당신 아내와 함께 이 문제에 대해 얘기합시다.

사례 연구 #7 인터넷 포르노 중독

L 형제가 인터넷 포르노에 중독되었고 결국 그의 아내에게 발각되었다. 그는 아내에게 많이 보지 않았을 뿐더러 그녀가 참견할 일이 아니라고 했다. 그는 아무에게도 해를 끼치지 않는다고 생각했다. 그래도 아내는 고민이 되어 선배 남자 동료에게 상담을 요청했다. 그 동료가 L 형제에게 연락해서 그와 대화를 나누게 되었다.

L 형제는 아내에게 했던 말을 그 동료에게도 했다. 그러나 그 동료는 L 형제에게 그의 행위는 그 자신의 마음과 그의 아내, 그의 자녀들과 현지 신자들에게 상처를 준다고 도전했다. 이 행위는 명백히 거룩한 삶의 행동 기준을 위반하는 죄였다. 죄라는 것은 오로지 자백하고 회개하고 배상하며 결과를 감수해야만 처리될 수 있다.

그 동료는 L 형제의 행위를 담당 리더에게 보고했고, L 형제와 나눈 대화에 대해서도 사역 대표에게 보고했다.

대표는 L 형제의 파송교회 목사와 상의했고, 그 결과 L 형제에게 사역을 중단하도록 통보했고, 중독에 대한 상담을 받게 했으며, 가족의 신뢰를 되찾기 위한 단계를 밟도록 했다. 아울러 그에게 책임을 물을 사람과 멘토를 붙여주었고, 멘토의 감독 아래 회복의 과정을 거치게 되었다.

멘토가 L 형제가 사역에 복귀해도 괜찮겠다는 확신이 들었을 때, 멘토는 징계를 결정했던 파송교회 목사에게 그 상황을 보고했다. 하지만 L 형제는 이후에도 계속 그의 멘토와 책임관계를 갖게 되었다.

바람직한 단계

그러면 리더나 책임자는 다음 단계들을 거치면 좋다.

1. 누군가 죄를 짓는 모습을 보게 되면, 목격한 사람이 당사자와 대면하여 그에게 도전할 책임이 있다. 기도를 많이 한 뒤에 부드러운 태도로 그렇게 해야 한다(갈 6:1).

2. 당사자가 죄를 고백하고 진정한 회개를 하면, 당분간 사역을 중단하게 해야 한다. 그 목적은 당사자가 스스로 깊이 반성하고(내가 왜 이 죄에 빠지게 됐나?) 장차 어떻게 할 것인지 결단하게 하려는 것이다(이런 일이 다시는 없을 것임을 내가 어떻게 보장할 수 있는가?). 이 조치를 취할 때는 경건한 멘토에 해당하는 리더나 연장자를 동반해야 한다. 이 사람이 장차 당사자에게 책임을 묻게 될 것이기 때문이다. 당사자가 그 행위의 이유를 잘 이해하고 다시는 죄에 빠지지 않도록 적절한 생활방식을 영위한다는 확신이 멘토에게 들었을 때에만 그 형제 또는 자매는 사역에 복귀할 수 있다.

3. 만약 죄를 범한 형제나 자매가 계속 죄 가운데 머문다면, 즉 죄를 자백하지 않고 회개를 거부한다면 그를 사역에서 퇴출시켜야 한다.

4. 그 죄스러운 행위가 타인에게 피해를 주었다면 피해자에게 잘못을 고백해야 한다. 당사자는 또한 적절한 배상을 할 용의가 있어야 한다. 배우자의 신의를 깨뜨렸다면 그 배우자에게 용서를 구해야 할 뿐 아니라 신뢰를 되찾기 위해 온갖 노력을 기꺼이 기울여야 한다.

5. 선교단체의 대표와 파송교회의 목사는 그런 사건에 대해 충분한 정보를 얻고 또 인식하고 있어야 한다. 첫 조치를 취할 때부터 잘 알고 있어야 하고, 회복을 위한 계획에 나름대로 기여해야 한다. 죄를 범한 형제가 얼마 동안 반성한 뒤에 사역에 복귀하는 것을 허락하는 권한이 그들에게 있기 때문이다

사례 연구 #8 험담의 문제

새내기에 가까운 여성 사역자가 뒷공론을 일삼고 남을 비판하고, 여러 모양으로 나쁜 감정을 불러일으키고 불만을 토로하고 있다고 가정해보라. 물론 불법 행위는 아니지만 사역 동료들과 친구들 사이에 불화와 분쟁과 분열을 일으킨다. 게다가 현지 신자들의 눈에도 잘 보인다. 뿐만 아니라, 그녀의 자녀들에게도 나쁜 본보기가 되는 만큼 그냥 방치하면 안 된다.

그런데 누가 무슨 조치를 취할 것인가? 다음 단계를 밟으라고 제안한다.

1. 가능하면 동료 중에(여성) 연장자 또는 방문 중인 목사의 사모가 그 젊은 여성에게 권고하는 게 좋고(딛 2:1-5), 그 행위를 부드럽게 지적하면서 많은 멤버들에게 상처를 주고 있다고 말할 필요가 있다.

2. 여성 연장자가 없을 때는 그 그룹의 리더가 그 역할을 해야 하는데, 역시 부드럽게 가능한 한 수치심을 유발하지 않도록 조심해야 한다.

3. 만약 그 여성이 그 행위에 대한 책임을 수용하면, 만약 뉘우치고 회개하면, 그리고 그리스도 안에서 성장하고 싶은 마음이 있다면, 그녀와 그 문제를 지적한 사람(리더, 연장자, 또는 사모)이 실행할 수 있는 계획을 세워

야 한다. 그 성장 계획은 말과 혀의 위력에 관한 성경적 진리 등을 포함해야 하고, 그녀를 모니터하는 방법과 유익하고 긍정적인 언어습관을 개발하는 법도 제시해야 한다.

4. 만약 그 여성이 화를 내며 자기 행위를 부인하거나 '누구나 이런 식으로 말한다'고 주장하면, 그녀에게 모든 사람에게 모범이 되어야 한다고 도전해야 한다. 디모데전서 4:12절은 "너는 오직 말과 행실에 있어서 믿는 자에게 본이 되어…"라고 권면한다.

5. 만약 그녀가 여전히 잘못된 언어습관을 인정하길 거부한다면, 대표가 서명한 책망하는 편지를 그녀에게 줘야 한다. 아울러 앞으로 혀의 통제에 진보가 있는지 관찰해야 한다.

6. 만약 그녀가 선의의 책망을 받아들이지 않고 쓴 감정이 생기게 되면 사역을 오염시킬 가능성이 많다. 히브리서 12:15절은 쓴 뿌리가 나고, 문제를 일으키고, 많은 사람을 오염시키는 것에 대해 말한다. 이런 경우에는 리더가 파송교회의 목사와 상의하여 더 강력한 징계를 고려할 수 있고 심지어 사역을 그만두게 할 수도 있다.

그러나 이 여성이 신참에 가까운 사역자임을 주목하라. 어쩌면 그녀가 욕구 불만과 문화충격을 느끼고 있는지도 모른다. 멤버 케어 촉진자나 리더는 그 여성이 어려움에 압도당해서 도움을 간청하고 있을 수도 있음을 고려해야 한다. 우리는 그런 행위의 배후에 있을 수 있는 원인을 깊이 탐구하지도 않은 채 선불리 판단하는 일을 삼가야 한다.

홀륭한 목사이며 교회 지도자로 이름난 고든 맥도날드 목사는 여러 해 전 목회하다가 간음죄에 빠졌었다. 이후에 그는 자백과 회개, 그리고 목회 지도자 세 명의 감독 아래 엄중한 회복 프로그램을 모두 거친 뒤에 복권이 되었고, 그 결과 자기에 대한 큰 통찰, 연민, 겸손, 하나님의 은혜에 대한 감사를 경험하게 되었다. 그의 책, 『무너진 세계를 재건하라』

(*Rebuilding Your Broken World*, 1988)에서 다음과 같이 말하고 있다.

교회 안팎에는 무너진 세계를 안고 사는 사람들이 결코 적지 않다. 그들은 자기를 이해해줄 사람과 지혜로운 귀를 갈망하고 있으며, 사태를 새롭게 바로 잡을 기회를 제공하게 될 사면(赦免)을 간절히 바란다. 만약 그들이 올바른 정신을 갖고 있다면, 그들은 자신들의 죄가 줄어들거나 간과되길 요청하지 않고, 아무 일도 없었던 것처럼 봐달라고 요청하지 않을 것이다. 그들이 구하는 바는 그리스도의 십자가가 제공했던 것이다. 즉 값없이 받는 은혜, 온전한 치유, 쓸모 있는 사람으로 회복되는 것이다(p. 222).

나는 우리 역시 치유의 중개자와 하나님의 은혜의 공급자가 되어야 한다고 믿는다.

다니엘 11:35절은 "또 그들 중 지혜로운 자 몇 사람이 몰락하여, 무리 중에서 연단을 받아 정결하게 되며 희게 되어, 마지막 때까지 이르게 하리니…"라고 말한다. 지도자와 목사, 멤버 케어 담당자, 그리고 멘토나 코치로 섬기는 모든 사람은 은혜와 연민을 겸비해야 하고, 죄에 빠진 이들을 재활시키고 회복시킬 수 있도록 노력해야 한다. 우리 모두는 연약한 사람들이다. 누구나 인생의 어떤 시점에 큰 은혜와 긍휼이 필요할 것이다. 하나님의 풍성한 은혜와 긍휼은 모두에게 열려있고, 그리스도의 십자가 죽음에 의해 누구나 받을 수 있게 되었다.

이제 우리는 유다와 함께 이렇게 기도하자. "능히 너희를 보호하사 거침이 없게 하시고 너희로 그 영광 앞에 흠이 없이 기쁨으로 서게 하실 이, 곧 우리 구주 홀로 하나이신 하나님께 우리 주 예수 그리스도로 말미암아 영광과 위엄과 권력과 권세가 영원 전부터 이제와 영원토록 있을지어다. 아멘"(유 24-25).

참고문헌

글

Gardner, Richard A. 2000. "The High Cost of Immorality." Dallas, TX: Counseling Department Bulletin.

책

Arterburn, Stephen. 2000. *Every man's battle*. Waterbrook Press: Colorado Springs, Colorado. 『모든 남자의 참을 수 없는 유혹』(좋은씨앗).

Brooks, Thomas. c. 1650. *Precious Remedies Against Satan's Devices*. GLH Publishing.

Ethridge, Shannon. 2009. *Every woman's battle*. Waterbrook Press: Colorado Springs, Colorado. 『모든 젊은 여자의 순결 전쟁』(사랑플러스).

Fleagle, Arnolld R. and Donald A. Lichi. 2011. *Broken Windows of the Soul*. Camp Hill, Pennsylvania: Wing Spread Publishers.

Israel, Seun. 2003. *Sexual Battles: Experiencing lasting victory over sexual sin*. (Ebook). Forerunner Publishing House.

Lohrmann, Daniel J. 2008. *Virtual Integrity*. Grand Rapids, MI: BrazonsPress.

MacDonald, Gail. 1993. *A Step Farther and Higher*. Portland, Oregon: Multnomah Press.

MacDonald, Gordon. 2004. *Rebuilding Your Broken World*. Nashville, Tennessee: Thomas Nelson. 『무너진 세계를 재건하라』(비전북).

Moreland, J.P. 1997. *Love your God with all your mind*. Colorado Springs, Colorado: NavPress. 『그리스도를 향하는 지성』(죠이선교회).

Parshall, Janet and Craig. 2000. *The Light in the City*. Nashville, Tennessee: Thomas Nelson.

Planginga, Cornelius, Jr. 2009. *Not the way it's supposed to be: A breviary of sin*. Grand Rapids, MI: Wm. B. Eerdmans Publishing.

Roberts, Ted. 1999. *Pure Desire*. Ventura, California: Regal Books.

Smedes, Lewis B. 1983. *Mere Morality: What God expects from ordinary people*. Grand Rapids, MI: Wm. B. Eerdmans Publishing.

Thrall, Bill, Bruce McNicol and John Lynch. 2004. *True Faced*. Colorado Springs, Colorado: NavPress.

누가	단계		
	준비 단계	현지 단계	재입국 단계
사역자 자신	• 악을 익숙하고 유혹에 악하다는 것을 알라 • 철저히 고결성을 지키라 - 하나님의 말씀을 순종하고 죄를 멀리 하라 • 멘토에게 책임을 지라	• 배우자/가까운 친구/멘토와 솔직하고 열린 관계, 신뢰 관계를 개발하라 • 영적으로, 정서적으로, 관계 면에서 건강을 유지하기 위해 자신을 보살피라 • 고민이 있으면 도움을 구하라	• 하나님을 앙망하고, 수양회에 참여하거나 멘토를 만나라 • 온전한 회복을 추구하라. 조언을 잘 받고 순복하며, 건강과 탄력성을 도모하는 새로운 전략을 짜라
친구들, 지원팀, 동료들	• 피드백이나 책망이나 충고를 주면 잘 받아들이는 믿을 만한 친구가 되라	• 지속적인 의사소통으로 사역자가 정말로 어떻게 지내는지 파악하라 • 판단하지 않는 열린 자세로 고민을 듣되 실패를 그냥 봐주거나 인제하지 말라	• 친구가 되라 • 잘못된 행동을 정당화하지 말고 어려움에 빠진 친구를 지지해주라
교회, 파송단체	• 행동기준, 정책, 절차를 수립하고 알려주라 • 지도자로서 은혜와 더불어 거룩함/고결함에 대해 가르치고 본을 보이라 • 오리엔테이션 때 도덕적 타락의 과정, 고결성의 기준, 정책과 절차에 대해 가르치라	• 도덕적 타락의 경우 관련된 모든 부서/사람과 함께 처리하라 • 온전한 회복과 관련된 정책을 실행하기 위해 성숙한 사람/전문가를 포함시키라	• 알아야 하는 사람들에게 그 사건을 보고하라 • 디브리핑을 반드시 하라 • 온전한 회복이 이루어질 때까지 취업 휴속 조치를 계획하라 • 멘토를 붙여주라 • 만약 도덕적 실패로 인해 사역을 끝내야 할 경우 전환 계획을 잘 세우라
멤버 케어 담당자	• 은혜와 진리/고결성으로 충만한 개인적 관계를 개발하라 • 건강한 삶에 대한 자료와 조언을 수많하라	• 사역자의 요구에 민감하라 • 죄에 점차 빠져들 때 보이는 증상들을 감지하라 • 누군가의 죄를 지적할 때는 지혜롭게, 용기 있게, 부드럽게 하라	• 격려하고, 충고하고, 희망을 품게 하라 • 본국 귀환 계획을 안내하고 지원하라 • 도덕적 실패를 경험한 사람을 용납하기 • 어려워하는 사람들이 잘 이해하도록 도우라
전문가	• 가정 폭력, 아동 학대, 도덕적 타락의 예방에 관한 세미나 • 과거에 연연하지 않도록 상담하기	• 인터넷 포르노 차단과 이동 학대 등에 관한 세미나 • 고민하는 사람들을 지도하기 • 문제 조사 팀에 합류하기	• 도덕적 문제를 다루는 사람들을 자문해주기 • 피해자와 가해자를 위한 상담

16

돈: 재정 모금과 친구관계

교훈이 깃든 이야기

게리와 도치 코윈은 하나님께서 아프리카에서 장기 타문화 사역을 하도록 인도하시는 것 같아서 주님 앞에 양털 시험을 하고픈 생각이 들었다. 주님이 후원금의 대부분을 자기네가 잘 알고 있고 함께 사역했던 교회들과 개인들을 통해 채워주심으로 그분의 인도를 확인하게 해달라고 기도했다.

그들의 최대의 두려움 중 하나는 기도 후원의 부족이었다. 그들은 미국 곳곳에 산재하는 교회 게시판들에 붙여진 얼굴 없는 오십 명 중의 하나가 되고 싶지 않았다. 그들을 잘 알고 그들에게 관심이 있고 그들과 그들의 사역을 위해 기도하는 후원자들을 원했다. 또한 그들이 혹시 주님의 인도를 잘못 해석하고 있을지도 몰라서, 만약 그렇다면 하나님께서 달리 보여주실 기회를 드리고 싶었다. 또는 어쩌면 그들이 떠나기 전에 사람들의 삶에 더 깊이 개입하고 싶었는지도 모른다. 결과적으로, 그들의 후원금이 7개월 만에 채워졌고, 후원자 대다수가 사역과 사역지가 여러 번 바뀌었는데도 20년 이상 변함없이 후원하고 있다. 그들은 후원금을 모금하는 사람들에게 그 방법을 추천한다(*Introducing World Missions*, pp. 195-196).

메리(가명)는 남편과 아이들과 함께 선교 현장에서 여러 해를 보냈다. 부부 모두 간염에 걸려 현지를 떠나 무한정 귀국하라는 충고를 받았다. 두 사람 모두 고도의 전문기술을 갖고 있었기에 직업 현장에 재진입해서 네 명의 자녀를 잘 양육했다. 여러 해 동안 건강한 삶을 살다가 메리의 남편이 병에 걸려 죽고 말았다. 당시 메리는 이미 은퇴했지만 은퇴 생활이 만족스럽지 않아서 다시 선교지에 돌아가고 싶은 열망이 타올랐다.

메리의 교회는 단기선교 팀을 아시아의 오지로 보내고 있었다. 그 선교 팀에 속하려면 여행경비와 현지 체류 생활비를 모금해야 했다. 메리는 직장생활을 하는 동안 상당한 봉급을 받았기 때문에 스스로 쉽게 재정을 감당할 수 있었다. 하지만 후원하는 사람이 보통 기도도 한다는 것과 그녀에게 그 어려운 여정을 위한 기도 후원이 절실히 필요하다는 것을 깨달았다.

메리는 "후원 요청을 하려면 내가 아주 낮아져야 한다는 것"을 알게 되었다고 한다. 그리고 이것이 바로 신앙적 방법으로 후원금을 구하는 기독교 타문화 사역자 대다수의 경험이다.

후원금을 마련하는 세 가지 방법

후원금을 마련하는 첫 번째 방법은 텐트 메이킹(tent-making)이다. 보통은 사역자가 창의적 접근지역으로 가서 장기간 거기서 섬기고자 한다. 그는 어떤 기술이 있거나 창업에 필요한 창의적 아이디어를 갖고 있거나, 그 나라의 현행 산업에 진입할 수 있는 능력이 있다. 이 개인이나 가족은 이런 텐트 메이킹을 통해 생활비를 번다. 독자들은 고린도에서 바울과 아굴라가 선택했던 모델이었다는 것을 기억하리라.

텐트 메이킹은 여러 종류가 있다. 가령, 대학교에서 영어를 가르칠 능력이 있는 사람은 그런 직업을 구할 수 있다. 이런 사람은 그 일을 하나의 사역으로 보고 본국의 교회와 친구들에게 후원을 요청하기도 한다. 이와 비슷한 개념으로는 비즈니스 선교(Business as Mission, BAM) 또는 선교적 비즈니스(Missional Business) 등이 있다. 이런 접근들 간의 차이점은 관련 문헌에서 논의되고 있는 만큼, 여기서는 재정 모금의 측면에서만 살펴보고자 한다.

후원교회와 친구들은 보통은 텐트 메이킹을 통해 사역자에게 필요한 모든 재정이 다 채워질 수 없다는 것을 알 필요가 있다. 그들이 몸담은 '비즈니스'는 사역자로 하여금 그 나라에 머물 수 있게 해주고 그 나라 사람들과 만나는 연결점을 제공하는 수단이라 할 수 있다. 대부분의 경우 이 사역자들은 후원교회와 친구들의 후원이 여전히 필요하다.

두 번째는 봉급을 받는 방법이다. 일부 큰 교단은 그 교단과 소속 교회들에게 재정 후원을 요청하여 그 교단 소속으로 나가는 사역자들에게 모든 재정을 공급한다.

세 번째는 신앙적 방법이다. 게리와 도치 코윈, 그리고 메리가 좋은 예들이다. 우리 부부 역시 이 방법을 사용해서 54년 동안 선교사역을 수행했다.

타문화 사역자(가정)를 위한 예산 샘플은 부록 10을 보라.

장점과 단점

각 방법은 장점과 단점이 있다. 텐트 메이커들은 그 나라에 필요한 서비스를 제공하므로 현지인들과 현지 당국에게 합법적인 사업가들로 비춰진다. 반면에 사역을 수행하는 시간이 매우 제한되고, 겉으로 드러나지 않게 조용히 일해야 한다. 아울러 텐트 메이커들은 소위 전임사역에 필요한 만큼의 언어와 문화를 배울 시간이 없을 것이다.

봉급을 받는 방법이 매력적인 깃은 사역자가 매달 받을 금액을 정확하게 알기 때문이다. 따라서 쉽게 예산과 계획을 세울 수 있고, 후원이 끊어질 수 있다는 염려에서 해방될 수 있다. 후원금은 후원자가 죽거나 비전을 잃을 때 단절될 수 있고, 후원금이 줄면 충당할 방법을 찾아야 하기 때문이다(교회에 변동이 생기는 것도 이 방법으로 후원받는 사람들에게 염려를 안겨준다. 만약 담임목사가 바뀌고 새로운 목사가 선교 전략에 대한 나름의 아이디어를 갖고 있다면 현재 해외에서 섬기는 사역자들에게 보내는 후원을 즉시 중단할 수도 있다. 또는 교회가 분열되면 파송교회에 남은 사람들에게 해외사역에 보낼 재정이 없을 수도 있다.)

이런 염려가 봉급을 받는 사역자에게는 없지만 신앙적 방법으로 후원을 받는 자들에게는 상당히 많은 편이다. 개인 후원자의 삶이나 파송교회에 생기는 변동은 직접 후원금에 영향을 주기 때문이다.

그러나 신앙적 방법은 중요한 장점들을 갖고 있다. 그 중에 하나는 메리가 선교 여행을 위해 모금해야만 했을 때 경험했던 것이다. 재정 후원자는 종종 기도하는 사람인즉 타문화 사역자에게는 그런 기도가 절실히 필요하다. 그들은 또한 사역에도 깊은 관심이 있어서 다른 방법으로도 참여하고 싶어 한다. 예컨대, 돌보는 일, 의사 결정에 참여하는 일, 뜻밖의 필요에 부응하여 별도의 재정이나 자원을 보내는 일과 같은 것이다.

후원자와 접촉하는 법

우리가 다룰 이슈는 예비 선교사가 어떻게 잠재적 후원자들을 접촉하는
가 하는 문제다. 오랜 역사를 가진 일부 보수단체들은 조지 뮬러를 비롯
한 초기 사역자들을 좇아 오직 하나님께만 의존하여 후원을 구하는 행습
을 실천하고 있다. 이 단체들은 보통 공공연한 요청을 하지 말고 필요를
놓고 기도하도록 권한다.

신앙에 바탕을 둔(faith-based) 기관의 사역자들, 특히 '오직 하나님만
의지하고, 하나님께서 후원자의 마음을 움직이도록 그분께 간구하여 필
요를 채우려는' 사람들이 직면하는 유혹들이 있다. 그 중에 하나는 잠재
적 후원자 근처에서 기도하고픈 유혹이나 직접적 요청은 하지 않지만
'우리의 필요를 알게' 하는 교묘한 방법을 찾고 싶은 유혹이다.

이렇게 기도만 하는 방법이 과거에는 상당히 효과적이었지만, 갈수록
더 잠재적 후원자들은 사역자로부터 필요한 후원금의 규모와 선교지 생
활비에 대한 분명한 정보를 받고 싶어 한다. 본인의 필요를 명백히 알려
주길 개인 후원자들과 교회, 그리고 자선기관이 기대하는 것이다. 따라서
필요한 재정을 구체적으로 또 노골적으로 요청하게 되는데, 이를 사역자
는 '구걸하는' 것처럼 느낄 수 있다. 사실 많은 사역자는 '재정 모금'을 하
는 것을 무척 싫어한다.

예비 선교사가 재정적 필요를 얘기할 대상을 찾는 것도 쉽지 않다. 요
즘에는 이런 사역자들에게 교회의 강단에서 선교사역을 소개할 기회가
잘 주어지지 않기 때문에 주일학교 교실과 가정 모임, 그리고 친구들이
만든 모임에 국한되는 경우가 많다. 그리고 때로는 교회 리더십이 사역자
의 소속 단체를 잘 몰라서 이런 모임조차 찾아가기 어려운 경우도 있다.

선교사역을 잘 소개하는 사람은 보통 말을 잘 하는 사람이다. 예컨대,

과거에 있었던 등골이 오싹한 이야기를 들려주는 사람, 자신을 "투자 가치가 있는" 인물로 서슴없이 내놓는 사람, '적극적 판매' 전략을 거침없이 구사하는 사람, 심지어는 회중을 구워삶아 즉시 후원 결단을 내리게 하는 사람 등이다. 이런 모습이 차분하고 양심적이며 겸손한 사역자들에게는 아주 불쾌할 수 있다. 처음 선교지에 나가는 사람은 들려줄 성공담이 없다. 어떤 사역자들은 크게 성공하지 못한 채 수년간 성실히 섬긴 후 돌아오기도 한다. 이런 사역자들이 성공담을 들려준다면 그것은 일종의 기만일 것이다. 비록 성공을 거두진 못했지만 후원금이 꾸준하게 들어오는 것은 회중이 후원할 만한 가치가 있다고 확신하고, 또한 그럴 만한 증거가 있기 때문이라고 그들은 생각한다.

다섯 가지 경향

재정 모금 전략에 대해 논의하기 전에 먼저 전반적인 사역과 특히 타문화권 사역을 위해 후원금을 내는 것과 관련된 최근 북아메리카의 동향을 언급하고 싶다. 여기서는 다섯 가지 동향을 얘기할까 한다. 첫째, 북미의 교회들이 청소년 팀, 기술자 중심 팀, 또는 재난 구조팀과 같은 단기 사역자들에게 갈수록 더 많이 후원하는 경향이 있다. 장기 선교사역은 장기적인 재정 헌신을 요구하는데, 많은 후원자들이 그렇게 하길 주저한다. 이처럼 장기 선교사들의 후원을 주저하는 것은 토착 사역자의 후원과 비교할 때 그 비용의 차이가 큰 것과 관련이 있다. 후자는 자기 나라에 살면서 자기 언어로 말하며 생활비도 별로 들지 않아서 북미의 한 가정을 보낼 때 드는 비용과는 현격한 차이가 있기 때문이다.

두 번째 경향은 헌금과 선교사역에 대한 태도에서 드러나는 세대차이다. 모로우, 코윈, 맥기의 책에 나오는 선교 재정에 관한 논의를 인용한다.

…아주 오랫동안 선교 재정을 후원해 왔던 세대가 나이가 들어 사라졌고, 이후 세대들의 신학이 내리막길을 걸었다(특히 복음을 전혀 들어보지 못한 자들의 멸망에 관해서). 실제로 북미의 그리스도인들은 재정적 헌신이 돋보였던 세대의 퇴진(과 사망)을 목격하고, 부(富)가 관대함보다는 탐욕으로 채색된 세대로 넘어가는 현상을 목도하고 있다(p. 283).

세 번째 경향은 북미 경제와 관계가 있다. 위 책에서 다시 인용하겠다.

"보고된 바로는 미국 해외선교단체의 수입은 1999년 30억 달러에 약간 못 미쳤다. 1996년에서 1999년 사이에 인플레이션을 고려해도 21퍼센트 이상 증가했으며, 이 증가는 폭넓은 기반을 갖고 있었다(Moreau 2000c, 34,45). 이는 좋은 소식이다, 하지만 1999년 미국인들이 61억 달러를 컴퓨터 게임에 썼으며, 버거킹은 100억 달러 이상의 매출을 올렸다는 사실에 비추어 생각할 필요가 있다!"(p. 283)

최신 통계로 바꾸자면 2008년 경제 위기에 주목해야 하는데, 북미는 아직도 그 위기에서 회복되지 못한 상황이다.

경제적 요인들, 부채, 일자리 부족, 직업 변경, 맞벌이 부부, 그리고 미국과 글로벌 경제의 변동은 종종 안정되고 평생 보장되는 직업을 쇠퇴시키고 대신에 안정성이 더 낮은 직업과 더 빈번한 직업 변경, 그리고 새로운 훈련과 교육의 지속적인 필요를 불러일으키고 있다. 이 역학은 젊은이로 하여금 학업을 연장하고, 결혼을 미루고, 그리고…옵션을 극대화하고 헌신을 미루는 전반적인 심리 상태로 몰아간다(IBMR, p. 82, April, 2013).

네 번째 경향은 오늘날 북미 청년들이 연민과 공의와 다양성과 관련된 원인에 관심이 있다는 것이다. 리처드슨은 말하기를 "수많은 청년들에게는 복음전도와 연민 사이에, 또는 예수와 공의 사이에 이분법이 존재하지 않는다. 젊은 세대의 선교적 상상력을 붙드는 원인들에는 예컨대 현대판 노예매매(그리고 성 매매)와 AIDS 예방과 치료 같은 것이 포함되어 있다"(IBMR, p. 81).

복음전도와 교회개척, 성경 번역을 위한 언어 사역은 장기적 헌신이 필요하고 즉각적인 성공을 거의 기대할 수 없다.

다섯 번째 경향은 테크놀로지와 관련이 있다. 리처드슨의 말을 다시 인용한다.

미래의 선교는 잠재적인 후보자들이 폭넓은 사회적 연결망에 깊이 연루되는 새로운 현실에 적응할 필요가 있을 것이다. 만약 사람들과 자원, 아이디어와 영향력의 흐름을 연결하고 촉진하고 중개하는 일이 21세기 선교사역의 중심이 된다면, 이러한 소셜 테크놀로지의 시스템이 도움이 될 수 있다. 그들이 사용하는 시스템은 모금을 도와줄 것이다. 또한 기도, 빠르고 즉각적인 의사소통, 선교를 위한 동기부여와 참여의 촉진, 전반적인 정보의 흐름에도 도움을 줄 수 있다…사람과 자원의 네트워크에 대한 빠르고 지속적인 의사소통이 이뤄지고 있다(p. 83).

이 시나리오에는 부정적인 면도 있다. 리처드슨은 이렇게 말한다.

…선교 지도자와 선교단체는 소셜 미디어의 단점과 한계를 이해할 필요가 있다. 그들은 오늘날의 접속 및 의사소통의 통로를 이용할 때 지혜와 분별력을 발휘해야 한다. 소셜 미디어와 접속은 중독성이 있고, 가상적 만남이 실제

적인 만남을 밀어낸다. 선교는 언제나 사람들이 그리스도를 알고 온전케 되는 모습을 보기 위해 십자가의 길, 내어주고 희생하는 길을 걷도록 도전하는 등 사람들과 교회의 삶에서 영적인 역할을 해왔다. 소셜 미디어와 관련해서는, 금식과 희생, 성육신적 사역으로 나타나는 영적 차원이 반드시 평형추로 남아야 한다. 선교 지도자들과 선교단체들은 계속해서 젊은이들에게 소박한 사역의 길을 걷도록, 특히 소셜 미디어가 부각시키는 일시적 유행과 순간적 만족의 패턴과 관련해 그렇게 살도록 도전할 필요가 있다(p. 83).

위의 경향들을 감안할 때 우리는 전반적인 선교 현장이 바뀌었고 앞으로도 계속 바뀔 것임을 주지해야 한다. 물론 변함이 없는 것도 일부 있는데, 이제 그쪽으로 주의를 돌려보자.

재정 모금과 금전 관리

여기서는 재정 모금과 금전 관리의 두 가지 측면에 초점을 맞출 것이다. 첫 번째 측면은 **후원자들과 재정에 대한 태도**와 관련이 있다. 먼저 후원자들을 단지 기여자로뿐 아니라 파트너로도 보면서 존경해야 한다. 재정은 지혜롭게 관리해야 한다. 사역자들은 타인의 재정과 하나님의 사역을 모두 맡은 청지기이며, 양쪽 모두에 수탁자로서의 책임이 있다. 따라서 분별력과 지혜로운 청지기 정신이 반드시 필요하다. 아울러 시간의 사용뿐 아니라 이 재정에 대해서도 기꺼이 책임지는 자세가 필요하다. 재정을 받는 사람들의 중요한 특징은 바로 감사에 있어야 한다고 생각한다.

언젠가 내가 훈련 프로그램을 담당하고 있었는데, 미국과 미국인, 특히 미국 교회를 노골적으로 '미워하고' 싫어하는 한 젊은 남성과 함께 있어 달라는 부탁을 받았다. 감사가 결여된 태도는 선교의 목적과 어울리지 않는 것 같았다. 한 번은 내가 그에게 자신이 경멸하는 사람들과 교회들을 후원의 수단으로 보는 것이 마음에 걸리지 않느냐고 물었다. 그는 자신의 태도를 그런 식으로 보지 않았다. 오히려 이집트를 황급히 떠나면서(출 2-3장) 광야 여정에 필요한 재정을 이집트인에게 빌렸던 – 누군가의 표현으로는 "이집트인을 약탈했던" – 이스라엘 백성처럼 생각하는 것 같았다.

존경과 청지기직, 책무, 분별력과 감사 같은 태도와 자질들 외에도 모든 사역자가 따를 몇 가지 재정 관리 원칙이 있다고 생각한다. 이는 재정의 출처가 텐트 메이킹, 봉급, 신앙적 기부금 중 어느 것이든 마찬가지다.

나는 좋은 재정 관리의 8가지 주요 원칙을 찾았다. 물론 이보다 더 많이 있겠지만 말이다.

1. 우리의 생활방식은 우리 사역의 일부이며 후원자들과의 관계와 금전 관리 방식도 포함한다. 하나님의 도움으로 우리의 생활방식이 우리의 메시지를 손상시키지 않고 오히려 증진시키게 되길 기도한다.

2. 우리는 돈을 잘 관리해야 한다. 그래서 재정출납을 명기하고, 기록을 남기고, 가능한 한 예산을 세우고 또 따르는 것이 필요하다.

3. 우리는 재정적 융통성을 갖고 살아야 한다. 사마리아인의 시간(어려운 사람과 우발적인 사건을 위해 시간을 할당하는 것)을 계획에 넣는 것처럼, 뜻밖의 비용이나 누군가의 절박한 필요를 위한 재정을 예산에 책정해야 한다. 다른 말로 한다면, 예산은 가장 여유 있는 달보다는 돈이 빠듯한 달을 중심으로 세워야 한다.

4. 우리는 소박하게 하지만 너그럽게 살기로 다짐하고, 주변의 필요를 알아채고 가능하면 그들을 도우며 살아야 한다. 우리 부부는 집안을 편안하게 만들되 호화롭게 하지 않기로 했다.

언젠가 우리의 마을 친구 한 명이 멕시코시티에서 우리가 임시 거처로 사용하던 6.4미터짜리 여행자 트레일러를 방문했었다. 열 자녀를 둔 내 친구는 멕시코시티의 슬럼가에서 방 두 칸에 살고 있었다. 그녀의 가족 외에도 여동생과 여러 조카들, 그리고 먼 남자 친척도 함께 지내고 있었다. 그녀가 우리의 작은 여행자 트레일러를 돌아보더니 이렇게 말했다. "흠, 이건 작지만 당신네는 네 명뿐이잖아요"(우리 부부와 어린 두 아들을 지칭한 것이었다). 다른 사람들은 우리가 사는 모습을 보고 우리의 재정 상태를 평가하고 보통은 우리가 정말로 부자라고 결론을 내릴 것이다. 이는 타문화 사역자들이 안고 사는 긴장을 잘 보여준다. 파송국가에서 온 방문객들은 우리를 가난한 사람들로 보는 반면 우리 주변의 토착민들은 우리를 부자로 본다.

5. "나는 가난해 – 나는 선교사로 일하니까 나를 고려해야지." 이런 피해의식에 사로잡히지 말고 자족하고 감사하는 마음자세를 가지려고 애쓰라.

6. 우리는 윤리적으로 살고 투명하게 살아야 한다. 돈이 어디에 왜 쓰이는지 알아야 하고, 우리의 금전 관리 행습을 적절한 사람들에게 기꺼이 밝혀야 한다.

7. 우리는 원하는 것과 필요한 것을 구별해야 한다. 하나님께서는 우리의 필요를 채우겠다고 약속하셨으며(빌 4:19) 우리에게 필요한 것을 잘 아신다(마 6:33). 최신형 컴퓨터와 더 좋은 차, 스페인에서의 휴가 등이 우리에게 '필요하다'고 생각하기 쉽지만 이것들은 우리의 욕심이지 필요가 아니다. "입을 것과 먹은 것이 있은즉 족한 줄로 알라"(딤전 6:8). 사람을 사랑하고 돈을 사용하는 것에서 돈을 사랑하고 사람을 이용하는 것으로 움직이기가 쉽다. 바울은 '돈을 사랑하는 것'이 일만 악의 뿌리라고 경고한다. 악한 것은 돈 자체가 아니라 돈

과 관련된 유혹들이다.

8. 우리는 후원자와 재정공급자들을 파트너와 친구로 볼 필요가 있다. 우리 부부는 서로 별개이나 똑같이 중요한 두 가지 사역을 갖고 있다. 하나는 필드와 우리에게 주어진 특정 사역이고, 다른 하나는 기도나 재정, 또는 돌봄으로 그 사역에 동참하는 사람들이다. 우리가 사역을 보고하려고 교회들을 방문할 때는 종종 후원자들이 우리를 만나기 위해 기다리고 있는 모습을 보게 된다. 그들은 어쩌면 그들 가족의 문제나 마음속에 있는 문제들을 나눌 만큼 신뢰하는 사람이 가까이 없을지도 모른다. 그들이 우리 사역에 대해서는 묻지 않을지 (드물게 묻는다) 모르지만 우리를 그들에게 관심이 있는 친한 친구로 본다. 우리는 편지와 이메일로 사역 소식을 전할 수 있지만, 우리의 존재, 시간, 또는 사랑과 연민을 메일로 보낼 수는 없다. 그들도 우리 사역의 일부이다.

끝으로, 게일린 윌리엄스와 켄 윌리엄스 박사가 지은 책, 『다시는 재정모금을 하지 말라』(Never do fund-raising again!)을 적극 추천한다. 요점은 우리가 후원자들을 친구로 대할 때 그들은 우리 사역의 재정 후원자들이 되고 싶어 할 것이라는 것.

참고문헌

Barnett, Betty J. 2002. *Friend raising: building a m. support team that lasts.* Seattle: YWAM Publishing.

Moreau, A. Scott, Gary R. Corwin, and Gary B. McGee. 2004. *Introducing World Missions: A Biblical, Historical, and Practical Survey.* Grand Rapids, MI: Baker Academic.

Richardson, Rick. 2013. International Bulletin of M. Research, Vol. 37, No. 2. "Emerging Adults and the Future of Missions". New Haven, CT: Overseas Ministries Study Center.

Williams, Gaylyn, and Kenneth Williams. 2012. *Never Do Fundraising again!* RelationshipResources.org

16장 "재정 모금과 친구관계" 요약 – 유익한 태도와 행동

누가	준비 단계	인제	
		현지 단계	재입국 단계
사역자 자신	• 믿음으로 사는 새로운 생활방식을 받아들일 준비를 하라 • 당신을 후원하고 싶어 하는 사람들과 개인적 관계를 구축하라 • 당신의 소명과 사역을 소개하는 법에 익숙해지라	• 당신의 생활수준을 지혜롭게 조정하라 • 재정 면에서 정직해지기로 결단하라 • 진심어린 감사편지를 쓰라 • 당신의 사역에 대한 기도제목뿐 아니라 개인적인 기쁨과 어려움에 대해서도 나누라	• 관계를 구축하라(다시 구축하라) • 당신의 현지 사역에 대해 나눌 뿐 아니라 사람들의 사정을 알고 그들을 섬기라
친구들, 지원팀, 동료들	• 사역자를 후원할 뿐 아니라 그에게 관심을 보이고 그의 마음을 격려하라 • 비전을 나눌 수 있는 기회를 찾도록 도우라	• 사역의 발전과정을 살펴보고 사역자의 필요를 알아보라 • 열심히 기도하고 다른 사람들도 기도와 후원에 참여하게 하라	• 그들에게 무엇이 필요한지 물어보고 그것을 재충 방법을 창의적으로 생각하라 • 사역자와 함께 본국 사역에 대해 기도하라
교회, 파송단체	• 오리엔테이션에서 알려줄 정보 • 재정과 재정모금에 관한 정책 • 책임 있는 재정 관리의 원칙 • 예산을 수립하는 방법	• 재정 후원의 수준을 모니터하라 • 예산을 늘 검토하고 비용 필요가 있을 때 조정을 고려하라 • 위기 상황을 위한 긴급 재정	• 사역자가 본국 사역을 하는 동안 필요한 것을 알아보고 공급하라 • 사역자에게 소명과 사역 경험, 필요와 장래 계획을 나눌 수 있는 기회를 주라
멤버 케어 담당자	• 어떻게 멤버 케어 사역을 위해 재정을 마련할 것인가?	• 사역자들의 필요를 관찰하라 • 사역자가 후원과 재정 문제로 고민할 때 기도에 동참하고 해결책을 찾는 데 참여하라 • 사역자의 필요를 적절히 나누는 일을 돕겠다고 하라	• 교회들을 방문해서 보고하는 일을 계획할 때 도우라
전문가	• 온라인 뱅킹, 건강보험과 생명보험, 연금, 세금 등에 대한 조언과 전문지식을 제공하라		• 사역자의 재정 상황을 평가하는 일을 도우라 • 자녀교육이나 본인의 연장교육을 위한 장학금

17

은퇴

사업가나 기업인은 정년에 은퇴할 것을 예상하고 보통은 여가를 즐기거나 자원봉사를 할 것을 고대한다. 은퇴자가 재직 당시의 일부 업무를 너무 오래 붙들고 있는 경우도 때로는 있지만, 일반적으로는 당시의 업무와 완전히 관계를 끊고 싶어 한다.

타문화권 선교사역자들의 경우는 좀 달라서, 은퇴하길 원하는 사람이 드문 편이다. 최대한 그 시기를 늦춘다. 은퇴는 가슴 아픈 일이고, 특히 만족스럽고 보람 있는 사역을 해온 사역자나 아직도 할 일이 많이 남았다고 생각하는 사역자에게는 더욱 그렇다. 그들은 후배 사역자들의 짐이 이미 너무 많고 그들이 떠나면 그 짐이 더 무거워질 것을 알고 있다. 이런 현실을 고려하면 필드와 사역, 팀을 떠나는 것이 더욱 어려울 수밖에 없다.

필드 사역을 마감할 때 찾아오는 11가지 주요 스트레스 요인들은 다음과 같다.

1. 필드와 기존 사역을 잃어버리는 상실감

2. 함께 사역하던 친구, 동료, 그리고 현지인 일꾼들을 잃는 상실감

3. 예전과는 너무나 다른 본국 문화에 재진입하는 문제

4. 재정 압박과 재정착에 필요한 비용

5. 정착할 곳을 결정하는 문제(어디에서? 왜 거기서?)

6. 나이도 많은데 본국에 돌아와서 할 일이 있을까?

7. 은퇴 자금이 과연 충분할까?

8. 친구를 다시 사귀어야 하는 문제

9. 그동안 떨어져 살았던 원 가족과 확대가족에 다시 합류하는 문제

10. 확대가족과 옛 친구들이 이사갔거나 사망해서 그들을 잃은 상실감

11. 건강 문제와 노화에 따른 이슈들

이런 은퇴와 관련된 문제들을 놓고 사역자 자신은 물론 친구들, 파송교회, 파송단체, 그리고 멤버 케어 담당자는 모두 각자의 역할을 수행할 책임이 있다.

은퇴를 앞둔 사역자의 책임

은퇴자가 밟아야 할 세 가지 중요한 단계가 있다.

첫째, 은퇴를 준비하라

사전에 고려해야 할 사항이 많다. 최근에 우리 부부는, 은퇴 결정에 대해 한동안 심사숙고하다가 사전에 조치를 취한 친구 부부로부터 소식 편지를 받았다. 그 부부의 허락을 받아 여기에 인용하는 것은 그들이 중요한 삶의 전환점을 얼마나 세심하게 준비했는지 보여주기 위해서다.

사랑하는 친구들에게,

눈 덮인 추운 지방 미시간에서 따스한 안부를 전합니다. 겨울이 막 시작되었습니다. 이번에는 여러분과 나눌 '새로운 소식'이 있습니다. 2013년 초 우리는 선교부와 의논한 결과 시니어 선교사 자격으로 지역 멤버 케어 팀에 소속해 시간제(하프타임)로 일하기로 결정했습니다. 2013년 내내 저는 예전처럼 우리 선교부의 캐나다 이사회의 서기로 계속 일했습니다. 우리 세 자녀들과 11명의 손자손녀들 모두 미시간에서 가까이 살고 있기 때문에 그들과 충분한 시간을 보내기 위해 2013년 후반기는 미시간 주 잭슨에서 지내기로 했습니다. 우리 나이가 72세, 73세나 되어서 언제 선교부에서 '은퇴하는' 것이 좋을지 한동안 기도해 왔습니다. 그동안 미시간에서 자녀들과 손자손녀들 가까이 있어본즉 '우리가 앞으로 살 곳'이 바로 거기라는 확신이 들었습니다. 우리가 기도하는 동안 주님이 우리에게 한 마음을 주셨습니다. 우리는 여전히 선교부의 "멤버들"로 남게 되지만 이제는 '은퇴한' 선교사의 신분입니다. 12월 중순에 플로리다 주의 샌포드에 있는 선교회 본부의 인사 담당자와 이야기를 나눈 결과 그들도 동의했습니다. 단, 선교부에서는 만약 우리가 2014년 초에 은퇴할 생각이라면 세금 관계상 2013년으로 앞당길 것을 고려하라고 제안했습니다.

결혼 후 줄곧 전임 선교자로 일해 왔으므로 이것은 우리에게 크나큰 발걸음이었습니다. 지난 44년(3년의 훈련 기간과 41년 간 정규 멤버로서) 동안 선교부 가족의 일원으로 지냈던 것이 너무나 소중한 경험이었습니다. 예수 그리스도의 복음을 최후의 미전도 종족에게 전하는 이 놀라운 사역으로 주님을 섬기는 것이 큰 기쁨이었습니다. 저는 캐나다 선교부 이사회에서 몇 년을 더 섬길 계획입니다. 은퇴해도 주님이 우리에게 어떤 기회를 열어주실지 열심히 살필 것입니다. 그분을 섬기는 일이야말로 여전히 이 세상에서 가장 큰 특권이며 축복입니다.

오랫동안 우리를 위해 신실하게 기도해주신 여러분에게 심심한 사의를 표합니다. 여러분은 우리의 동역자요 특별한 친구들이며, 우리가 무척 사랑하는 분들입니다. 더 알고 싶으신 것이 있으면 이메일로 연락하십시오. 우리는 계속 선교부의 멤버로 남기 때문에 지금까지 사용하던 이메일을 그대로 사용할 것입니다. 그리고 이따금 우리의 소식을 보내겠습니다. 지난 수십 년 동안 보여준 여러분의 사랑과 관심에, 그리고 우리 삶의 동반자가 되어 주신 것에 깊은 감사를 드립니다.

2014년 1월 사랑을 담아, 존과 메리 드림

이 선교사 부부가 많은 시간 함께 기도하고 지도자와 동료들, 그리고 가족과 상의한 끝에 한 마음으로 결정했다는 사실에 주목하라. 이 결정을 내릴 때 장차 기여할 부분, 거주지, 가족에의 접근성 등을 염두에 두었다. 그들은 분명히 매우 보람 있는 사역을 했고, 이제 그 사역을 감사하는 마음으로 마무리하게 된 것이다. 그들은 그들의 과업을 잘 완수했다. 이 편지를 읽으면서 나는 속으로 "그래, 그렇게 하는 거야!"라고 환호했다.

그들이 고려했으나 여기서 언급하지 않은 두 가지 사항이 있다. 특히 의료 혜택이 필요한 나이가 되었을 때 의료 기관에 접근하기 쉬운 위치와 거주지의 날씨다. 이 부부는 따뜻한 날씨보다 가족에의 접근성을 더 중요하게 생각했다! 편지를 공개하도록 허락해준 부부에게 감사드린다.

나는 당신이 은퇴 계획을 충분히 수립했는지 묻고 싶다. 다음 항목들은 은퇴 이후의 거주지를 결정하는 데 도움이 될 것이다.

□ 재정
□ 몸의 건강, 의료 혜택, 의료 기관 접근성

☐ 기후

☐ 가족과 가까운 곳

☐ 가족의 필요와 욕구

☐ 옛 친구와 가까운 곳

☐ 사역의 기회

☐ 교회와의 관계

☐ 은퇴지에서 예전 사역이나 선교단체 또는 교회 사역에 참여할 수 있는지 여부

둘째, 주어진 임무를 잘 마치고 그 책임을 잘 정리해서 남겨놓으라

때로는 사역자들이 너무 빨리 떠나는 바람에 남은 자들이 당혹스러워 하고 그 과정에서 소외당했다고 느낄 수 있다. 자신의 책임을 잘 완수하는 것은 윤리적인 문제이고, 유종의 미를 잘 거두면 필드 팀의 사기가 올라간다. 그리하여 은퇴하는 사람이나 부부는 후회 없이, 미완수 과업이 없이 편하게 떠날 수 있다.

셋째, 평안한 마음으로 떠나라

데이비드 폴록(David Pollock)은 '제3문화 아이'에 대한 연구를 많이 했다. 선교사 자녀들은 부모와 현지 공동체 양쪽과 다른 문화를 보유하고 있다는 사실을 선교계에 일깨워주었다. 이런 자녀들을 TCK(제3문화 아이의 신분을 반영하는 말)라고 부르는데, 이들의 독특성을 이해하기 위해 상당히 많은 연구가 실시되었다. 우리 모두는 폴록 박사의 훌륭한 연구에 감사의 빚을 진 사람들이다.

그가 수시로 이곳에서 저곳으로 움직이는 타문화 사역자들에게 선사한 '선물'의 하나는 바로 RAFT('뗏목'이란 뜻)란 약자이다. 이 약자는 본래

부모의 고향인 파송국가로 돌아가는 선교사 자녀들을 위해 만든 용어인데 어른들에게 사용해도 무방하다.

건강한 마무리에 필요한 것을 기억하는 좋은 방법은 뗏목 만드는 것을 상상하는 것이다. 우리가 통나무 네 개로 뗏목을 엮으면 물에 떠서 건너편으로 안전하게 건너갈 수 있다.

네 개의 통나무는 다음과 같다.

-Reconciliation(화해) -Affirmation(감사)
-Farewells(작별 인사) -Think Destination(다음 목표에 대한 생각)

화해

화해란 우리가 떠나기 전에 생각나는 대인관계의 갈등이나 문제를 해결하는 것을 의미한다. "선교지 문화에 알맞은 방법으로 용서를 주고받는 것이 모두 필요하다. 물론 진정한 화해는 상대방의 협력과 호응에 달려 있지만 우리는 적어도 떠나기 전에 모든 깨어진 관계를 해결하기 위해 최선을 다해야 한다"(Pollock and Van Reken, pp. 200-201).

감사

감사(affirmation)란 말은 사람들이 소중한 존재였음을 인정한다는 뜻이다. 모든 관계는 하나같이 그 자체로 소중하다. 그리고 많은 사람이 당신의 현지 사역에 기여했다. 현지 문화에 적절한 방법으로 그들에게 감사를 표시하는 것은 좋은 작별 인사이다.

폴록과 반 레켄은 감사를 표시하는 네 가지 방법을 소개한다.

• 동역자들에게 그들과 함께 일해서 즐거웠다고 말하라
• 친구들에게 그들의 우정이 얼마나 소중했는지 말하고, 특별한 시간

을 회상하는 메모나 선물을 줘도 좋다

- 친한 이웃에게 그들과 사귀면서 친절, 사랑, 믿음 또는 인내 등을 배웠음을 보여주는 자그마한 선물과 메모를 보내라
- 부모와 형제들, 가까운 친구들에게(TCK가 필드를 떠나는 경우) 사랑과 존경을 다시 표명하라

작별 인사

훗날 크게 후회하지 않으려면 그 문화에 맞는 적절한 방법으로 사람들과 장소, 애완동물, 그리고 소유물에게 작별 인사를 하는 게 좋다. 어떤 사람들은 작별 인사를 싫어해서 말없이 조용히 떠나는 경우가 있다. 이것은 필드에 남아 있는 친구들과 동료들을 실망시키고, 떠난 사람에게도 바람직하지 않다. 작별 인사가 어려울 수도 있으나 반드시 말로 해야 한다.

우리 부부와 두 아들이 멕시코를 떠날 때는 마지막 두 달 동안 그동안 즐겨 찾고 좋아했던 특별한 장소들을 찾았고, 우리가 가진 물건들을 친구들에게 나눠주며 사랑을 표현했다. 음악을 즐기는 데 도움이 되었던 작은 피아노는 손님 대접을 잘 하기로 유명한 부부에게 주었다. 그들이 그 피아노를 잘 사용하고 많은 사람들을 기쁘게 해 줄 것을 알았기 때문이다.

이런 생각은 폴록과 반 레켄의 책 『제3문화 아이들』(Third Culture Kids) 에서 발췌했는데, 우리가 비자 변경 탓에 사역 현장을 떠나야 하는 슬픈 어른이었을 때도 그대로 실천했던 내용이다.

다음 목표에 대한 생각

아직 언급하지 않은 한 가지는 장래와 관련이 있다. 이제는 무엇을 할 것인가? 우리 선교회의 한 친구가 은퇴의 시기에 대해 상의하려고 우리를 찾아왔다. 우리는 그의 건강 상태가 양호하고 탁월한 언어 능력이 있

다는 것을 상기시켰다. 그래서 '무엇을 위한 은퇴'인지 생각해보도록 도전했다. 인생은 아직 안 끝났기에 우리 모두는 할 일이 필요하다. 이후에 이 사람은 창의적으로 새로운 사역을 개척해서 우리에게 유익을 주었고, 노년의 필요를 채우는 동시에 그의 전문성에 새로운 기술을 더하는 쾌거를 이루었다. 그는 사람을 좋아하고 손님대접을 즐기기에 스스로 요리를 배워 뛰어난 요리사가 된 것이다. 물론 언어학 분야에서도 계속 기여하고 있다. 은퇴의 시기는 우리가 뭔가 새로운 시도를 할 수 있는 좋은 기회이기도 하다.

우리는 인생 후반기에 무엇을 할지 의도적으로 계획할 필요가 있다. 인생의 마지막 단계에 관한 좋은 책들이 많이 나와 있다. 참고문헌에 유익한 자료 몇 권을 추천했다.

지금까지 우리는 은퇴하는 사람이 스스로 할 수 있는 일에 초점을 맞추었다. 그런데 본인 외에도 어느 정도 책임이 있는 두 당사자가 있는데, 타문화권 사역자가 속한 선교단체와 파송교회이다.

선교단체와 파송교회의 역할

아쉽게도 사역자의 은퇴시기에 파송교회가 맡은 책임에 대해선 거의 다뤄지지 않았다. 대부분의 미국 교회는 사역자가 현지 사역을 마친 후에도 선교단체가 책임을 맡아야 한다고 생각한다.

선교단체 지도자와 파송교회 목사는 사전에 주도적으로 은퇴에 대한 준비와 계획에 대해 사역자와 진지하게 의논해야 한다.

은퇴시기에 특별히 필요한 일 중에 하나는 철저하고 연민어린 디브리핑이다. 선교단체의 지도자는 개인적인 디브리핑과 더불어 은퇴자 인터뷰를 하도록 권할 필요가 있고, 파송교회의 목사나 선교위원회의 위원장도 사역자가 본국에 돌아올 때 디브리핑 시간을 가질 수 있도록 챙겨주어야 한다.

교회는 사역자의 실질적 필요를 채워주는 데 신경을 써야 한다. 예를 들면, 교통수단, 의료, 주택, 재정적 필요의 산정 등이다. 많은 교회는 그동안 계속 해오던 재정적 후원을 끊기도 하는데, 이제 사역자가 은퇴했으니 더 이상 재정 후원이 필요 없다고 생각하는 듯하다. 이는 한탄할 만한 생각이다. 이로 인해 타문화 선교사역에 오랫동안 신실하게 헌신했던 사역자가 극빈자로 인생을 마감할 수 있기 때문이다.

선교단체와 교회는 사역자에게 영적, 신체적 재충전의 시간, 과거를 돌아볼 수 있는 시간을 마련해줄 필요가 있다. 이런 기회가 사역자들에겐 참으로 뜻 깊은 시간이 될 수 있고, 그들은 과거를 회상하고 미래를 내다보는 시간이 꼭 필요하다.

끝으로, 선교단체와 필드 리더, 그리고 파송교회는 사역자의 사역을 인정하고 칭송해야 마땅하고, 사역자가 있는 자리에서 공개적으로 축하해야 한다. 실은 사역을 마칠 때 공개적인 인정을 받는 경우가 무척 드문 실정이다. 어떤 이들은 "그들이 하나님께서 주시는 상을 바라봐야 한다"고 말하는데, 물론 지당한 말이다. 그러나 고린도전서 1:4절과 고린도전서 16:18절에 따르면 "잘 섬긴 사람들을 인정해 주는 것은 옳은 일"이라는 것을 알 수 있다. 주님이 우리(파송교회와 선교단체)와 동반자가 되어 그분의 일을 하도록 보내신 사역자들을 우리가 감사하고 칭찬하는 일은 우리의 마땅한 본분이다. 갈라디아서에서도 특히 믿음의 가정에 속한 이들에게 유익을 주라고 권면하고 있다(6:10). 은퇴하는 사역자가 지도자와 목사, 그리고 동료들에게 이런 칭찬을 들으면 은퇴가 훨씬 쉬워질 것이다.

다시 말하건대, 선교단체 지도자와 교회 지도자들은 은퇴 사역자가 사역할 수 있는 곳을 찾도록 도와주어야 한다. 타문화 선교사로 떠나는 사람들을 위한 멘토나 조언자가 되거나 해외 봉사를 생각하는 교인들을 도울 수 있다면 상당한 기여를 할 수 있을 것이다.

멤버 케어 사역자와 친구들

멤버 케어 사역자와 은퇴하는 사람의 친구들은 어떻게 은퇴 사역자를 도울 수 있을까? 성령께서 이들을 통해 일하신다는 것을 생각하면 버거운 느낌이 들지 않을 수 없다. 성령의 사역은 나란히 다가와서, 인도하고, 도움을 주고, 위로하는 일이다. 이와 똑같은 일을 멤버 케어 사역자와 친구들이 수행해야 한다.

멤버 케어 사역자는 또한 현지 팀에 소속된 멤버들의 연령과 계획을 모니터할 수 있다. 누가 곧 은퇴할 것인지를 알고, 디브리핑을 주선해주고, 필드를 떠나서 파송교회로 귀환하는 것을 도와줄 수 있다. 누군가 감사하고 축하하고 작별 인사를 나누도록 격려하는 것이 필요하다. 이런 역할에 필드 사역자들을 모니터하고 그들의 복지를 챙기는 직무를 맡은 멤버 케어 담당자보다 더 적합한 사람이 있을까?

한 지혜로운 사람이 "다 마쳤다고 다 끝난 것은 아니다"라고 말했는데, 이는 타문화 선교사의 필드 사역이 종결되었을 때에도 그대로 적용되는 말이다. 그들에게도 아직 미래가 있고, 이 인생 황혼기를 맞이하려면 준비와 생각과 계획이 필요하다.

참고문헌

Autry, James A. 2002. *The Spirit of Retirement*. New York: Prima Publishing.

Boyd, Malcolm. 1994. *Rich With Years: Daily Meditations on Growing Older*. San Francisco, CA: Harper. 1997.

Buford, Bob. 1994. *Half Time*. Grand Rapids, MI: Zondervan.『하프타임』(국제제자훈련원).

Buford, Bob. 1997. *Game Plan*. Grand Rapids, MI: Zondervan.

Burkett, Larry. 1992. *Preparing for Retirement*. Chicago, IL: Moody Press.

Davis, Nathan, Ed. 2008. *The Finishing Well Handbook for m.s and chaplains facing retirement*. Springfield, MO: Gospel Publishing House.

Fischer, Kathleen. 1985. *Winter Grace: Spirituality for the Later Years*. New York: Paulist Press.

Hansen, Mark Victor and Art Linkletter. 2006. *How to Make the Rest of Your Life the Best of Your Life*. Nashville, TN: Nelson Books.

Joscfowitz, Natasha. 1985. *Too Wise to Want to be Young Again*. Boulder, CO: Blue Mountain Press.

Knell, Marion. 2007. *Burn up or splash down: Surviving the Culture Shock of Re-Entry*. Downers Grove, IL: IVP Books.

Maclay, Elise. 1977. *Green Winter: Celebrations of Old Age*. New York: Reader's Digest Press.

Maclay, Elise. 1981. *Approaching Autumn: Where do I grow from Here?* New York: Doubleday.

Morgan, Richard L. 1990. *No Wrinkles on the Soul*. Nashville, TN: Upper Room Books.

Ortlund, Ray and Anne. 1976. *The Best Half of Life*. Glendale, CA: Regal Books, G/L Publications.

Otterbourg, Robert K. 1995. *Kiplinger's Retire and Thrive*. Washington, DC:

Kiplinger Books.

Pollock, David and Van Reken, Ruth. 2009. *Third Culture Kids: Growing up among worlds*. Boston: Nichilas Brealey America.

Schwab, Charles R. 2001. *You're Fifty - Now What? Investig for the Second Half of Your Life*. New York: Crown Business.

Stafford, Tim. 1989. *As Our Years Increase*. Grand Rapids, MI: Zondervan.

17 "은퇴" 요약 – 유익한 태도와 행동

누가	준비 단계	인계		재입국 단계 본국 사역
		현지 단계	재입국 단계 본국 사역	
사역자 자신	• 하나님을 섬기는 데 헌신하라–은연중에 당신의 뜻이나 명예를 추구하지 않도록 조심하라	• 인생의 단계마다 주어지는 발달 과업에 대해 기도하고 성찰하라 • 맡은 임무를 끝내고 당신의 책임을 다른 사람에게 전수할 계획을 세우라 • 사역의 전환기를 잘 계문하라: RAFT를 도구로 사용할 것	• 현지 사역의 종료에 대한 당신의 생각을 나누라 • 상담을 요청하라 • 친구관계를 돌보고 유지하라 • 가족을 위해 기도하라	• 작별 인사(RAFT과정을 밟으라) • 재적응 과정에 생기는 정서적 스트레스를 예상하라 • 멘토를 찾으라 • 주도적으로 관계를 구축하라
친구들, 지원팀, 동료들	• 이야기를 나눌 때 미래의 계획에 대해서도 이끄하라 • 연장자인 경우에는 당신 자신의 경험을 나누라	• 정보와 조언을 제공하라 • 어려움에 대해 공감하라	• 기도로 상대방의 짐을 나누고 장래 계획 작성에 동참하라	• 도덕적, 실제적 지원을 하라 • 정착할 새로운 집의 현황을 알려주라 • 마음을 열고 이야기할 수 있도록 경청하라
교회, 파송단체	• 은퇴에 관한 정책을 수립하라 • 퇴직 연금 계획을 수립하라	• 디브리핑의 일환으로 장래의 계획에 대해 물어라 • 여러 가능성과 대안에 대해 두루 얘기하라 • 상실감과 스트레스 요인에 대해 공감하라 • 구체적으로 감사하고 칭찬하라	• 디브리핑의 일환으로 장래의 계획에 대해 물어라 • 마무를 곳, 장래 사역, 정착용 재정 등 실제적인 문제들을 의논하라	• 감사 예배와 감사를 표현할 방법을 계획하라 • 실제적인 지원을 하라 • 교회 멤버들과 사역자들에게 소개하라 • 교회나 단체에서 할 수 있는 적절한 역할을 제안하라
멤버 케어 담당자	• 장기 계획을 세우도록 격려하고 도우라	• 하나님의 뜻을 발견하도록 안내자 역할을 하라 • 관련된 정보를 제공하라 • RAFT과정을 밟을 때 당사자와 동행하라	• 디브리핑을 제공하고, 슬픔과 상실의 사이클에 대해 설명하라 • 구체적인 단계를 심사숙고할 때 함께 있어라	• 환송 파티를 계획하라 • 어떻게 지내는지를 주기적으로 묻고 체크하라 • 공감해주고 멘토링을 제공하라
전문가	• 재정 계획을 세울 때 도와주라 • 퇴직 연금에 관해 조언하라	• 온라인 지원을 제공하라	• 건강 검진	• 건강 검진, 건강 문제가 생길 때 조언하라

18

유종의 미

이번 장 초고를 집필하는 동안 나는 수술 병동의 한 병실에 앉아 있다. 내 오른편에는 수술실 입구가 있고 남편은 수술실에서 심장에 무슨 문제가 있는지 파악하는 검사 절차를 밟고 있다. 나는 지금 인생의 종말에 관해 생각하는 중이다.

앞장에서는 타문화권 사역자가 어떻게 은퇴를 잘 할 수 있는지에 대해 논의했다. 은퇴가 인생의 마지막 단계는 아니다. 최후의 단계가 남아 있다. 우리는 다 죽는다. 어떻게 죽는지는 어떻게 살아 왔는지에 달려 있다. 이것은 우리가 어떤 종류의 삶을 살았고, 얼마나 열심히 일했으며, 얼마나 성공적인 사역을 했는지를 가리킬 뿐 아니라, 오히려 우리가 과연 하나님의 영광과 그 나라의 확장을 위해 살았는지를 가리킨다.

유종의 미는 인생의 종말을 지혜롭고 세심하게 준비하는 것을 말한다. 대다수는 이 현실이 사라질 것으로 생각해서 죽음에 관한 사안을 미루고 가까운 사람들과 죽음에 대해 얘기하길 꺼린다. 그래서 유종의 미를 거두는 첫 걸음은 죽음에 대해 솔직히 말하고 생각하고 행동하는 것이다.

이제 타문화권 사역 공동체에 널리 알려진 사람, 유종의 미를 잘 거둔 켄 윌리엄스 박사의 이야기로 시작하고자 한다. 그는 성경번역 선교사, 인간행동 분야의 박사학위 소지자, 하나님의 말씀을 연구하는 사람, 많은 사람의 심리상담사, 여러 사람의 멘토와 코치, 55년간 좋은 결혼관계를 유지한 남편, 세 자녀의 아버지, 다수의 손자손녀들의 할아버지였다. 그리고 켄은 우리 부부의 멋진 친구와 멘토이기도 했다. 인생이 끝나는 순간까지 켄은 우리에게 유종의 미가 무엇인지 보여주었다.

어떻게 유종의 미를 보여주었는가? 우리는 그의 훌륭한 모범을 어떻게 따를 수 있을까?

인생의 마지막 순간에 처리할 일

먼저 우리가 그동안 쌓아온 '물건'들을 처리하는 것이 실제적인 문제이다. 내가 몇 년 전 가족 재회 모임에 갔다가 당시 내가 강의를 하던 캘리포니아 산장으로 돌아오는 길에 그 경험을 돌아보며 몇 가지 깨달은 점들이 있었다. 그 중에 하나가 "물건이 가족들과 개인들을 분열시키는 엄청난 파괴력을 지니고 있다"는 점이었다.

오래 전 우리 어머니가 북 아이다호 주에서 돌아가실 때 나는 임종의 순간까지 보살펴 드렸다. 장례식이 끝난 후 우리 부부는 사역지인 멕시코로 돌아가는 길이었다. 어머니의 유품들을 친구 집에 펼쳐놓고 가족들과 가까운 친구들이 기념될 만한 물건이나 사용할 수 있는 물건을 골라가도록 했다. 그때 나는 한 친척 뒤를 따라가고 있었는데 그가 부드러운 벨벳에 그려진, 시냇가에서 사슴이 물을 마시는 그림을 손에 쥐었다. 시편 42편 "사슴이 시냇물을 찾기에 갈급함 같이 내 영혼이 주를 찾기에 갈급하나이다"란 말씀을 상기시켜주어 내가 그 기념품을 갖고 싶었다. 그래서 그 친척에게 그것을 내가 선택해도 괜찮은지 물었더니 그가 승낙하며 그 그림을 내게 주었다.

운전을 해서 한참을 내려왔을 때 남편이 내게 이렇게 말했다. "그에게 그것을 돌려줍시다. 그 가족과 우리 사이에 틈이 생기지 않았으면 좋겠소." 그래서 남편은 차를 돌려서 왔던 길로 한참 올라가서 그 친척에게 그림을 돌려주고 우리는 아무 물건도 챙기지 않은 채 그곳을 빠져 나왔다. 우리는 큰 자유를 느꼈고 마음이 한층 가벼워졌으며 장차 그 가족과의 관계에 좋은 영향을 끼칠 것이라는 생각이 들었다.

우리는 귀중한 물건이나 돈을 우리가 죽은 후에 다른 사람이 대신 처리하게끔 하지 말고 받을 사람을 미리 지정하는 것이 좋다. 그러지 않으면 가족 간에 분쟁이 생길 수도 있다. 남은 사람들은 고인의 유물을 어떻게 처분해야 할지 고민하게 되고, 또한 공평하게 분배했는지도 잘 모를 수 있기 때문이다. 고인의 '자산'을 정리할 때 잡음이 있어서는 안 된다.

미국에서는 미리 유언장을 작성해서 공증을 받아놓는 것을 좋은 방법으로 생각한다. 우리가 무슨 방법을 쓰든지 그것은 문화적으로 적절하고 경건한 방식이라야 한다.

우리는 또한 죽은 후에 시신을 어떤 방법으로 처리할 것인지에 대해 미리 결정해야 한다. 우리는 어떤 식으로 처리되길 바라는가?

장례식이나 추모 예배에 대한 세부사항도 기록해 두면 유가족이 일을 진행하기가 쉬워진다. 장례 예배를 주관할 사람, 성경 본문, 찬송, 설교자, 사망기사, 연락할 대상과 방법 등이다. 시신이 묻힐 곳이 어디이며, 만약 화장하게 되면 재를 어디에 뿌릴지에 대해서도 의사를 밝혀두는 게 필요하다.

이에 못지않게 중요한 사항은 관계의 측면이다. 후회 없이 죽으면 우리 자신은 물론 유족의 마음도 훨씬 편하다. 필요하면 용서를 구하고, 가족과 특별한 친구 개개인에게 사랑과 감사의 뜻을 밝히는 게 좋다. 특히 가족 구성원 하나하나에게 당신이 얼마나 사랑하는지를 말해주라. 우리는 모두에게 후회 없이 인생을 마감할 수 있도록 살라고 당부하고 싶다.

어떤 이들은 손자손녀나 가까운 친척들에게 애정과 감사를 담은 편지와 때로는 진로에 대한 조언을 담은 편지를 쓰기도 했다. 손자손녀가 조부모의 편지, 곧 사랑을 표현하고, 인생의 지침을 제공하고, 지혜롭게 그리고 경건하게 살도록 격려하는 편지를 받을 때 얼마나 감동을 받을지 상상해보라.

선교단체 지도자는 어떻게 도울 수 있을까?

여러 가지 도움을 줄 수 있다. 첫째, 인생의 종말이 오기 한참 전에 당사자에게 이런 사안들에 대해 생각하도록 격려하고 최대한 빨리 그를 보살핀다. 아무도 우리가 심장마비나 사고로 35세란 이른 나이에 죽을 것으로 생각하지는 않는다. 우리는 훨씬 오래 살고 준비할 시간도 많을지 모르지만 아무도 장담할 수 없다.

둘째, 지도자나 목사는 본보기를 보일 수 있다. 비록 생산적이고 활기찬 삶을 살고 있을지라도 인생을 어떻게 마감할지에 대해 신중하게 생각해왔다는 사실을 보여줄 수 있다는 뜻이다.

한 실례가 생각난다. 우리 단체의 지도자였던 부부가 젊은 시절에 어린 두 아들을 모두 잃는 큰 불행을 당했다. 의사의 오진으로 인해 뇌성 말라리아를 초기에 치료하지 못해 갑자기 사망했던 것이다. 순식간에 가족이 셋으로 줄어들었다. 아빠와 엄마와 10살 된 딸. 시간이 흘러 이 부부는 책임이 더 무거운 높은 직책을 맡게 되어 자주 출장을 다니고 때로는 열악한 비행기를 이용해야 했다. 앞으로 닥칠 위험을 감지한 어머니가 먼

곳에서 학교를 다니는 딸에게 이런 편지를 보냈다. "만일 우리가 탄 비행기가 추락하거나 우리가 갑자기 죽게 되면 마지막 순간에 너를 생각할 것임을 알아라."

그런데 실제로 그들이 탔던 비행기가 추락했고, 그 가족의 유일한 유족이 된 그 소녀에게 이 슬픈 소식을 전하는 일은 내 평생 가장 어려운 책임이었다. 하지만 내가 직접 그 소식을 전하지 않아도 되었다. 내 역할은 그 가족과 딸과 가깝게 지내던 자애로운 부부, 굉장히 지혜롭고 잘 돌보는 사람들을 찾는 일이었다. 이 부부가 그 슬픈 소식을 전하게 될 것이었다. 나중에 내가 안 사실은 그 어머니가 딸에게 해준 말-"마지막 순간에 너를 생각할 것임을 알아라"-이 그녀에게 큰 위로가 되었다는 것이다.

지도자가 할 수 있는 또 한 가지 일은 장례식 또는 추모 예배를 인도하거나 설교를 맡는 것이다. 이렇게 고인에게 합당한 존경과 경의를 표시할 수 있다. 그런 모임에서는 그분의 사역에 대해 얘기할 수 있고, 아울러 하나님의 영광을 위해 살았던 그분의 생애에 더 큰 비중을 둘 수 있을 것이다.

장기 사역 등을 축하하는 기념식이나 추모 예배에서 내가 발견한 사실은 사람들이 고인의 업적에 대해서는 별로 얘기하지 않는다는 점이다. 물론 때때로 그런 적도 있고, 때로는 그렇게 하는 것이 적절하지만 말이다. 반면에 참석자들과 가까운 친구들이 고인(故人)의 경건한 성품에 대해 얘기하는 것은 흔히 있는 일이다.

우리 아들들과 며느리들이 우리의 결혼 50주년 기념 파티를 열어준 적이 있었다. 함께 얘기를 나누는 시간에 참석자들은 우리의 학문적 성취라든지 번역 사역에 대해선 거의 언급하지 않았다. 그 대신 남편이 어린 학생의 자전거를 고쳐 준 일이라든지, 우리가 어려운 사람을 방문한 일이나, 친절하게 위로의 말을 전했던 때에 대해 얘기했다. 그들은 우리의 부부관계와 다른 사람들과의 관계, 그리고 가족관계에 대해 말했다. 인생을 마감할 때는 우리가 이룬 업적보다 어떻게 살았는지가 더 중요하다.

파송교회 목사는 무엇을 할 수 있는가?

큰 교회 목사들은 매우 바쁘다. 그리고 타문화권 사역자들은 멀리 떨어져 거의 보이지 않는다. 그래서 오지에서 사역하다 죽은 사역자는 그냥 지나치기 쉽다. 참으로 통탄할 일이 아닐 수 없다! 그 사역자는 아마 평생 동안 교회를 대표해서 사역한 사람일 것이다. 교회가 직접 장례 예배를 개최하거나 소속 선교회가 주관하는 장례 예배에 목사를 포함한 교회 대표자들이 참석한다면, 그것은 유족들에게 큰 위로가 될 것이다.

최근에 세 자녀의 아버지이자 사랑받는 남편이요 동료였던 젊은 사역자가 그 가정이 사역하던 외딴 섬에서 갑자기 심장 마비로 사망했다. 그들을 파송한 교회가 장례 예배를 주선했고 파송 선교회 본부의 지도자들이 거기에 참석했다는 소식을 듣고 우리는 감사했다. 이는 그 사역자의 후원자들과 그 지역에 사는 가족에게 큰 격려가 되었다.

더 나아가서, 선교단체는 그 사역자가 수년을 보냈던 필드에 사람을 보냈다. 파견 받은 사람의 임무는 이 젊은 사역자를 알고 사랑했으며 그와 함께 일했던 모든 사람과 디브리핑하는 일이었다. 많은 비용이 드는 일이었지만 남은 사역자들의 마음을 하나로 묶어주었고, 그들의 슬픔을 처리하는데 도움을 주었고, 그들은 선교회와 그 지도자들에게 더욱 감사하는 마음을 품게 되었다.

친구들과 멤버 케어 담당자

이러한 때에는 친구들과 멤버 케어 담당자의 역할도 매우 크다. 방금 언급한, 현지에 파견되었던 디브리핑 담당자는 바로 선교회에서 임명한 멤버 케어 담당자였다. 멤버 케어 담당자는 세부사항을 챙기고, 경청하고, 자녀들을 보살피고, 위로하고, 사랑스런 관심을 표명하는 일을 통해 차분하되 강력한 방식으로 배우자와 가족을 섬길 수 있다.

몇 년 전 우리 며느리가 교통사고로 사망했을 때 몇몇 친구들과 동료들이 병원에 찾아와서, 의사들로부터 우리 며느리가 살아나지 못했다는 말을 우리가 듣기까지 우리와 함께 앉아 있었다. 이 친구들이 함께하며 조언과 위로를 주었던 것이 우리의 기억 속에 새겨져 있다. 얼마나 소중했는지 모른다! 그리고 지도자들과 친구들이 다른 곳에서 온 손님들을 환대했던 것도 큰 도움이 되었으며 그 이후에도 좋은 영향을 끼쳤다. 지도자들이 시간을 내서 장례 예배에 참석하는 것만으로도 주위 사람들에게 격려가 된다. 그런데 가족과 친구들은 수천 마일 떨어진 곳에서 왔지만 우리의 주 파송교회에서는 아무도 참석하지 않았던 것이 기억난다. 위로할 사람이 부족하진 않았지만, 만일 참석했다면 교회가 파송했던 타문화권 사역자를 소중하게 여긴다는 메시지를 모두에게 보낸 셈이 되었을 것이다.

선교단체를 향한 질문

타문화 사역자가 '유종의 미'를 거두는 데는 적어도 두 가지 측면이 있다. 먼저 사역자의 개인적 측면이 있다. 이 점은 이미 초반에 다루었고 마지막에 다시 다룰 예정이다. 다른 한 측면은 멤버들이 나이가 들면서 리더십과 인사담당 간사진이 유념해야 할 이슈들이다.

나는 수십 년 동안 인사와 관련된 여러 역할을 담당했고 지금은 은퇴할 나이가 된 만큼 양쪽의 관점을 모두 이해한다. 그래서 공감하고 존중하는 마음으로 이 주제를 다루고 싶다.

소속 멤버들이 나이가 들어감에 따라 선교단체가 직면하는 문제들은 다음과 같다(유교 문화와 신분 중심의 가치가 우세한 한국 문화는 서구, 특히 미국 상황이나 문화와는 다른 면이 있으므로, 여기에 열거된 문제를 논의할 때는 한국적 배경과 문화를 충분히 고려해 각 단체마다 적절한 가이드라인을 마련하기를 권한다 – 옮긴이).

1. 많은 멤버들은 이제까지 삶을 선교사역에 헌신했고, 신실하게 희생적으로 섬겼고, 죽는 날까지 섬기기를 기대한다. 그들이 신체적으로, 재정적으로, 지리적으로 더 이상 스스로를 돌볼 수 없을 때 우리의 책임은 무엇인가? 우리 멤버들은 하나님께 무엇을 기대해야 하며, 선교단체는 그들을 위해 무엇을 해야 하는가?

2. 우리는 그들에게 얼마나 오랫동안 그들의 과업을 수행하도록 요청해야 하는가? 때로는 그들의 기여가 절실히 필요해서 무한정 계속해달라고 요청하기도 한다. 그리고 나이가 많은 멤버들은 보통 일을 즐기는 사람들이다.

3. 다른 한편, 많은 사역자는 그들의 사역에서 의미와 즐거움을 찾았기 때문에 잘 담당하던 그들의 역할을 빼앗으면 무가치하고 인정받지 못하고 있다는 느낌을 품게 된다. 그러면 어떻게 해야 좋을까? 그 역할을 내려놓으라는 요청이 돌봄의 일환임을 어떻게 이해시킬 수 있을까? 이를 위해 지도자는 기도하는 마음으로 사려 깊은 계획을 세울 필요가 있다.

4. 노화에는 위험부담이 따르기 마련이다. 연로한 멤버들은 병에 걸릴 확률이 더 높고 선교부의 자원이 더 필요하다. 연로한 멤버들이 여전히 필드에 있다가 심각한 질병에 걸리면 팀 전체에 부담이 될 수 있다. 선교단체는 그 짐을 질 준비가 되어 있는가? 아니면 모든 필드

선교사들이 일정 연령이 되면 본국으로 돌아가게 해야 하는가? 우리의 필드 그룹 중에 하나는 멤버들이 일정 연령이 되면 본국에 거처를 마련해야 한다는 정책을 수립했다는 좋은 소식을 들었다. 이는 연로한 멤버가 어느 시점이 되면 선교 본부의 지도와 감독을 받게 된다는 뜻이다. 이 문제는 (국제) 선교부의 인사 담당자와 사역자가 소속한 나라의 본부가 서로 협력하며 다루는 것이 최선일 것이다. 법이나 강제력을 집행하기보다는 대화와 협상으로 다루는 것이 최선이다.

5. 사역자가 연로해질수록 보험료가 증가하고 질병도 더 심해지고 치료비도 더 많이 든다. 이 비용을 누가 감당할 것인가?

6. 연로한 멤버가 교통수단과 돌보는 손길 등에서 다른 멤버들에게 의존하게 되면 그 멤버들이 부담을 느낄 수 있다. 선교부의 한정된 자원이 연로한 멤버를 돌보는 데 다 사용된다면 다른 멤버들을 돌보는 일에 지장이 생긴다. 그들이 스스로를 돌볼 수 없는 연로한 이들을 위해 온갖 일을 하게 되면 너무 바빠지게 마련이다.

7. 연로한 멤버들은 새로운 업무수행 방식과 새로운 목표와 새로운 리더십에 대해 불편함과 불만족을 느낄 수 있다. 원로를 어떻게 새로운 아이디어에 '동조하게' 할 수 있을까? 가장 오래된 필드 선교부에서 오래 일했던 인사 담당자는 이렇게 말했다. "나는 선교부의 연로한 멤버들이 신입 멤버들과 새로운 업무수행 방법을 얼마나 잘 받아주는지를 보고 감탄했다. 신입 멤버들이 그들의 과업에 대해 생각할 때 과연 원로들이 그들의 참신한 생각을 수용할지 모르겠다고 내게 묻곤 한다. 나는 그들에게 아무 문제가 없을 것이라고 대답해 줄 수 있어서 매우 기쁘다."

8. 원로들 편에서 더 젊고 새로운 멤버들에게 책임을 넘기는 일과 이

들이 모든 것을 주관하고 전략과 방향성에 영향을 주는 것을 못마땅해 할 수 있다. 원로의 입장에서는 그들의 성숙한 생각이 배제되는 것을 싫어할 수 있다. 그러면 이 문제를 어떻게 해결할 수 있는가?

9. 연로한 멤버가 조직의 방향성에 불만을 표시하며 다른 멤버들에게 영향력을 행사하면 단체가 분열될 소지가 있다. 방금 언급한 인사 담당자는 비록 새로운 아이디어에 적응하는 일이 항상 쉽지는 않지만 "연로한 멤버들은 권위에 순복하는 경향이 있고, 자기네 의견을 말하고 상대방이 잘 들어주면 그냥 넘어갈 것이다"라고 말한다.

10. 원로 세대가 무대에서 사라지면 단체가 잃게 될 지식의 문제는 어떻게 하나? 공동의 기억은 원로 세대 안에 있고, 그들이 경험했던 이야기들과 배운 교훈들은 보통 기록되지 않는다. 그들이 개발했던 인간관계들은 후배들도 계속 유지해야 한다. 이 지식의 보고를 우리가 어떻게 활용할 수 있을까?

11. 원로들의 기력이 쇠약해질 때 그들을 어떻게 활용할 수 있는지 우리는 잘 모른다. 하지만 그들의 기억력과 분별력, 그리고 정신력은 계속 강할 수 있다. 어떤 은퇴한 멤버들은 자원봉사를 통해 훌륭하게 기여하고 있다. 오늘의 세계와 젊은 세대는 멘토를 찾고 있다. 위대한 이야기를 갖고 있을뿐더러 성경 번역가로서 또는 다른 종류의 사역에 종사한 자로서 경건한 삶의 원리들을 알고 있는 건강하고 긍정적인 멤버들보다 더 좋은 멘토를 어디서 찾을 수 있겠는가?

원로들이야말로 차세대가 건물을 짓고 더 뻗어나갈 수 있도록 그 토대를 마련한 사람들임을 우리가 잊어서는 안 된다. "우리는 내 앞의 지평선을 볼 수 없는 사람들의 어깨 위에 선 자들이다."

타문화 사역자를 향한 질문

지금까지 선교단체, 멤버 케어 담당자와 친구들, 그리고 파송교회의 역할에 대해 다뤘는데, 정작 유종의 미를 거두는데 꼭 필요한 열쇠를 쥔 사람은 사역자 본인이다. 인생을 마감할 때는 많은 계획을 세울 필요가 있다. 앞에서 언급한 세부적인 사항들뿐만 아니라 본인의 성품, 인간관계, 태도 등에 관한 계획도 필요하다.

각 사역자는 자신을 위해 무엇을 할 수 있는가? 어떤 질문이나 이슈들을 숙고해야 하는가? 나는 다음과 같은 질문들에 대해 생각한다. 가능하면 상담자나 멤버 케어 담당자 또는 인사담당자와 함께, 어쩌면 55세 생일을 계기로, 정기적으로 다함께 논의하는 것이 바람직하다.

다른 사람들이 사역자에게 늙어가고 있다는 사실을 새삼 상기시켜주면 사역자의 뇌리에는 많은 생각이 스쳐가기 마련이다.

다음은 타문화 사역자들이 스스로 던지는 질문들이다.

- 나는 아직도 헌신적이고 건강한 사람이다. 지금까지 해오던 일을 왜 할 수 없단 말인가?
- 이 나이가 되었다고 내가 달라진 면이 있는가?
- 왜 은퇴를 생각해야 하는가? 성경은 은퇴에 대해 말하지 않고 그런 실례도 없다.
- 장래 계획을 세우는 것은 믿음이 없기 때문이 아닌가? 이제까지 평생 하나님이 공급하실 것을 믿고 바라보지 않았던가?
- 나 자신을 위해 무엇을 할 수 있을까? 내가 선교부로부터 정당하게 받을 수 있는 도움은 무엇인가?
- 장래 계획에 어떻게 내 경험을 잘 반영할 수 있을까? 나는 여전히 존

경받고 필요한 존재이긴 하지만 후배들의 길을 가로막고 싶진 않다.

- 이 노년의 단계를 정서, 재정, 영성, 그리고 사역의 측면에서 어떻게 준비할 것인가?
- 나는 어떤 종류의 원로가 되고 싶은가?
- 내가 현재 당면하고 있는 유혹은 무엇이며, 어떻게 모든 지인에게 모범이 되는 경건한 사람으로 유종의 미를 거둘 수 있을까?
- 나는 아직도 안정되고 예측 가능한 삶을 원하는 단계에 있다. 그런데 주위를 돌아보면 모든 것이 변하고 있다. 최근의 이슈와 추세와 첨단 기술 등을 따라잡아야 할까, 아니면 한걸음 물러나서 조용히 살 것인가?
- 나는 뒤쫓아 오는 후배들을 응원할 것인가, 비판할 것인가?
- "나이가 들면 삶에 흐르는 음악이 단조로 바뀔 수 있다"(버몬 그라운즈 박사). 그 단조가 비통함과 후회의 색채를 띠는가, 아니면 만족과 감사로 물들어 있는가? 이것이 바로 우리 앞에 놓인 도전이다.

하나님의 부르심을 받고 그분의 손길로 준비된 사람으로서, 타문화 사역자는 성령의 인도를 받아 인생의 각 단계를 책임질 필요가 있다.

유종의 미를 거두기 위한 계획

몇 년 전 한 친구가 내게 시간을 큰 선물로 준 적이 있다. 나는 세미나를 돕기 위해 그 친구에게 가게 되었는데, 저렴한 비행기를 이용하는 바람에 토요일 오후에 일찍 도착하게 되었다. 그 친구가 이렇게 말했다. "내일 내가 너를 안 만나도 되겠지? 음식은 갖다 줄게, 화장실은 저기에 있고, 음악은 여기에 있어. 원하는 책은 모두 갖다 줄게. 이 시간을 마음대로 사용해. 아무도 방해하지 않을 테니."

이 얼마나 큰 선물인가! 나는 친구에게 구할 수 있는 성경 번역본을 모두 가져오라고 부탁하고, 이후 24시간 내지 36시간을 어떻게 유종의 미를 거둘 수 있을지 생각하고 계획하는데 사용했다. 홀로 세운 계획이었던 고로 남편과 공유할 부분이 있어서 나중에 함께 그 계획을 다듬었다.

당시에 세웠던 계획을 여기에 소개한다. 이는 유종의 미를 잘 거두기 위한 계획의 한 본보기라 할 수 있다. 물론 다른 사안들도 얼마든지 추가할 수 있다. 이 계획의 취지는 우리를 지켜보는 세상에 경건한 삶을 보여주고 스스로 후회 없이 인생을 마감할 수 있도록 유종의 미를 거두는 데 있다.

"나의 남은 생애는 어떤 모습을 띠길 바라는가?"

1. **신체적 건강**. 적절한 영양 섭취, 운동, 여가, 쉼, 기타 건강한 습관에 신경을 써서 최대한 오래토록 최대한 좋은 건강을 유지한다. 몸의 건강이 모든 핵심 가치들에 영향을 끼친다.
2. **지적 활동**. 책을 읽는 훈련, 기억력 활용, 새로운 관심사, 창의적인 일을 통해 평생 배우기를 멈추지 않는다.
3. **인간관계**
   a. 친한 친구 몇 명과 신뢰 관계를 계속 유지하겠다.
   b. 동료들과 우호적인 관계를 맺으려고 노력하겠다.
   c. 모든 사람을 존중하는 태도를 보여주겠다.
   d. 두려움, 원한, 회피, 반감, 원망을 품지 않겠다.
4. **친밀함**
   a. 남편, 아들들, 며느리들과 친밀한 관계를 유지하고 개발하기 위해 최선을 다하겠다.

b. 손자손녀들을 이해하고 그들과 친구처럼 지내기 위해 부지런히 노력하겠다.

c. 형제들과 배우자들, 확대가족과 우호적 관계를 맺고자 힘쓰겠다.

5. **영성**

a. 하나님의 성품, 그분의 권위, 그분으로 충분함을 인식하고 그분의 말씀을 의지하는 가운데 나의 모든 노력에 영성이 스며들게 하겠다.

b. 하나님을 더 잘 알려고 하고 그분과의 친밀함을 더욱 개발하겠다.

c. 하나님의 마음에 쏙 드는 여성이 되기 위해 내 마음을 연마하겠다.

d. 기회가 닿는 대로 믿는 형제자매들과 교제하겠다.

e. 우리 교회에 최대한 참여하고 가능하면 그룹 성경공부에도 참석하겠다.

6. **묵상을 즐기는 생활방식**

a. 성찰과 묵상과 예배를 통해 영적 성장을 도모하겠다.

b. 이를 위한 활동에 힘쓰겠다. 독서, 성구와 시(詩) 암송, 신앙적인 글쓰기, 찬송 등.

7. **글쓰기**

a. 불필요한 자료 제거, 내 사역에 초점을 맞추기.

b. 더 많은 글을 쓰고 자료를 정리하여 사용하기 쉽게 하겠다.

c. 불필요한 자료와 사용하지 않은 책들을 폐기처분하겠다.

d. 내가 쓴 글과 품은 생각과 개발한 자료를 관대하게 나누겠다.

8. **미완성 과제**

a. 재정 현황을 늘 확인하고, 개인 자산에 대한 유언신탁과 유언장과 설명서를 확실히 챙기고, 사망기사를 비롯한 장례 예배에 관한 지시사항을 정리하겠다.

b. 생애 마지막 20년(?)의 목표를 써 놓겠다.

c. 사진을 모으고 불필요한 것은 삭제하고, 다른 사진들을 사진 박스나 앨범에 넣겠다.

d. 과거를 되돌아보며 이제는 이루지 못할 것 또는 완수하지 못한 것을 정리하겠다.

e. 우리가 평생 꿈꾸던 성지 순례를 다시 고려하고, 가능하다면 속히 계획을 짜겠다.

9. 전환기와 유종의 미를 위한 새로운 목표

a. 우리의 목표는 유종의 미를 거두는 것이다.

b. '유종의 미'가 어떤 것인지를 알고 아름다운 마무리를 위해 계획을 세울 필요가 있다.

10. 기술과 태도

a. 홀로서기의 기술을 연마해야 한다. 내가 남편보다 더 오래 살 가능성이 많다. 지금은 남편에게 의존하는 일들 – 집수리, 자동차 점검, 컴퓨터 지식, 여행 예약 등 – 가운데 일부는 내가 배워야 한다.

b. 의존하는 태도를 개발해야 한다. 예수께서 이렇게 말씀하셨다. "내가 진실로, 진실로 네게 이르노니 네가 젊어서는 스스로 띠 띠고 원하는 곳으로 다녔거니와, 늙어서는 네 팔을 벌리리니 남이 네게 띠 띠우고 원하지 않는 곳으로 데려가리라"(요 21:18). 다른 사람에게 의존하지 않을 수 없는 때가 분명히 오고 있다. 위엄과 홀로서기를 포기해야 할 때를 대비하여 지금부터 흔쾌히, 감사하게 도움을 받는 태도를 어떻게 개발할 것인가?

c. 나는 어떤 종류의 원로가 될 것인가? 다음과 같은 태도와 습관을 지금부터 기를 수 있다고 나는 생각한다. 인자함, 감사, 불평과 기대를 버림, 인내 등.

11. 장소

a. 우리는 어디에 살 것인가?

b. 거기서 자족하면서 살려면 어떤 시설이 필요한가?

c. 가족, 병원, 동료, 교회 등에서 얼마나 떨어진 곳이 바람직한가?

d. 우리에게 약간의 능력이 있을 때 거주할 장소를 결정하고 준비하는 것이 좋다.

최근에 우리를 비롯한 많은 이들이 1942년부터 64년간 사역하다가 90세에 생을 마감한 한 원로 언어학자 겸 성경 번역가의 일생을 추모하기 위해 모였다. 그녀는 여기에 나온 제안에 따라 의도적으로 살진 않았겠지만 정확하게 그렇게 살았던 인물이다. 삶의 모든 영역에서 경건하고 성숙한 면모를 지녔던 온전한 사람이었다. 이게 바로 유종의 미다! 우리 모두 끝까지 하나님을 잘 섬기고 유종의 미를 거두기로 다짐하자.

참고문헌

Alcorn, Randy. 1999, In *Light of Eternity*. Colorado Springs, CO: Waterbrook Press.

Alcorn, Randy. 2004. *Heaven*. Wheaton, IL: Tyndale House Publishers.

Buford, Bod. 1994. *Half-Time: Changing Your Game Plan form Success to Significance*. Grand Rapids, MI: Zondervan. 『하프타임』(국제제자훈련원).

Buford, Bod. 1997. *Game Plan: Winning Strategies for the Second Half of Your Life*. Grand Rapids, MI: Zondervan.

DeLong, David W. 2004. *Lost Knowledge: Confronting the Threat of An Aging Work Force*. Oxford: Oxford University Press.

Farrar, Steve. 1995. *Finishing Strong: Finding the Power to go the Distance*. Portland, OR: Multnomah.

Fischer, Kathleen . R. 1995. *Winter Grace: Spirituality for the Later Years*. New York: Paulist Press.

Maclay, Elise. 1977. *Green Winter*. New York: Reader's Digest Press.

Maclay, Elise. 1981. *Approaching Autumn: Where Do I Grow from Here?* New York: Doubleday and Company, Inc.

MacDonald, Gordon. 2004. *A Resilient Life*. Nashville, TN: Thomas Nelson, Inc.

MacDonald, Gordon. 1994. *The Life God Blesses*. Nashville, TN: Thomas Nelson, Inc. 『하나님이 축복하시는 삶』(Ivp).

Stafford, Tim. 1989. *As Our Years Increase,* Grand Rapids, MI: Zondervan.

The Everyday Bible, New Century Version. "Week 42: Endurance: The Final Lap."

18장 "유종의 미" 요약 – 유익한 태도와 행동

누가	준비 단계	현지 단계	재입국 단계

사역자 자신	• 유언장과 유언신탁서를 작성하라
	• 법정 대리인을 선정하라
		• 하나님의 영광을 위해 유종의 미를 거둘 수 있도록 붙들어주실 하늘의 아버지를 신뢰하라
		• 가끔씩 또는 55세 생일을 계기로 점깐 멈추고 유종의 미를 잘 거두기 위해 어떤 문제와 이슈들을 고려해야 하는지 생각해 보라. 예를 들면,
		  – 남겨둘 내 가족에게 유익한 것은 무엇일까?
		  – 인생의 마감을 앞둔 나는 어떤 성품, 인간관계, 태도를 다듬어갈 것인가?	

친구들, 지원팀, 동료들	• 원로 멤버들과 은퇴를고 열린 관계를 도모하라	• 가능하면 현지에서 오랫동안 일한 뒤에 본국으로 돌아오는 사람이나 조만간에 인생을 마감하게 될 사람을 방문하여 그들의 이야기를 듣고, 당신이 소중히 여기는 경험들도 나누고, 작별 인사를 하라 • 마지막 순간까지 친구관계를 유지하고, 가능하면 그 가족을 후원하라 • 빈소에서: 당신이 고인을 얼마나 고마워하는지 유족에게 얘기하라	
교회, 파송단체	• 은퇴, 유언장, 필드에서의 죽음에 관한 정책을 수립하라 • 행정업무: 신상 정보들을 갱신하라	• 사역자에게 인생을 마감하기 훨씬 전에 그 문제에 대해 생각하고 유종의 미를 거두기 위한 계획을 짜도록 격려하라. 예를 들어, "나는 남은 생애를 어떤 모습으로 살기 원하는가?" • 교회/선교단체는 원로 멤버들에게 어떻게 감사를 표현할 수 있을까? • 사역자의 정체식에 참조해서 그의 삶과 사역에 대한 칭친과 감사를 표현하고, 그들이 섬겼던 사람들과 그들과 함께 일했던 사람들에게 어떤 존재였는지를 이야기하며, 유족에게 사랑의 선물을 주는 것도 고려하라 • 동료를 잃고 상실감에 빠진 동역자들에게 디브리핑을 제공하라 • 사역자가 멀리 떨어진 곳에서 죽음을 맞이하고 거기에 묻혔더라도 본국에서 장례식을 거행하라	
멤버 케어 담당자	• 그 곁에 있고 무슨 질문이든지 잘 들어주라	• (예전의) 멤버가 불치병을 앓고 있을 때에는 곁에서 보살피고, 도움을 주선하고, 모니터하라 가능하면 가족에게도 도움의 손길을 뻗치라 • 그 멤버의(예전) 동역자들에게 불치병이나 죽음에 대한 소식을 전하라	
전문가	• 유효한 유언장 작성 요령 등에 대해 조언하라		

끝맺는 말

당신은 이제 이 책의 마지막 지점에 이르렀습니다.

많은 사람의 도움을 받아 이 책을 쓴 목적은 모든 타문화권 사역자들을 구비시키고, 강건케 하고, 격려하고, 그들에게 능력을 부여하기 위해서입니다. 나의 간절한 소원은 모든 곳에서, 모든 사역에서, 모든 관계에서 그들의 사역과 내 사역을 통해 하나님이 영광을 받으시고 그리스도의 몸이 든든히 서는 것입니다.

타문화 사역 분야에서 멤버 케어가 실행된다면 그것은 성령께서 일하고 계심을 보여주는 강력한 증거입니다. "그들은 우리의 사랑을 보고 우리가 그리스도인임을 알 것"이라는 옛 복음성가가 있습니다.

"그러므로 내 사랑하는 형제들(과 자매들)아,
견실하며, 흔들리지 말고,
항상 주의 일에 더욱 힘쓰는 자들이 되라
이는 너희 수고가 주 안에서 헛되지 않은 줄 앎이라"

(사도 바울, 고린도전서 15:58).

주 예수님, 그렇게 되게 해 주옵소서.

부록

부록 1 "서로서로"에 대한 신약의 명령

멤버 케어의 상호적인 면(2장을 보라)은 성경에 나오는 많은 "서로서로"의 권면에 바탕을 두고 있고, 그 중에 가장 강력한 권고는 예수께서 제자들의 발을 씻긴 후에 그들에게 하신 말씀이다. "새 계명을 너희에게 주노니 서로 사랑하라. 내가 너희를 사랑한 것 같이 너희도 서로 사랑하라. 너희가 서로 사랑하면 이로써 모든 사람이 너희가 내 제자인 줄 알리라."(요한복음 13:34-35)

마가복음 9:50	서로 화목하라
요한복음 13:14	서로 발을 씻기라
요한복음 13:34	서로 사랑하라
요한복음 13:34	서로 사랑하라
요한복음 13:35	서로 사랑하라
요한복음 15:12	서로 사랑하라
요한복음 15:17	서로 사랑하라
로마서 12:5	우리 많은 사람이 그리스도 안에서 한 몸이 되어 서로 지체가 되었느니라
로마서 12:10	형제를 사랑하여 서로 우애하고

로마서 12:10　　　존경하기를 서로 먼저 하며

로마서 12:16　　　서로 마음을 같이 하여

로마서 13:8　　　　피차 사랑의 빚 외에는

로마서 14:19　　　우리가 화평의 일과 서로 덕을 세우는 일을 힘쓰나니

로마서 15:5　　　　서로 뜻이 같게 하여 주사

로마서 15:7　　　　그리스도께서 우리를 받음 같이 저희도 서로 받으라

로마서 15:14　　　서로 권하는 자임을

로마서 16:16　　　거룩하게 입맞춤으로 서로 문안하라

고린도전서 11:33　그런즉 내 형제들아 먹으러 모일 때에 서로 기다리라

고린도전서 12:25　서로 같이 돌보게 하셨느니라

고린도전서 16:20　거룩하게 입맞춤으로 서로 문안하라

고린도후서 13:11　거룩하게 입맞춤으로 서로 문안하라

갈라디아서 5:13　　사랑으로 서로 종노릇 하라

갈라디아서 6:2　　너희가 짐을 서로 지라

에베소서 4:2　　　오래 참음으로 사랑 가운데서 서로 용납하고

에베소서 4:25　　그 이웃과 더불어 참된 것을 말하라

에베소서 4:32　　서로 친절하게 하며 불쌍히 여기며

에베소서 4:32　　서로 용서하기를

에베소서 5:19　　시와 찬송과 신령한 노래들로 서로 화답하며

에베소서 5:21　　그리스도를 경외함으로 피차 복종하라

빌립보서 2:3　　　겸손한 마음으로 각각 자기보다 남을 낫게 여기고

골로새서 3:13　　서로 용납하여

골로새서 3:13　　누가 누구에게 불만이 있거든 피차 용서하되

골로새서 3:16　　피차 가르치며

골로새서 3:16　　피차 권면하고

데살로니가전서 3:12　너희도 피차간의 사랑이 더욱 많아 넘치게 하사

데살로니가전서 4:9　　서로 사랑하라

데살로니가전서 4:18　　서로 위로하라

데살로니가전서 5:11   피차 권면하고

데살로니가전서 5:11   서로 덕을 세우라

데살로니가전서 5:13   너희끼리 화목하라

데살로니가전서 5:15   서로 대하든지 모든 사람을 대하든지 항상 선을 따르라

히브리서 3:13   매일 피차 권면하여

히브리서 10:24   서로 돌아보아 사랑과 선행을 격려하며

히브리서 10:25   오직 서로 권하여

야고보서 5:16   죄를 서로 고백하며

야고보서 5:16   서로 기도하라

베드로전서 1:22   마음으로 뜨겁게 서로 사랑하라

베드로전서 3:8   형제자매를 사랑하며 불쌍히 여기며

베드로전서 4:8   뜨겁게 서로 사랑할지니

베드로전서 4:9   서로 대접하기를 원망 없이 하고

베드로전서 4:10   각각 은사를 받은 대로 서로 봉사하라

베드로전서 5:5   서로 겸손으로 허리를 동이라

베드로전서 5:14   사랑의 입맞춤으로 서로 문안하라

요한일서 3:11   서로 사랑할지니

요한일서 3:23   서로 사랑할 것이니라

요한일서 4:7   우리가 서로 사랑하자

요한일서 4:11   서로 사랑하는 것이 마땅하도다

요한일서 4:12   우리가 서로 사랑하면

요한이서 1:5   네게 구하노니 서로 사랑하자

우리가 서로서로 하지 말아야 할 것들

마태복음 24:10   서로 넘겨주고(배반하고)

마태복음 24:10   서로 미워하겠으며

사도행전 7:26   서로 해치느냐?

로마서 14:13   다시는 서로 비판하지 말고

고린도전서 6:7	너희가 피차 고발함으로
고린도전서 7:5	서로 분방하지 말라
갈라디아서 5:15	서로 물고
갈라디아서 5:15	서로 먹으면
갈라디아서 5:15	피차 멸망할까 조심하라
갈라디아서 5:26	서로 노엽게 하거나
갈라디아서 5:26	서로 투기하지 말지니라
골로새서 3:9	너희가 서로 거짓말을 하지 말라
야고보서 4:11	서로 비방하지 말라
야고보서 5:9	서로 원망하지 말라

다함께 사역하는 팀/그룹에게 권하는 활동과 질문

우리 주님은 우리가 서로 격려하고 세워주는 걸 좋아하신다(살전 5:11, 고전 12:27).

1. 스스로(홀로 또는 그룹으로) 다음 질문을 하면서 "서로서로" 계명을 공부하라
   a. "서로서로" 계명 중에 내(우리)가 자주 실천하는 것은?
   b. "서로서로" 계명 중에 내(우리)가 더 많이 실천할 필요가 있는 것은?
   c. "서로서로" 하지 말아야 할 것들 중에 내(우리)가 중단해야 할 것은?

2. 원탁에 둘러앉아서 위에 열거한 '서로서로'에 대한 성경 구절들을 공부하라
   a. 구절들을 천천히 읽으면서 오른편 사람을 위해 한두 구절을 선택하라.
   b. 주위 사람들과 그 구절을 나누고, 그 구절을 실천한 사람들에게 감사하되 가능하면 실례를 들어보라.
   c. 함께 나눈 후 묵상할 질문: 칭찬을 주거나 받았을 때 어떤 느낌이 들었는가?

- 그룹이 너무 크면 네 명씩 나눠서 하라
- 먼저 자원해서 오른편 사람과 나눌 사람을 찾아라
- 한참 뒤에 방법을 바꿔, 먼저 한 사람이 다음에 할 사람을 지적하게 해도 좋다

부록 2 강인한 성품

(로라 매 가드너 박사)

위클리프 성경번역선교회에서는 예비 선교사들을 선별할 때 그들이 지닌 다양한 부정적 자질과 긍정적 자질에 상당히 주목한다. 선교사로 살려면 특별한 자질이 필요하기 때문에 멤버 케어 위원회와 선교회 인사부는 다음과 같은 강인한 인격적 자질을 묘사했는데, 이는 타문화권 사역자가 어려운 상황에서도 기쁘게 하나님을 섬기고 열매를 맺게 해주는 긍정적 자질들이다. 말하자면, 정서적, 신체적, 영적 건강을 유지할 수 있게 해준다는 뜻이다. 여기서는 긍정적 자질에 초점을 맞추겠지만, 이런 자질이 있어도 교만, 게으름, 믿기 어려움, 경멸하는 태도 같은 부정적 자질을 갖고 있다면 자격미달에 해당한다.

이 글에서 필자가 언급하는 어느 자질의 부족은 성장이 필요하다는 지표이지 죄책감이나 수치심을 유발하려는 것이 아니다. 역대 최고의 선교사도 그의 연약함(고후 12:9-10)과 그의 죄성(딤전 1:15-16)을 시인했고, 그래도 처참한 난관을 극복했고(고후 4:7-10, 고후 11:23-28), 그리스도에게 힘을 공급받았다(빌 4:12-13). 그래서 우리도 그럴 수 있다.

후보가 이런 자질들을 갖고 있다고 진술하더라도 그것을 액면 그대로 수용하기보다는 행동을 통해 확인하는 것이 필요하다. 행동으로 나타나는 양상이 구두적인 주장보다 더 정확하기 때문이다.

인사위원회 멤버들은 하나님의 표준과 하나님의 자원의 활용에 깊이 헌신한 자들이다. 물론 비그리스도인도 정서적으로 강인할 수 있지만, 하나님을 믿는 경건한 사람은 자신이 부족하지만 하나님으로 충분하다고 인정하고, 그 자신과 타인이 지닌 연약함을 연민의 눈으로 바라본다. 그래서 경건한 사람은 비록 강인해도 늘 하나님을 의지하고 자신의 연약함을 숨기지 않는다. 오히려 하나님을 의지하는 것을 강인함의 원천으로 보고, 자기가 약할 때 곧 강하다는 것을 인식한다. 모든 영광을 "능히 너희를 보호하사 거침이 없게 하시고 너희로 그 영광 앞에 흠이 없이 기쁨으로 서게 하실 이"에게 돌린다(유 1:24).

고통, 즐거움 그리고 자족

고통은 어떻게 해서든지 피해야 할 것이 아니고 즐거움 역시 무슨 수를 쓰든지 얻어야 할 것이 아니다. 둘 모두 인생의 일부일 뿐이지 인생의 초점은 아니다(요 10:10; 16:33; 딤후 3:12; 빌 1:29). 강인한 사람은 그의 필요를 다 채워야 한다고 고집하지 않는다. 욕구충족을 포기할 수 있는 능력이 있다. 그는 빌립보서 4:11-12절(…나는 자족하기를 배웠노니…)이 4:19절(…너희 모든 쓸 것을 채우시리라)보다 앞선다는 것을 알고, 예수님도 미처 못 채운 필요가 있었다는 것을 기억한다. 이 사람은 어떤 형편에 있든지 기꺼이 자족하고, 지나친 요구를 하지 않고, 굳이 필요한 것 없이 지내려 하진 않지만, 주어진 것을 수용할 능력이 있다.

나는 항상 불평하는 사람인가? 얼마나 자주? 얼마나 쉽게 나 자신을 안쓰럽게 여기는가? 그런 느낌이 들 때 어떻게 하는가? 오늘 나에게 필요한 어떤 것이 "없이" 지내는가? 이에 대해 어떠한 느낌이 드는가? 내가 행복하려면 무엇이 필요한가?

균형

강인한 사람은 정서, 영성, 신체, 관계, 직업의 영역에서 균형 잡힌 삶을 영위한다. 그는 습관적으로 한 영역에 너무 빠져 다른 영역에 해를 끼치지 않고, 삶을 즐기기 위해 굳이 아드레날린을 고조시킬 필요가 없다. 그는 어떤 것에도 쉽게 중독되지 않는다. 이는 약물 중독이나 강박적 파괴행위를 가리키는 게 아니라 행복해지기 위해 어떤 좋은 것 – 운동, 친교, 칭찬 등 – 에 대한 지나친 "욕구"를 품는 것을 말한다. 강인한 사람은 잠시 필요한 것이 없이 사는 법을 알고, 장기적으로 정당한 욕구를 창의적으로 채우는 법도 알고 있다(딤후 4:11-13).

내 삶을 한 페이지에 요약할 수 있다면, 나의 책무와 더불어 나의 일상이 얼마나 많이 차지하겠는가? 여백은 얼마나 큰가? 자유시간은 어떻게 사용하는가? 내 삶에서 빠진 것은 무엇인가? 균형을 잃은 부분은? 현재 나의 생활방식 때문에 누가 피해를 입고 있는가? 기꺼이 바꿀 생각이 있는가?

리더십

강인한 사람은 굳이 책임자가 될 필요가 없고 다른 사람 아래서도 자기 책임을 다한다. 그는 팀 사역을 할 줄 안다. 리더십은 장악해야 할 것도, 두려워할 것도 아니다. 그는 지도자의 자리나 추종자의 자리를 기꺼이 수용하고, "하나님께서는 우리에게 정하신 지도자들을 통해 일하시는 것을 기뻐하신다"(롬 13:1; 히 13:17)는 말씀을 믿고 윗사람에게 순복한다. 누가 책임자가 되든지 상관없이 자기가 맡은 일을 헌신적으로 수행한다. 그는 수동적이지 않고, 군림하지 않고, 무력하지 않다. 바나바가 이런 태도를 멋지게 보여준다(행 9:26-28; 11:22-26; 12:25; 13:1-15). 사도행전 13:16-41절에 나오는 바울의 설교를 계기로 그때부터 바울이 지도자로 부상했는데, 그 이전에는 바나바가 책임자였다.

> 내가 동의하지 않는 일을 상관이 시켰을 때 나는 어떻게 반응하는가? 언제 권위에 순복하기가 가장 어려운가? 그 이유는? 리더십을 맡아달라는 요청을 받을 때 나는 어떻게 반응하는가?

관점

강인한 사람은 자아도취적인 사람이 아니다. "줄거리는 나를 중심으로 돌아가지 않고, 이야기가 나와 함께 시작되거나 끝나지 않는다. 그것은 그분의 이야기다. 나는 나보다 큰 그 무엇의 일부이고, 내가 비록 이 상황의 배후 논리나 해결책을 보지 못할지라도 계속 하나님을 신뢰하겠다. 하나님이 모든 상황을 주관하시는 주권자이다"(단 3:16-18). 이 사람은 궁극적 승리를 확신하기 때문에 패배를 감당할 수 있고, 그를 칭찬할 자가 사람이 아니라 하나님임을 알고 있다(딤후 2:15).

> 나는 다른 사람의 인정과 칭찬을 얼마나 기대하고 있는가? 내가 이룬 일에 대해 다른 사람이 공로를 가로챈 적이 있는가? 그때 어떻게 느꼈는가? 어떻게 반응했는가? 지금 그런 일이 발생한다면 어떻게 반응하겠는가?

자기 인식

자기 방어적이 아닌 강인한 성품의 소유자는 자기를 너무나 잘 알고 있다. 그는 자신의 강점과 약점을 잘 알고 편안한 마음을 갖고 있다. 따라서 자기몰입에서 벗어나 고린도전서 13:4-7절에 나오는 아가페 사랑을 실천한다. 자기를 있는 그대로 보고 잘 수용하며 굳이 남들과 비교할 필요를 안 느낀다(고후 10:12). 자기에게 어느 정도의 쉼과 안식이 필요한지를 알고, 이런 욕구와 다른 욕구들이 생기면 잘 다룬다.

> 나는 누구인가? 니의 어떤 자질에 대해 하나님께 감사하는가? 이떤 영역에서 내가 성장할 필요가 있는가? 나 자신의 불만족스러운 면은 무엇인가?

하나님에 대한 책임

강인한 사람은 자기 속에서 죄가 발견했을 때 그것을 간과하지 않는다. 하나님이 모든 것을 알고 계신즉(시 139:1-18) 그는 하나님께 살펴달라고 간구하고(23-24), 성령의 임재 안에 살며(엡 4:30), 자신의 죄를 과감하게 다루고(요일 1:8-9), 다른 사람의 죄는 신중하고 자비롭게 처리한다(요 8:7, 고후 6:14, 엡 5:11, 살전 3:13).

그는 남의 잘못을 오래 기억하지 않고 오히려 용서해주며, 자기의 잘못에 대해서는 용서를 구한다.

> 어떤 것이 나에게 죄가 되는가? 내가 예전에는 잘못으로 여겼는데 지금은 용납하는 것이 있는가? 의에 대한 목마름이 내 삶에서 어떻게 나타나는가? 나의 영적 건강을 증진시키려면 무엇을 할 수 있는가? 누군가에게 원한을 품고 있지 않은가? 그 원한을 어떻게 다룰 것인가? 내가 잘못한 일에 대해 용서를 구하지 않은 것은 없는가? 다른 사람을 용서하는 것을 어떻게 생각하는가? 어떻게 느끼는가? 나의 대인관계 중에 마음에 걸리는 것은 없는가?

책임감

강인한 사람은 자기의 책임을 수용할 줄 알며 자신이 주위 사람들에게 영향을 미친다는 것도 알고 있다. 자기가 잘한 일에 대한 칭찬을 편하게 받아들이고, 잘못한 일에 대한 비난도 기꺼이 수용한다. 하지만 다른 사람을 비난하지 않는다. 그는 어디에 있든지 긍정적 영향이나 부정적인 영향을 주는 존재임을 이해한다. 그는 자신의 실수를 부인하거나 합리화하지 않고, 자신의 책임을 회피하지 않되 거꾸로 모든 책임을 떠맡으려고 하지도 않는다.

책임은 성경에 나오는 용어는 아니지만 성경적 개념이라고 생각한다. 그래서 요한복음 17:6-7절에서 예수님은 아버지께서 자기에게 주신 사람들에 관해 말하면서 그들에 대한 책임을 얘기하셨다. 요한복음 21장에 나오는 '내 양을 먹이라'는 말씀은 책임을 강하게 암시한다. 다른 성경 구절들은 가난한 자를 돌보고, 병든 자를 보살피고, 서로 사랑하라고 말한다. 고린도전서 4:1-2절은 우리는 우리가 맡은 일을 잘 수행할 책임이 있는 청기기라고 말한다. 앞장들에서는 가정에 대한 책임을 다루었다. 로마서 14:12절은 우리가 각각 우리 자신에 대해 하나님께 직접 보고해야 할 것이라고 한다. 이런 성경 구절들에 따르면 우리는 하나님에게 위임받은 일이 무엇이든 그에 대해 책임이 있다는 것이다.

> 나는 부당하게 비난을 받은 적이 있는가? 어떤 반응을 보였는가? 어떻게 좀 더 바람직한 반응을 보였어야 했을까? 실수를 할 때는 어떤 느낌이 드는가? 어떻게 행동하는가? 내가 책임질 일에 대해 직접 설명할 용의가 있는가? 그런 설명을 마지막으로 한 것은 언제였는가?

관대함

강인한 사람은 타인에게 사랑과 에너지와 자원과 시간을 내어주는 풍성한 삶을 영위한다. 그는 너그럽고, 열려 있고, 신뢰하고, 열심히 일하고, 베푸는 사람이다. 자기를 위해 재물을 쌓아두지 않는다. 자신을 공동체의 일원으로 보고 형제가 어려움에 빠지지 않도록 자기의 것을 나눠 준다(룻 2:14-18, 눅 6:38, 고후 8). 그는 또한 남에게 도움을 받는 것, 그들을 하나님이 공급하시는 손길로 간주하는 것도 관대한 행위일 수 있고 또 그 자신의 안녕을 위해 필요한 것임을 깨닫는다.

> 나는 가족, 친구, 동료 등을 위해 어떻게 나 자신을 내어주는가? 다른 사람의 어떤 도움을 기꺼이 받는가?

감사

강인한 사람은 감사하면서 산다. 그는 "우리가…서로 지체가 되었다"는 말씀을 믿는다(롬 12:5). 그는 자기에게 주어진 것을 '마땅한 권리'로 여기지 않고, 그가 받은 모든 것은 누군가의 희생이 담겨 있음을 알고, 다른 사람이 선사한 시간과 물질을 소중히 여기고 있음을 상대방에게 알게 한다. 그는 자신이 약하고 무력해서 '서로서로'의 도움이 필요함을 부끄럼 없이 받아들이고, 다른 사람의 섬김을 은혜롭게 수용한다. 그는 상호 섬김의 시너지 효과를 중요시한다. "감사하는 마음을 길러라"(골 3:15b).

> 이번 주에 나는 누구에게 감사했는가? 누구에게 감사할 필요가 있는가? 사람들이 나에게 감사를 표현할 때 어떻게 반응하는가?

소망/기쁨

그는 닻과 같이 그를 안정시키는 놀라운 소망을 품고 있고(히 6:19), 이 때문에 폭풍 가운데서도 흔들리지 않는다(히 10:23). 하나님에 대한 이런 확신은 날마다 그의 삶에 긍정적 영향을 미친다(요일 3:3). 강인한 사람은 상황이 나빠도 비관에 빠지거나 비관을 일삼지 않고, 쉽게 낙망하지 않는다. 그가 품은 소망 때문에 일상생활 중에 기쁨을 경험한다(롬 12:12).

> 완전한 비관주의를 0으로, 완전한 낙관주의를 100으로 표시한다면 나는 대체로 몇 점에 해당할까? 나는 다른 사람에게 낙관주의를 불어넣는가, 아니면 부정적 영향을 미치는가?

창의력

강인한 사람은 혁신적이고 창의적이다. 이는 그가 개념화하고 선택안과 자원을 활용하는 방식을 가리킨다. "나에게 나무 두 조각과 줄 하나가 있다. 이것들로 내가 저 펌프를 어떻게 고칠 수 있는지 보자." 그는 쉽게 항복하지 않고, 누군가 무엇을 해주길 기다리지 않고, 이상적인 것만 요구하지도 않는다. 이 사람은 창의력이 풍부하고, 열심히 대안을 찾고, 누가 구해주길 가만히 기다리지 않는다. 문제 해결을 위해 "내가 할 수 있는 일이 무엇인지 살펴보자"하며 접근한다. 바울이 광주리를 타고 창문으로 탈출한 것은(고후 11:33) 품위 있는 행동은 아니었지만 위기의 순간에 주도권을 쥐었던 모습을 보여준다.

> 장애물을 만날 때 나는 얼마나 쉽게 포기하는가? 내 경우에는 어려운 상황에 대처하는 다른 길을 모색하는 일이 얼마나 어려운가?

융통성

그는 차선(次善)을 즐길 수 있는 능력이 있다. "내가 정말 원하던 것을 비 때문에 할 수 없게 됐어. 그 대신 이것을 하겠어." 불가능한 일에 대해 불평하기보다 가능한 것을 즐길 줄 안다. 실망스럽다고 폭삭 가라앉지 않는다(빌 4:12-13).

> 최근에 나는 무엇 때문에 실망했는가? 그 문제에 대해 어떻게 느꼈는가? 무슨 행동을 취했는가? 무슨 말을 했는가? 회복하는데 시간이 얼마나 걸렸는가? 차선책을 모색했는가?

유머 감각

이는 유머를 사용하는 모습에서 드러난다. 스스로를 비웃을 수 있고, 자신을 너무 심각하게 여기지 않고, 누가 자기를 비웃어도 쉽게 상처를 받지 않는다. 다른 사람을 부드럽게 놀릴 줄도 안다. 자발성과 융통성을 보여주고, 다채롭고 풍성한 하나님의 창조세계를 즐길 줄 안다. 유머가 자칫 상처를 줄 수 있다는 걸 알기 때문에 조심스럽게 유머를 사용하며, 항상 문화적인 면을 고려한다.

무엇이 나를 웃게 만드는가? 이번 주에 무엇 때문에 웃었는가? 언제 나 자신을 비웃어 보았는가?

시행착오

강인한 사람은 실패한다고 쓰러질 정도로 약하지 않다. 시행착오를 통해 배운다. 실패와 퇴짜와 거절을 당해도 흐트러진 것들을 주워 모아 다시 시작할 수 있는 능력이 있다. 따라서 감독의 역할을 잘 수행한다(예, 언어 프로젝트를 감독하는 일). "넘어져서 상처가 나도 오뚝이처럼 계속 다시 일어난다."

상처를 되씹는 일에 나의 에너지를 얼마나 사용했는가? 내가 좋아하지 않는 사람들은 누구인가? 나를 좋아하지 않는다고 생각하는 사람은 누구인가? 왜 그런가? 내 삶에서 분노가 도사리고 있는 곳은? 분노가 어떻게 나타나는가? 내가 품은 분노가 원한으로 변하진 않았는가? 어떻게 하면 좋을까? 평가를 받을 용의가 있는가? 누구에게?

예의

삶의 윤활유는 좋은 매너, 다른 사람을 존중하는 태도, 문화적으로 적절한 처신 등이다. "나는 외딴 섬이 아니다. 나는 마음대로 행동할 수 없고 부정적 감정에 따라 행하면 안 된다. 나는 다른 사람에게 주는 영향을 의식한다." "…서로를 위한 사랑의 행위에 자신을 쏟아 붓고, 서로의 다름을 깊이 이해하고, 서로 간에 벽이 있다면 서둘러 허무십시오"(엡 4:2-3, 메시지). 요한복음 19:26-27절은 예수께서 요한에게 어머니를 돌봐달라고 하는 장면이다. 따라서 마리아는 생계를 염려하지 않아도 된다. 다른 사람의 삶을 미리 배려하는 것이 좋은 매너이다.

일상생활에서 다른 사람들은 나를 어떻게 생각하는가? 나는 남에게 대우 받고 싶은 대로 남을 대우하는가? 나는 다른 사람들의 필요와 바람을 존중하는가? 그런 것을 인식하는가?

시간 사용

강인한 사람은 필요하면 스스로 알아서 시작한다. 그는 지루함을 생산성으로 바꾸고 뜻밖의 시간 "낭비"를 유용한 것으로 전환시킬 수 있다. 그는 홀로 성찰하는 시간과 사람들과 교제하는 시간으로부터 유익을 얻고, 자신의 안녕을 위해 개인적 시간과 사교적 시간 사이에 균형을 유지한다(골 3:23, 엡 5:16, 골 4:5).

> 이번 주에 나는 좌절되거나 지연하거나 곁길로 빠지진 않았는가? 나는 어떻게 반응했는가? 이번 주에 내가 시간을 사용한 방식에 대해 얼마나 만족하는가? 어떤 부분에 변화가 필요한가?

후원

강인한 사람은 개인적 후원 체계를 잘 파악하고 유지한다. 그는 집단(가족, 교회, 선교회, 이웃 등) 안에서 건강한 대인관계를 개발할 수 있고, 적절한 경계선을 설정하며, 서로에게 미치는 영향을 잘 인식한다(고전 12:7-26, 엡 4:15-16).

> 이번 주에 나는 후원자들과 소통하고, 친구들과 교제하고, 불신자를 선노하는 일에 시간을 얼마나 사용했는가? 어떤 영역에 변화가 필요한가? 어떻게 실천할 수 있는가?

배움

강인한 사람은 개방적으로 새로운 아이디어를 받아들이며 일을 새로운 방식으로 처리한다. 그는 평생 동안 배우는 사람이며, 그가 지금까지 '해 오던 방식'을 뒤엎고 새로운 창조적 방법과 아이디어를 과감하게 도입하는 것을 주저하지 않는다. 다른 사람들로부터 받는 조언도 흔쾌히 받아들인다.(잠 1:2-5 메시지; 잠 9:9; 16:23).

> 나는 잘못을 지적 받을 때 어떻게 반응하는가? 변화에 대해 얼마나 개방적인가? 새로운 정보나 방법 등에 대해 얼마나 개방적인가? 어떤 영역에

서 발전하길 원하는가? 이를 성취하기 위해 나는 무엇을 할 수 있는가?

갈등 해결/대면

강인한 사람은 마음의 동요 없이 공격에 잘 버티고 도전을 직면할 수 있다. 그런 사람은 방어적 자세로 남의 말을 듣지 않고, 사심 없이 상대의 의견을 듣고 평가하며, 제기된 문제에 대해 정직하게 반응한다. 그는 필요한 변화에 대해 열려 있지만 교묘한 조작에는 굴복하지 않는다. 그는 다른 사람의 의견에 좌우되거나 함몰되지 않는다.

나는 어떤 이슈에 대한 다른 사람의 이견(異見)을 개인적으로 받아들이지 않고 있는 그대로 수용할 수 있는가? 나쁜 동기가 있다고 의심하지 않으면서? 상대방이 대항하면 어떤 느낌이 드는가? 나는 어떻게 행동하는가? 비판을 좀 더 건강하게 수용하려면 어떻게 해야 할까? 어떤 이슈에 대해, 어떤 조건 아래서 나는 다른 사람에 맞설 용의가 있는가?

강인함을 보여주는 이런 행위들은 하나님의 말씀에 뿌리박은 기술과 태도이고, 하나님의 도움으로 성취되는 것이며, 하나님의 영광을 위해 실천되는 것이다. 성장의 요건은 성경에 비춰본 정확한 자기 인식, 성령의 능력, 예수님을 쫓는 동지들의 공동체 등이다. 우리는 충분히 강한 사람이 될 수 있다. "우리는 여러분이 여러분의 일을 끝까지 해낼 수 있는 힘 – 이를 바득바득 갈면서 마지못해 하는 힘이 아니라 하나님이 주시는 그 영광스러운 힘 – 을 받게 되기를 바랍니다. 그것은 견딜 수 없는 것을 견디는 힘, 기쁨이 넘쳐나는 힘, 우리를 강하게 하셔서 우리를 위해 마련해 두신 온갖 밝고 아름다운 일에 참여하게 하시는 아버지께 감사드리는 힘입니다"(골 1:11-12, 메시지).

부록 3 　디브리핑(Debriefing)

디브리핑의 필요성
모든 사역자는 지도자 또는 멤버 케어 담당자로부터 디브리핑을 받아야 한다.

1. 사역 기간 동안 정기적으로 받는 디브리핑(적어도 6개월마다)
　a. 업무에 관해 – 직무 명세서를 바탕으로 하되 좀 더 폭넓게 – 아래에 나오는 첫 번째 질문 세트를 보라
　b. 폭넓은 인터뷰 – 사역자의 삶 전반에 대한 고찰 – 아래 나오는 두 번째 질문 세트를 보라
2. 중요한 전환기
　a. 사역 변경
　b. 임기 종료 인터뷰 – 필드를 떠나기 전과 본국에 돌아온 후 본부 사무실에서. "임기"가 다양한 것을 감안하면 적어도 3년에 한 번은 시행되어야 한다. 보고서는 본부 사무실에 제출해야 한다.
　c. 영구적으로 필드를 떠날 때
3. 위기나 트라우마를 겪은 후(예, 사고, 강도, 도둑, 추방, 가족이나 가까운 사람의 죽음, 재난, 또는 큰 손실 등)
　a. 중대한 사건으로 인한 스트레스 디브리핑 – 너무 일찍, 너무 짧게 하지 말 것, 신뢰할 만한 사람에게 맡기라.

디브리핑의 목적
1. 잘 이해해주는 사람에게 당신의 이야기를 털어놓는 것
2. 타문화 경험을 이해하는 사람과 기쁜 일을 함께 기뻐하고 관심사를 나누는 것
3. 얘기하다 보면 면역 체계가 증진되고 스트레스가 풀린다
4. 경험을 '마무리'하게 되고 이런 면에서 유익하다
　a. 뒤를 돌아보고 이번 임기의 경험을 평가할 수 있다
　b. 앞을 내다보며 미래를 건설적으로 계획할 수 있다.

5. 다음과 같은 일을 통해 본국에의 재적응을 지원하고 돕는다

   a. 지난 임기의 필드 사역을 되돌아보고 평가하기

   b. 그동안 나타난 강점, 약점, 문제점을 파악하기

   c. 안식년 동안 새로운 스트레스 요인을 만나기 전에 미해결 이슈 처리하기

   • 해소되지 않은 감정(슬픔, 분노, 두려움, 죄책감)

   • 해결되지 않은 관계(사역 팀, 현지인)

   d. 성장을 극대화할 수 있는 방법과 목표를 논의하기

   e. 현재의 필요를 평가하기

   • 영적인 면(수련회, 독서 등)

   • 신체적인 면(건강 검진?)

   • 정서적인 면(상담? 탈진?)

   • 관계적인 면(가족, 결혼, 본국에 있을 동안 연락할 사람들? 집에 있을 동안 직면할 가족 문제?)

   • 생활의 측면(거주할 곳? 교회 보고와 휴식을 위한 일정?)

6. 그동안의 경험에 대한 관점을 되찾고 그 경험을 전반적인 삶에 통합시킨다

정보 관리(비밀 보장)

1. 디브리핑에서 나눈 내용은 신중하게 다뤄야 한다.

2. 임기 말 디브리핑에 대해서는 보고서를 작성하고, 거기에 서로 합의한 사항을 포함시켜야 한다.

   a. 보고서는 먼저 사역자에게 보여주고 논평할 기회를 준다.

   b. 사역자의 논평이 (리더가 보기에도) 사실을 더 잘 반영하면 리더는 그에 맞춰 내용을 조정할 것이다.

   c. 사역자의 논평이 리더의 견해와 다르면, 리더는 리더의 보고서에 추가시키되 그 논평이 사역자의 것임을 분명히 표시한다.

   d. 보고서의 복사본을 만들어 팀 리더와 (필요하면) 후원 교회에 보내고 본인에게도 보낸다.

3. 디브리핑 담당자는 사역자의 현지 국가는 물론 본국의 정보 보호 관련 법규에

대해 알고 있어야 한다.

4. 다음 경우에는 리더가 백퍼센트 비밀 보장을 할 수 없다. 관련된 리더십에 알려주고 전문적 조언을 구해야 한다.

   a. 스스로를 위협하는 경우(자살 시도)

   b. 다른 사람을 해칠 위험이 있는 경우

   c. 자녀 학대와 방치가 의심되는 경우

   d. 심각한 도덕적 문제를 일으킨 경우(성적 또는 재정적)

이것은 사역자가 부부간의 심한 불화와 만성적 우울증 등 사역에 중대한 영향을 미치는 심각한 문제를 안고 있을 경우에도 똑같이 적용된다.

보통은 사역자에게 누구와 어떤 문제를 나눌 필요가 있는지 알려줘야 한다.

직무와 관련된 질문 – 당사자의 직무 명세서를 바탕으로

1. 사역 평가

   a. 사역과 책임

      • 잘 추진된 것은 무엇인가?

      • 당신이 특히 즐긴 것은 무엇인가?(무엇이 정말 재미있었나?)

      • 잘 추진되지 않은 것은 무엇인가?

      • 당신이 즐기지 못한 것은 무엇인가? 욕구불만이 있다면?

      • 이번 기간에 세웠던 목표를 달성했는가?

      • 당신이 가진 은사를 사용할 수 있었는가?

      • 당신에게 주어진 책임과 주도권의 정도에 대해 얼마나 만족했는가?

   b. 업무 관계

      • 사역 팀과 현지인과의 관계에서 당신이 소중히 여기는 것은 무엇이고, 그들과 함께 일하면서 무엇을 배웠는가?

      • 그런 관계에서 당신이 어렵게 느끼는 부분은 무엇인가?

      • 당신은 제대로 인정받고 있다고 느끼는가?

      • 당신은 어떤 스트레스 요인을 경험하고 있는가? 그리고 그것이 어떤 영

향을 주는가?

- 당신의 리더들에게 어떤 피드백을 주고 싶은가?(예, 리더십에 대해, 당신과의 상호작용에 대해)

2. 앞을 내다보며

a. 사역과 책임

- 직무 명세서의 검토: 오는 6-12개월 동안 당신이 실행하고 싶은 목표/수정된 목표는 무엇인가?
- 당신이 책임을 맡은 영역 가운데 리더십의 도움이나 지원이 필요한 것은 무엇인가?
- 당신의 사역 분야 가운데 개선되어야 할 부분이 있는가? 어떤 제안을 하고 싶은가? 우리의 단체/그룹의 다른 부서에 대해 제안할 것이 있다면?

b. 개인의 개발

- 당신이 성장하고 싶은 영역은 무엇인가(영성, 태도, 업무수행, 시간 사용, 기타)?
- 성장하기 위해 무엇이 필요한가? 누가 당신을 지원할 수 있는가? 내가 당신을 어떻게 지원할 수 있겠는가?
- 하나님께서 당신에게 특정한 비전을 주셨는가?
- 훈련을 더 받고 싶은가? 전문적 분야? 개인적 영역?
- 미래에 대한 장기적인 계획은?
- 우리가 아직 거론하지 않은 영역이 있다면?

3. 피드백을 주라

a. 성취한 업적을 칭찬하라(다른 사람들 앞에서 칭찬하는 것이 가장 효과적이다!).

b. 개선이 필요한 영역을 부각시키라(다른 사람들 앞에서 하지 말고 일 대 일로 하는 것이 가장 효과적이다).

4. 책임관계

a. 책임관계를 분명히 하라. 내가 어떻게 당신에게 책임을 물을 수 있을까?

b. 보고서(사역자에게 먼저 보여준)는 본부 사무실에 보내질 것이다

종합적 평가를 위한 질문

이 인터뷰는 예민한 이슈들을 상당히 많이 다루는 만큼 단체의 대표보다는 멤버 케어 담당자가 진행하는 것이 좋다고 본다. 그러면 사역자가 자기 삶의 중요한 영역에 대해 좀 더 솔직해질 것이다.

멤버 케어 담당자가 진행할 수 없는 경우에는 단체의 대표가 편안한 분위기에서 동성(同性)의 사역자들과 함께 다음 사항에 따라 진행해야 한다.

1. 개인의 측면

a. 신체적 건강(자녀들의 건강을 포함하여)

- 어떤(심각한) 건강 문제는 없는가? 어떤 증상이 있었는가? 그에 대해 어떤 조치를 취했는가? 의사를 찾아갔는가?
- 자녀들에 대한 염려와 두려움은 없는가?
- 수면 습관은 어떤가? 수면 시간이 부족하지 않은가? 수면 방해 요인은?
- 어떤 종류의 휴식, 오락, 여가 시간을 보내고 있는가? 충분한 휴식을 취하고 있다고 느끼는가?

b. 영적 건강

- 영적 건강을 유지하는 데 가장 큰 도움이 되었던 것은 무엇인가?
- 유익한 영적 습관은?
- 지난 면담 이후 당신의 기본 신앙을 위협한 것이 있었는가?
- 그동안 어떻게 영적으로 성장했는가?

c. 정서적 건강

- 당신에게 기쁨과 만족을 준 것은 무엇인가?
- 당신이 사랑과 감사를 표현하고 또 경험할 수 있는 기회가 있었는가?
- 당신을 실망시키는 것은 무엇인가? 염려, 슬픔, 분노, 또는 죄책감을 불러일으키는 것은 무엇인가? 이러한 감정을 어떻게 다루고 있는가?
- 정서적 건강을 유지하는 데 유익한 활동은 무엇인가?

d. 재정적 건전성

- 다음 사항에 필요한 재정을 충분히 갖고 있는가?

- 일상적 필요(자녀들의 필요 포함), 연례적 필요(건강보험료 등), 특별한 프로젝트
- 개인적 필요?
- 여가 비용?
- 자기계발을 위한 비용?
- 기타
• 당신을 염려케 하고 불안정하게 만드는 어떤 재정적 변화가 일어나고 있는가?

2. 관계의 측면

a. 건강한 관계
  • 어떤 관계가 당신을 가장 즐겁게 해 주고 당신에게 격려가 되는가?
  • 당신의 가족과 자녀들, 그리고 이성(異性)들과의 관계는 어떠한가?
b. 싱글의 경우
  • 외로움 – 당신을 지지하는 네트워크가 있는가?
  • 필드와 본국에서의 생활 여건 – 주거 환경은? 휴가는?
  • 정체성의 재확립 – 현지 문화에서 당신의 지위와 역할은 무엇인가? 당신은 독립성-의존성-상호의존성에 대한 의식을 품고 있는가?
  • 당신은 때때로 자기연민, 질투심을 느끼는가? 당신은 때때로 "하나님은 내게 공평하시지 않다"라고 느끼는가?
  • 팀 내 이성과의 관계와 현지인과의 관계는 어떠한가? 당신은 국제결혼에 대해 생각하고 있는가?
c. 기혼자
  • 결혼관계: 본국 vs 현지
  • 남성/여성/남편/아내의 역할: 본국 vs. 현지
  • 언어 학습
  • 결혼의 '버팀목'이 사라짐; 과외의 '스트레스 요인들'
d. 자녀를 둔 기혼자

- 자녀 양육: 본국 vs. 현지
- 당신은 엄마로서 때때로 이렇게 느끼는가? '내가 기껏해야 이런 일만 한다면 차라리 본국에서 자녀를 키우는 게 더 쉬웠을 텐데!'
- 같은 팀에 속한 싱글과 다른 사람들과 당신 자신을 비교할 때 당신은 어떻게 느끼는가?(언어 학습, 사역)

e. 직계가족 및 본국의 확대가족과의 관계
- 염려거리는 없는가?

f. 파송교회와의 관계
- 의사소통 수준: 양 방향?
- 그들이 당신을 기억하고 지원한다고 느끼는가?
- 다음 본국 사역 기간에 파송교회와 시간을 얼마나 보내야 한다고 생각하는가?

g. 후원자들과의 관계
- 그들과의 관계는 어떠하다고 생각하는가?

h. 선교회 본부와의 관계
- 그들과의 관계는 어떠하다고 생각하는가?
- 다뤄야 할 문제는 없는가?

3. 타문화와 관련된 이슈들
a. 언어 공부는 어떤가(예, 영어, 현지어)?

b. 당신(과 자녀들)은 현지 문화에 어떻게 적응하고 있는가?

c. 이웃과의 관계는 어떤가?

d. 당신은 주변 사람들에게 잘 용납되고 있다고 느끼는가? 의심스런 눈초리로 보는 것 같은가? 이용을 당하고 있다고 느끼는가? 회피당하고 있다고 느끼는가?

4. 일반적인 사항
a. 지난 번 만남 이후 어떤 진보가 있었다고 생각하는가?

b. 당신의 태도나 성취와 관련하여 바꾸고 싶은 면은 없는가?

c. 당신의 시간 사용에 대해 만족하는가?

d. 당신의 팀 리더와 논의할 필요가 있는 문제는 없는가? 그 문제에 대해 팀 리더와 편하게 얘기할 수 있는가?

e. 어떤 실질적인 필요는 없는가?

f. 이밖에 당신이 얘기하고 싶은 것은?

5. 종합 인터뷰 종료

a. 인터뷰 내용을 요약하고(또는 내담자에게 요약하게 하고) 상대방이 어떻게 느끼는지 물어보라

b. 후속 조치에 대해 합의하라: 단계, 약속, 날짜

c. 약 3주 후에 다시 연락해서(전화 또는 이메일) 어떻게 지내는지 알아보라

d. 보고서 작성에 대해 언급하라

(WEC International의 멤버 케어 컨설턴트 Hanni Boeker가 편찬한 자료)

부록 4 멤버 케어 평가 도구

(로라 매 가드너 박사)

이 도구는 멤버 케어 담당자가 어떤 지역이나 단체에 뛰어들기 전에 가장 중요한 사항들에 대한 답을 찾도록 돕기 위해 만든 것이다.

이 도구를 적절하게 사용하면 멤버 케어 담당자의 마음속에 있을 다음 기본 질문들에 대한 답을 얻게 될 것이다.

1. 우리 그룹은 현재 어떻게 돌아가고 있는가?
2. 우리 그룹은 어떤 방향으로 나아가고 있는가?
3. 향후 5년, 10년 사이에 무슨 일이 일어날 것 같은가?
4. 지금/가까운 미래에 우리는 어떤 구조, 인력, 재정이 필요한가?

1. 행정직과 지원 인력 행정가[*]

a. 행정인력과 필드 팀들의 상대적 비율은 얼마인가? 그 팀에는 얼마나 많은 리더들, 지원 인력, 그리고 현지 사역자들이 있는가?

b. 우리 단체에서 앞으로 리더십에 속할 만한 사람들이 얼마나 되는가? 이 그룹 내에 잠재적인 리더들이 있는가? 몇 년 안에 권위 있는 직책으로 승진할 만한 자들이 있는가? 이와 관련된 질문은 현재 리더들이 승계 계획을 갖고 있는가 하는 것이다. 이들은 의도적으로 잠재적 후임자들을 멘토링하고 있는가?

c. 어떤 종류의 멘토링이 이루어지고 있는가?

2. 서비스 [**]

---

[*] 행정직과 지원 인력들은 그 그룹의 목표를 성취하는 데 필요한 권위를 갖고 있다. 그들은 정책을 수행하고, 목표를 달성하고, 그룹을 위해 의사결정을 한다. 지원 인력은 컴퓨터 문제, 재정적 딜레마, 건강 문제, 빌딩 프로젝트 등을 돕는다. 한 그룹은 2~3명의 리더들과 15명의 지원 인력을 갖고 있다.

[**] 예를 들어, 이 필드 그룹은 비자 습득을 돕고, 신참 사역자를 필드에 배치하고, 환전을 돕고, 의료진 철수에 대비해 보험을 유지하는 등 다양한 도움을 주는가? 사람들과 물품을 오지로 운송하는 일을 도와주는가, 아니면 사람들이 각각 알아서 해야 하는가?

a. 멤버들이 요청하는 서비스는 어떤 것들인가?

b. 우리가 지금 제공하는 서비스는 무엇인가?

c. 어떻게 하면 더 효과적인 서비스를 제공할 수 있을까?

d. 어떻게 하면 사기를 진작시킬 수 있을까?

3. 자녀들

a. 필드에 있는 가정에게 현재 가능한 교육의 옵션들은 무엇인가?

b. 우리 그룹에 속한 자녀들의 나이는 어떤가?

c. 가정들은 장차 어떤 필요가 생길 것 같은가?

4. 현지 사역자들과의 동역

a. 외국인들은 국내/현지인 멤버들에게 환대를 베풀고 있는가?

b. 현지인들이 장차 담당할 사역에 대한 비전*

5. 멤버 구성

a. 자녀 없는 부부의 수

b. 자녀가 있는 부부의 수

c. 리더십 내 여성의 수, 그들에 대한 그룹의 태도

d. 이 그룹에 속한 문화권의 수와 비율

e. 멤버들이 현지어나 팀의 언어로 소통하는 능력

f. 팀이 안고 있는 소수자의 이슈는 무엇인가? 이 이슈들은 어떻게 다루어지고 있는가?

g. 국제결혼을 한 부부의 수

h. 멤버들의 연령[범위]과 선교 경험은 어떤가? 대부분 최근에 영입된 젊은이들인가, 오래된 자들인가? 또는 나이와 경험이 잘 뒤섞인 그룹인가?

6. 탈락 – 사역자의 상실

a. 이 그룹은 얼마나 많은 탈락을 경험하는가?

b. 사람들은 왜 떠나는가?

---

* 다른 말로 하면, 이 그룹은 언젠가 현지인 리더십과 현지인 사역자들에 의해 대체될 날을 내다보며 계획을 짜고 있는가?

c. 사람들이 떠나면 어디로 가는가?

d. 누가 떠나는가?

- 잠재적인 리더들?

- 십대 자녀들이 있는 가정?

- 불만족하는 사람들?

e. 그들은 어떻게 떠나는가?

- 조용히

- 슬프게?

- 비밀스럽게?

- 화를 내며?

7. 변동

a. 이 그룹에 어떤 변동이 생겼는가?

b. 변동에 대한 태도는 어떤가?

c. 장차 어떤 변동이 생길 것 같은가?

d. 이 그룹은 어떻게 변동에 대비하고 있는가?

e. 어떤 멘토링 프로그램과 코칭 프로그램이 필요한가?

f. 팀/행정가들을 위해 어떤 훈련 프로그램이 가동되고 있는가?

g. 사역 종료에 대한 태도는 어떠한가? [*]

8. 이 그룹(사무실, 필드 또는 팀)이 손님을 대접하는 모습

a. 이 그룹은 방문자들을 환영하는가?

b. 이 그룹은 단기 사역자들을 유치하는 데 열려있는가?

c. 장래의 사역에 대해 알아보고 있는 젊은이들을 향한 태도는 어떤가?

d. 이 그룹은 국제 사무실이나 본국 사무실에 기꺼이 자원을 요청하는가? 가령, 이 그룹이 사회적 불안정을 겪고 있어서 객관적이고 노련한 관점을 가진 사람의 충고가 필요하다고 가정하라. 그런 사람이 어쩌면 본국 사무실

---

[*] 다른 말로 하면, 이 그룹은 이 지역에서 그들의 사역을 종료하고 현지 리더십과 사역자들에게 넘길 계획을 갖고 있는가? 아니면, 그들이 이 지역에 무한정 남을 계획을 갖고 있는가?

에 있어서 초청에 응할 수도 있다. 이 필드 그룹은 필요할 때 기꺼이 도움을 요청하는가?

9. 목회적 보살핌

a. 사람들이 느끼는 필요는 무엇인가?

b. 누가 그 필요를 채우는가?

c. 이 그룹은 누구에게 도움을 구하는가?

d. 그들은 도와주려고 하는가?

10. 그룹의 관리 풍조

a. 이 그룹은 역사적으로 풍조, 가치, 리더십 개발, 멤버들의 사기에 대해 어떤 태도를 지니고 있는가?

b. 이 그룹은 전반적으로 기획, 보고, 책임관계, 위기 대응과 같은 좋은 관리 행습에 대해 얼마나 열려있는가? 그런 행습은 다음과 같은 일에 반영된다.

- 계획수립
- 스태프의 문제와 돌봄
- 의사소통
- 성과 검토
- 격려
- 재충전 시간

부록 5 "오오"(5 by 5) 플랜

(로라 매 가드너 박사)

1. 우리 그룹의 **가장 큰 다섯 가지 필요**는 무엇인가?

   (이것은 부록 4 멤버 케어 평가도구를 사용하거나, 해당 그룹 멤버 중 일부를 무작위로 선택하여 설문조사를 하거나 인터뷰를 해보면 알 수 있다.)

2. 우리 그룹 안에서 **가장 취약한 다섯 개의 소집단**은 무엇인가? (돌봄이 필요한 소집단들이다)

3. 내년에 일부 멤버들에게 **일어날 가능성이 높은 다섯 개의 사건**은 무엇인가?

4. 이러한 필요를 채우기 위해 시작할 수 있는 **다섯 개의 최고 전략**은 무엇인가?

5. 우리 멤버들을 잘 돌보기 위해 필요한 **가장 기본적인 다섯 가지 자원**은 무엇인가?

부록 6 멤버 케어 사역자의 샘플 직무 명세서

어느 대규모 선교단체(250개의 멤버 단위)에서 사역자들을 강건케 하고 격려하는데 초점을 맞춘 멤버 케어 사역을 위해 직무 명세서를 만들었다. 여기서 하나의 모델로 제시하는 바이다. 아래 직무 명세서에서 옹호자와 코디네이터의 역할이 결합되어 있는 것을 주목하라.

7장에는 작은 단체들을 위한 멤버 케어 역할에 대해 간단히 만든 개요가 있다.

직무 명세서

직책: 멤버 케어 담당 매니저

직무 시작일: _____

상관(보고 대상): 인사부장

목적: 우리 단체 안팎에서 유능한 삶과 사역을 영위하도록 우리 스탭을 준비시키고, 구비시키며, 강건하게 하고, 능력을 부여하기 위함
영적으로 건강하고, 서로 돌보고, 생산성 있는 교제를 증진하기 위함

일차적 책임(시간의 비율을 제안할 것)

일반적 사항
1. 우리 단체의 관점에서 멤버 케어의 철학을 이해해야 한다.
2. 멤버 케어의 독특한 측면들이 어떻게 다함께 작동하는지 이해해야 한다.
3. 본부나 필드에 있는 스태프들을 기꺼이 자문하고 (필요하면) 일상적 돌봄, 위기 상담, 훈련이나 평가를 제공해야 한다.
4. 필드 프로그램/스태프들이 있는 곳으로 기꺼이 가야 한다.
5. 대표나 다른 운영부서의 요청을 받으면 멤버 케어 부서를 위한 예산 개발 과정에 참여한다.

새로운 멤버를 준비시키고, 기존 멤버들을 모니터하기[10퍼센트]

1. 멤버들과 교류하는 기회가 생길 때 영적 건강과 안녕을 위한 개인적 책임을 평가하고 증진시키며 격려한다.
2. 개인적 책임과 성장에 대한 단체의 기대를 분명히 알려주는 부임 전 오리엔테이션에서 발제할 내용을 개발하고 만들고 조정하는 일에 참여한다.
3. 스태프들에게 멤버 케어의 활용 방법을 알려준다.
4. 멤버의 개인적 책임과 개발 방법에 대해 알려주고, 경각심을 일깨울 자원을 개발하는 일에 참여한다.
5. 지원을 제공하고, 필요를 평가하고, 돌봄을 촉진하고, 스태프의 "맥박"(경력, 동료, 빚)을 지키기 위해 멤버들과의 공식·비공식적 만남에 참여한다.

멤버 케어의 필요를 채우도록 리더들과 스태프를 구비시키기[20퍼센트]

1. 단체의 필요를 평가할 때 단체의 리더십과 함께 일할 수 있도록 시간을 할애한다.
2. 리더들이 담당 스태프에 대한 개인적 책임을 증진하고 개발할 수 있도록 그들을 구비시킨다.
3. 다음과 같은 일을 위해 시간을 할애한다
   a. 슬픔, 갈등, 징계 등 감정 개입이 많은 상황을 다루는 리더십에게 도움이 되는 자원을 제공하기
   b. 이러한 상황을 다루고 해결하는 데 참여하기
4. 멤버 케어 철학 안에서 스태프의 이슈들을 다루는 데 필요한 리더십 개발에 유익한 훈련 자료를 추천한다.
   a. 해외와 본부를 막론하고
      • 대표 수준에서
      • 필드 리더십 수준에서
      • 베이스 매니저 수준에서

연구조사[10퍼센트]

1. 우리 단체 내에서 위기에 처한 듯한 사람을 파악한다.
   a. 외로운 사람은?

b. 신참 멤버들은 어떻게 지내는가?

c. 최근에 자녀를 낳은 부모

d. 새로운 매니저

e. 문제 자녀들이 있는 부모

f. 변화의 시점에 놓인 가정

g. 문화적으로 순진한 사람들 등

2. 추세를 파악한다(특히 "N세대", "밀레니엄 세대", 그리고 "Z세대"가 우리 단체에 들어올 때). 또한 선교 트렌드와 세계의 트렌드 등도 파악한다.

모든 스태프를 강건케 하기[20퍼센트]

1. 격려 – 인사부장과 함께, 격려와 경건, 조직의 건강을 도모하는 정신을 고취한다.

2. 예방 – 다음 사항에 대한 정보를 주고, 그런 것들을 주선하고 촉진시킨다.

a. 결혼 세미나

b. 커뮤니케이션 세미나

c. 부모/자녀 세미나

d. 전환기(단체 내에서의 이동, 우리 단체를 떠나는 경우)

e. 책임관계

f. 경계선

g. 대인관계 기술(문제 직면, 갈등 해결, 타문화에서 관계 맺기)

모든 스태프에게 능력을 부여하기[20퍼센트]

1. 훈련

a. 후보 단계와 오리엔테이션, 운영진 컨퍼런스에 참여하기.

b. 조정하기: 성격 프로필, 갈등 해소, 팀 빌딩, 리더십, 팔로워십 등

2. 대학 입학을 위한 MK 재입국의 촉매 역할을 한다.

3. 멤버 케어의 관점에서 인사 정책과 단체의 정책들을 검토한다.

a. 제안되거나 수정된 정책의 영향과 실행가능성에 대한 의견 제공하기

4. 인사부장의 요청이 있다면 다음과 같은 인사 관련 사안에 참여한다.

a. 징계

b. 종료

c. 해고

d. 재배치, 등

파송교회나 모(母)교회를 접촉하기[10퍼센트]

1. 멤버 케어의 개입이 필요할 때 스태프와 모교회 간의 의사소통을 촉진하고 단체의 정보를 나눈다.
2. 필드 스태프의 필요에 어떻게 반응하는 것이 최선인지 모교회에 알려준다.
3. 모교회와 선교단체와 사역자의 삼각관계에 영향을 주는 주요 이슈들과 역학에 대해 잘 알아야 한다.

외부의 자원들[10퍼센트]

1. 우리 단체와 (서로 계약을 맺은) 멤버 케어 서비스 기관들 사이에 합의한 서비스의 내용, 능력, 한계 등에 대해 알고 있어야 한다.
2. 의료의 도움, 심리 검사, 교육 자료 등이 필요할 때 외부의 서비스를 추천하거나 그 제공을 촉진시킨다.
3. 외부 자원이 제공하는 돌봄을 모니터하고 평가한다.
4. 외부 자원이 우리 스태프를 치료할 때 치료 계획 수립에 참여한다.
5. 참고인/자원(상담사, 목사, 의료인 등)의 네트워크를 만들고 유지한다.

직무의 요건: CEO가 임명한 선발 위원회가 승인할 것

태도와 성품상의 자질

- 하나님을 향한 사랑 – 그분의 말씀을 사랑함
- 사람을 향한 사랑 – 자비롭고 존중하고 격려하는 자
- 성령의 열매를 맺는 삶
- 영적으로 성숙하고 다가가기 쉬움
- 겸손, 배우기를 잘함, 개인적 성장에 헌신됨
- 단체를 사랑하고 단체의 건강에 헌신됨
- 신뢰할 만함, 신중하고 존중하는 태도로 정보를 다룰 줄 앎

- 균형이 있고 편향되지 않음
- 유연하고 늘 쓸모가 있음

필수적인 기술
- 성경을 잘 알고 지혜롭게 사용함
- 전문기술 개발에 헌신됨
- 여러 관계(가족, 친구, 결혼)를 건강하게 유지함
- 성공적인 타문화 현장 경험(감독직 선호)
- 말과 글로 잘 소통하는 능력
- 성인 교육 원리를 이용해 가르치기를 잘함
- 행정부와 리더십 사이에서 중간 역할을 잘하고 중립을 지킴
- 리더십과 모임의 신뢰를 얻고 존경을 받음
- 모든 연령대, 다양한 인종, 여러 영적 관점과 행습과 관계를 잘 맺음
- 단체의 목표, 정책, 관행에 헌신되고, 우리 단체를 잘 앎
- 권위 있는 사람과 함께, 그리고 그 아래서 일할 수 있음
- 독불장군이 아니라 다른 이들을 통해 일하고 그들을 개발시킴
- 훈련을 잘 시키는 사람

바람직한 기술
- 탄력성이 있고, 스트레스를 잘 견디나 딱딱하진 않음
- 우리 단체 내에서의 성공적인 필드 경험
- 해외 선교 경험
- 국제적인 관점(세계적 안목)
- 테크놀로지 사용에 능숙함
- 상담 기술에 대한 훈련을 어느 정도 받음
- 위기 개입과 디브리핑에 대해 이해함
- 갈등 해결 훈련을 받음

이 직무는

- 보조 상담사가 아니다
- 심리학자가 아니다
- 치료사가 아니다
- 행정가가 아니다
- 고충처리 담당자/불평 접수자가 아니다

위의 진술은 이 직무를 맡은 사람이 수행할 일의 일반적인 성격과 차원을 묘사하는 것이다. 이는 이 사역자에게 요구되는 책임과 의무, 기술을 총망라하는 목록은 아니다.

승인
서명: _____

_____   _____
인사부장   날짜

_____   _____
대표/CEO   날짜

이 직무 명세서는 리더십과 인사부 편에서의 오랜 심사숙고를 반영하며, 멤버 케어와 관련된 약간의 부정적 경험에 기초를 두고 있다. 단체는 멤버 케어 담당자가 멤버들을 강건하게 해주길 바라고 있지, 불평을 쏟아놓는 자리나 멤버들과 행정가들을 분열시키는 역할을 하게 되길 바라지 않는다. 비록 문제 해결과 필요의 충족이 어쩔 수 없이 멤버 케어 역할의 일부가 되겠지만 예방과 건강의 유지에 초점을 맞추는 것이 바람직하다.

이 기관에서 멤버 케어 담당자는 본부에 배치를 받았지만 여러 필드를 방문한 적이 많았다. 안식년을 맞이하는 모든 멤버는 재입국할 때 본부를 거치기 때문에 멤버 케어 담당자는 그들을 만나고 환영하고 디브리핑할 수 있는 자리에 있었다.

부록 7   타문화 사역자들이 경험하는 스트레스 요인들[*]

1. 부임 전 준비단계
- 하나님의 부르심을 깨닫고 그 소명을 나누기
- 가족과 친구들에게서 떨어짐
- 적절한 재정 후원
- 주목받는 것에 대처하기("무대 효과")
- 예상되는 염려(미지의 임무, 자녀 교육, 등)
- 전문직의 상실(사임, 일상의 붕괴)
- 일상이 바뀜/붕괴됨
- 단체와 관련한 문서작업과 여러 관계
- 의문: 내가 받은 훈련으로 충분할까?
- 떠날 준비: 작별인사, 상실감, 미래를 이상적으로 그림

2. 초기의 필드 적응단계
- 문화 충격
- 언어 학습
- 문화 습득
- 임무/변화에 대한 모호한 이해
- 필드에서 용납받는 정도
- 성공을 가늠하는 척도의 변화
- 삶과 사역 간의 균형을 찾고 유지하기
- 지원 체계를 찾기
- 새로운 관계의 구축
- 영적 전쟁, 온갖 유혹

---

[*] Mental Health and Missions Conference, Angola, Indiana, USA 1991에서 발표된 Glenn Taylor, *Sources of stress commonly experienced during the different phases of service*를 각색했다.

3. 의료적인 위기

- 신체적인 탈진
- 신앙 문제 – "나는 하나님이 보호하시리라고 믿었다"
- 우울증

4. 현지에서의 주요 변화/ 위기/ 상실

- 역할 변경
- 기술 부족
- 지나친 확장
- 외로움
- 역할의 토착화
- 사랑하는 자의 죽음
- 정치적 격변/위험

5. 인생의 단계에 따른 스트레스 요인들

- 결혼생활에의 적응
- 자녀의 출생
- 중년기 적응
- 건강상의 위험신호 또는 건강의 상실
- 우울증
- 의욕/목표/비전의 상실
- 인생의 목적에 대한 재평가
- 심리적 변화(예: 호르몬의 변화)
- 새로운 사역자들로 인한 변화에의 적응
- 직업의 변경/지위의 상실

6. 부모–자녀/가족 스트레스 요인들

- 자녀의 출생
- 교육의 옵션/문제
- 대학 입학을 위한 해외 교육
- 자녀들의 결혼

7. 원(原)가족과 관련된 스트레스 요인들

- 늙어가는 부모를 모시는 문제
- 임박한 부모의 죽음
- 부모의 질병
- 부모/형제의 요구사항
- 동생들

8. 임기 종료

- 평가 – "나는 무엇을 성취했는가?"
- 죄책감, "내가 없어도 일이 잘 돌아갈까?"
- 짐 싸기, 물건을 보관하고 처분하기
- 업무이양을 준비하기
- 사역자들/현지인들과의 관계 단절
- 복귀/ 임무의 변경을 둘러싼 문제
- 본국에서 거처를 마련하는 문제
- 후원자들과의 의사소통(성공/실패)

9. 본국으로의 재입국

- 문화와 생활양식의 변화("재입국 문화충격")
- 죄책감에 시달림: 우리가 현지에 있는 친구들을 힘들게 만들고 있다
- 거처
- 친척들과 지내는 법을 배움
- 후원교회 방문
- 자녀들의 교육
- 사역 보고
- 다시 돌아가야 할까?

10. 필드에서 떠나는 은퇴

- 필드 참여의 기회 상실
- 현지 친구들/동료 사역자들의 상실
- 약간 낯설게 느껴지는 본국 문화에의 재진입

- 재정착 비용이란 재정적 압박
- 지리적인 장소: 우리가 어디서 정착을 하지?
- 본국에 우리/내가 할 사역이 있을까?
- 은퇴 자금으로 충분할까?
- 다시 친구를 사귀는 문제
- 원가족으로 다시 들어감
- 확대가족의 상실(이사, 죽음, 등)

부록 8 슬픔과 상실의 사이클[*]

10장 "타문화 사역자의 상실과 슬픔"을 참고하라.

> 그가 내게 간구하리니 내가 그에게 응답하리라. 그들이 환난 당할 때에 내가 그와 함께하여 그를 건지고 영화롭게 하리라.(시편 91:15)

> 사람이 감당할 시험 밖에는 너희가 당한 것이 없나니 오직 하나님은 미쁘사 너희가 감당하지 못할 시험 당함을 허락하지 아니하시고, 시험 당할 즈음에 또한 피할 길을 내사 너희로 능히 감당하게 하시느니라.(고린도전서 10:13)

> 찬송하리로다. 그는 우리 주 예수 그리스도의 하나님이시요 자비의 아버지시요 모든 위로의 하나님이시며, 우리의 모든 환난 중에서 우리를 위로하사 우리로 하여금 하나님께 받는 위로로써 모든 환난 중에 있는 자들을 능히 위로하게 하시는 이시로다.(고린도후서 1:3-4)

성경에는 슬픔과 애도에 대해 말하는 구절이 적어도 175개나 있다. 일부 구절은 하나님 자신이 슬퍼하시는 장면을 묘사하므로 우리 역시 슬퍼해도 괜찮다.

슬픔을 적절하게 표현하는 법을 배웠는지 여부에 따라 여전히 기쁨을 간직한 채 어려운 시기를 통과할 수 있는지 여부가 결정될 것이다. 슬퍼하는 일은 시간이 걸린다. 우리는 죽음, 질병, 도망, 트라우마, 큰 변화, 그 밖의 상실(명예, 안정, 꿈, 등)을 접할 때 슬픔을 느끼게 된다.

슬픔과 상실의 경험은 언제나 말끔하게 다음 도표들에 나온 단계들을 거치는 것은 아니지만 어느 시점에 각 단계를 어느 정도는 경험하고 그 단계를 통과해야 할 것이다.

---

[*] WEC International의 국제 멤버 케어 컨설턴트 Hanni Boeker가 여러 자료를 토대로 편찬한 것

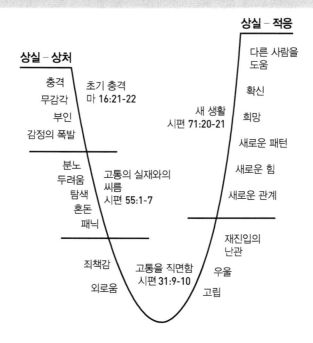

상실 - 적응

상실 - 상처

충격
무감각
부인
감정의 폭발

초기 충격
마 16:21-22

새 생활
시편 71:20-21

다른 사람을
도움

확신

희망

새로운 패턴

새로운 힘

새로운 관계

분노
두려움
탐색
혼돈
패닉

고통의 실재와의
씨름
시편 55:1-7

죄책감

외로움

고통을 직면함
시편 31:9-10

재진입의
난관

우울

고립

Charlotte Greeson, Mary Hollingsworth, and Michael Washburn, *The Grief Adjust-ment Guide* (Sisters, Oregon: Questar Publishers, Inc, 1990)에 나온 것을 각색함

슬픔의 시기를 거치는 이들을 돕고 싶은 사람들이 꼭 알아야 할 점이 있다. 선의로 하는 격려, 예컨대 "걱정하지 마, 모든 일이 다 잘 될 거야!"라든지 "너는 새로운 관계를 맺게 될 거야!" "그냥 편하게 생각해!"와 같은 말은 실제로 도움이 안 된다는 점이다.

그 대신 애도하는 사람은 첫 단계(초기 충격)에서 네 번째 단계(새 생활)로 "점프"하기보다는 여러 단계들을 통과하려고 애쓰는 동안에 도움이 필요하다.

어떤 사람이 이 사이클의 어떤 단계를 통과한 후에 다시 거기로 돌아가는 일도 드물지 않다. 슬퍼하는 일은 예상보다 더 시간이 걸리는 경우가 종종 있다.

1단계: 초기 충격

정상적인 초기 반응은 다음 사항들을 포함한다.

- 충격(전체 시스템이 무너져 내린다)

- 무감각(멍한 눈길, 냉담, 무감정, 사고력 감퇴)
- 부인("그게 사실일 리가 없어!", 상실의 실체에 대한 인식을 감정적으로 피하고 그 상실의 영향을 부인한다.)
- 감정 폭발(감정에 압도됨, 히스테리, 울음)

2단계: 고통의 실재와의 씨름

고통의 무게를 느끼기 시작해도 아직 그것을 받아들일 수 없다.

- 분노: 가해자, 피해자, 단체, 어떤 집단, 어쩌면 하나님, 그리고 자신에 대해
- 두려움
- 탐색/혼돈: "왜 이런 일이 일어났지?"
- 혼란: 초점의 상실, 집중력 결여, 기억력의 감퇴…
- 패닉: 두려움에 압도됨, 공포심

3단계: 고통을 직면함

다음은 슬퍼하는 과정에서 일어나는 정상적인 반응이다. 이는 마침내 상실을 받아들이는 방향으로 움직일 것이다. 그 사람은 상실된 것이 빠진 환경에 적응한다.

- 죄책감: 자기 자신을 향한 비난
- 외로움/고립: "아무도 나를 이해하지 못해"
- 후퇴: 모든 것과 모든 사람으로부터 물러섬
- 우울증: 슬픔, 가치 상실, 자존감 상실, 마음이 약해짐, 심지어 자살을 생각함
- 재진입의 난관: 발걸음을 떼기 시작함, 일상으로 돌아감, 새로운 것을 시도함, 여전히 어색하게 느낌

4단계: 새 생활

내적으로, 외적으로 재정돈하는 과정을 밟기 시작함: 과거보다 현재와 미래에 더 초점을 맞춤. 하나님과 다른 사람, 자기 자신과 평화를 누리기 시작함, 새로운 역할과 의무, 가치관을 취함. 상실의 고통과 함께 기쁨과 새로운 확신도 얻게 됨.

- 관계/ 힘/ 패턴: 새로운 목적을 선택함

- 희망: 절망이 희망으로 바뀌고, 인생의 깊이가 더해짐
- 확신: 새로운 정체성과 목적에 대한 확신
- 다른 사람을 도움; 다른 사람을 돕고 싶은 새로운 동기가 생김

부록 9　타문화권에서의 자녀 양육*

부모는 어떻게 TCK의 잠재력을 개발할 수 있을까?(11장 "가정과 사역"을 참고하라)

1. 탄탄한 결혼관계와 가정 세우기

2. 가족의 추억과 전통을 경축하기: 소중한 물건과 함께

3. 부모가 중요한 사역을 하고 있음을 이해하기

4. 양질의 사람들과 취업의 기회에 노출되기

5. 학교생활과 지역 활동에 참여하기

6. 교육상의 필요를 이해하고 계획을 세우기

7. 본국으로의 재입국 준비를 잘 하고, 안식년 동안 자녀들의 필요를 고려하기

8. 변화를 이해하고 변화에 대한 적응력 키우기('RAFT')

9. 자녀의 잠재력을 발견하고 개발하기

10. 현명한 선택을 위한 지침으로서 가치관을 개발하기

11. 자녀에게 본인의 장래에 대한 책임이 있음을 가르치기

11. 의사소통 기술과 친구를 사귀는 법을 가르치기

---

* *Raising resilient MKs: Resources for caregivers, parents, and teachers*. Colorado Springs, CO: Association of Christian Schools International(ACSI), 1998을 쓴 Joyce M. Bowers의 발제 내용을 각색함.

부록 10   타문화 사역자와 그 가정의 예산[*]

베람 쿠마르(Beram Kumar)는 말레이시아 교회를 위한 『멤버 케어 핸드북』의 예산에 대한 부분을 이런 통찰력 있는 말로 시작한다.

> 이것은 재정과 관련이 있어서 파송의 "가장 민감한 측면"이다. 왜냐하면 파송교회의 리더십이 성경의 선교 명령, 오늘날 타문화 사역자의 필요성, 선교사를 파송할 필요성을 절대로 확신하지 않는다면, "비용 요인"이 파송과정을 삐걱거리게 하다가 결국 중단시킬 것이기 때문이다.(p. 35)

사실 기꺼이 미전도 지역으로 가려는 사람들의 필요를 공급함으로써 그런 지역을 전도하는 하나님의 사역에 참여하는 일은 교회의 특권이다.

> 이는 그들이 주의 이름을 위하여 나가서 이방인에게 아무 것도 받지 아니함이라. 그러므로 우리가 이 같은 자들을 영접하는 것이 마땅하니 이는 우리로 진리를 위하여 힘께 일하는 자가 되게 하려함이라. (요삼 /-8)

다음의 범주들은 타문화 사역자를 파송할 때 드는 비용에 대한 전반적인 개요를 보여준다.

---

[*] 인도네시아의 WEC International이 만든 자료를 각색함.

	사역국 화폐	파송국 화폐
준비 단계의 비용		
• 훈련: 성경/신학, 전문 영역, 언어, 타문화 적응력		
• 단기 훈련 코스: 유용한 기술, 의료 상식, 등 – 현지의 필요에 따라		
• 교회/단체가 주관하는 오리엔테이션 단계		
• 후원자 모집 기간(교통, 숙식, 자료)		
• 비자 신청		
• 사역지로 가는 항공료(선편 화물비 포함)		
초기/시작 단계의 비용		
• 집/아파트 보증금		
• 가구, 기구		
• 자동차(필요하다면)		
• 행정 비용(비자, 경찰, 허가증)		
• 언어 학습(상황에 따라 일 년 또는 그 이상)		
소계(환율 변동과 환전 비용 등을 고려하라)		
월간 비용		
• 월세, 수도, 전기		
• 생활비		
• 전화/인터넷/커뮤니케이션		
• 교통(개인 차량/ 공공 교통수단)		
• 일반적인 필요		
• 건강: 의료 보험, 자문, 약, 예방접종		
• 자녀 교육		
• 추가 훈련(책, 세미나, 컨퍼런스)		
• 휴가비 저축		
• 연금		
• 파송단체의 비용 분담(행정비)		
• 부모 봉양		
• 비상금		
소계(환율 변동과 환전 비용 등을 고려하라)		
재발 비용		
• 유지 보수(아파트)		
• 비자 갱신		
소계(환율 변동과 환전 비용 등을 고려하라)		
총계(환율 변동과 환전 비용 등을 고려하라)		
특별 프로젝트		

* 해당국가의 은행 수수료와 환전 세금에 대해 문의하라.

주의사항

1. 위의 범주들은 필요한 비용을 대충 가늠하게 해주지만 사역자가 일할 지역에 있는 사람에게 꼭 검토를 받아야 한다.

2. 각 범주에 해당되는 금액의 추산은 현지의 사역자들이나 믿을 만한 소식통을 통해 얻을 수 있다. 나중에 이 금액은 파송된 사람이 주는 정보에 따라 조정되어야 한다. 인플레이션과 환율 변동을 반드시 고려하라!

3. 사역자가 필드로 떠나기 전에 파송교회와 단체, 그리고 사역자 간에 아래 사항에 대한 합의가 있어야 한다.

   a. 떠나기 전에 수중에 있어야 할 액수

   b. 돈을 사역자에게 전달하는 방법

   c. 현지에 있는 동안 재정의 출처와 관리에 대한 정기적 점검

   d. 돈의 사용에 대한 책임은 어떻게 물을 것인가?

   이 사항은 관련된 당사자들 간의 양해각서에 포함되어야 한다.

4. 사역자를 미전도 지역으로 파송하는 일에 참여하고 싶지만 재정적 어려움을 겪고 있는 교회는 주님에게 재정 모금을 위한 창의적 방법을 보여 달라고 열심히 기도하는 게 좋다. 베람 쿠마르는 멤버 케어 컨설테이션을 하는 동안 "예컨대, 라오스의 몽족에 대해 비슷한 부담을 느끼는 교회들의 네트워크가 후원에 동참할 수 있겠다"는 아이디어가 떠올랐다고 한다(*Member Care Handbook*, p. 35).

참고문헌(1-9장)

* 10-18장의 참고문헌은 각 장의 뒤편에 있다

글

Barnett, K.L., Duvall, N. S., Edwards, K.J., and Hall, M.E.L. 2005. Psychological and spiritual predictors of domains of functioning and effectiveness of short-term m.s. Journal of Psychology and Theology, Vol. 33, No. 1, 27-40. Rosemead School of Psychology, Biola University.

Gardner, Laura Mae.

1996-2013. The hardy personality

2002. Developing stress hardiness

2002. Elements of a growth plan

2001. Thoughts on accountability: Relationships of invitation.

2000. A profile of health.

2000. Moral and spiritual health.

1999. Sending them out well.

1999. What do the fields want and need? Memo from West Africa.

1994. Who can face the needs of today?

1989. Characteristics of resilient families.

Gardner, Richard A. 1999. Characteristics of survivors.

책

Benjamin, Alfred. 1969. *The helping interview*. Israel: Haifa University.

Bennet, Glin. 1983. *Beyond endurance: Survival at the extremes*. New York: St. Martin's / Marek

Dickson, John. 2011. *Humilitas*. Grand Rapids, MI: Zondervan,

Dodds, Lois A., and Laura Mae Gardner. 2010. *Global Servants: Cross-cultural Humanitarian Heros: Volume I: formation and Development of These Heroes*. Liverpool, PA: Heartstream.

_____. 2011. *Global Servants: Cross-cultural Humanitarian Heroes: Vol. II, 12*

Factors in effectiveness and longevity. Liverpool, PA: Heartstream Resources.

_____. 2013. *Global Servants: Cross-cultural Humanitarian Heroes: Vol. III, The art and heart of agency care.* Liverpool, PA: Heartstream Resources.

Foyle, Marjory F. 2001. *Honourably wounded: Stress among christian workers.* London, UK: Monarch Books.

Hay, Rob et al. [Ed.]. 2007. *Worth Keeping: Global perspectives on best practice in m. retention.* Pasadena, CA: William Carey Library.

Higgins, Gina O'Connell. 1994. *Resilient adults: Overcoming a cruel past.* San Francisco, CA: Jossey-Bass Publishers.

Kane, J. Herbert. 1987. *The Making of a M.* Grand Rapids, MI: Baker Book House.

Knell, Marion. 2012. *Burn up or splash down: Surviving the culture shock of re-entry.* Dowers Grove, IL: Inter-Varsity Press.

Kraft, Marguerite G, Ed. 2003. *Frontline Women.* Pasadena, CA: William Carey Library.

Kumar, Beram. 2000. *Member care handbook: A guide to caring for our m.s.* Petaling Jaya, Malaysia: Beram Kumar.

Lane, Patty. 2002. *A beginners guide to crossing cultures: Making friends in a multi-cultural world.* Downers Grove. IL: InterVarsity Press.

Lingenfelter, Sherwood G, and Marvin K. Mayers. 2003. *Ministering Cross-Culturally: An incarnational model for personal relations.* Grand Rapids, MI: Baker Academic. Second edition.

McCullogh, David. 1992. *Brave companions: Portraits in history.* New York, NY: Touchstone/Schuster.

O'Donnell, Kelly, Ed. 1992. *M. Care.* Pasadena, CA: William Carey Library.

_____, Ed. 2002. *Doing Member Care Well: Perspectives and practices from Around the world.* Pasadena, CA: William Carey Library.

_____. 2011. *Global Member Care: Volume One. The pearls and perils of good practice.* Pasadena, CA: William Carey Library.

Plantiga, Cornelius, Jr. 2009. *Not the Way It's Supposed to be: A breviary Of Sin.* Grand Rapids, MI: Wm. B. Eerdmans Publishing Company.

Pollock, David C. and Ruth E. Van Reken. 2001. *Third Culture Kids: The Experience of growing up among worlds*. Boston/London: Nicholas Brealey Publishing.

Powell, John R and Joyce M. Bow(Ed). 1999, *Enhancing m. vitality guide for senders*. Brackenfell, South Africa: Member Care South Africa.

Roembke, Lianne. 2000. *Building Credible Multicultural Teams*. Pasadena, CA: William Carey Library.

Schaefer, Frauke C., and Charles A. Schaefer, Eds. 2012. *Trauma and Resilience: a handbook*. Phoenix, AZ: Condeo Press.

Schubert, Esther. 1993. *What M.s Need to Know About Burnout and Depression*. New Castle, IN: Olive Branch Publications.

Stoltz, Paul G. 1997. *Adversity quotient: Turning obstalces into opportunities*. New York, NY: John Wiley and Sons, Inc.

Swenson, Richard A. 1998. *Overload Syndrome*. Colorado Springs, CO: NavPress.

_____. 2002. *Margin*. Colorado Springs, CO: NavPress.

_____. 2003. *A Minute of Margin*. Colorado Springs, CO: NavPress.

Taylor, William D.(Ed.). 1997. *Too valuable to lose: Exploring the causes and cures of m. attrition*. Pasadena, CA: William Carey Library.

Taylor, William D. et al.(Ed.). 2012. *Sorrow and blood: Christian mission in contexts of suffering, persecution and martyrdom*. Globalization of Missions Series.

Viscott, David. 1996. *Emotional resilience: Simple truths for dealing with the unfinished business of your past*. New York, NY: Harmony Books.

Walsh, Froma. 1998. *Strengthening family resilience*. New York, NY: The Guilford Press.

Warschaw, Tessa Albert, and Barlow, Dee. 1995. *Resiliency: How to bonce back faster, stronger, smarter*. New York, NY: Master Media Ltd.

Wolin, Steven J., and Wolin, Sybil. 1993. *The Resilient self: How survivors of troubled families rise above adversity*. New York, NY: Villard Books.

멤버 케어 웹사이트

1. Global Member Care Network. www.globalmembercare.com - 글로벌 멤버 케어 네트워크(GMCN)는 모든 수준의 크리스천 멤버 케어 실무자들에게 자료를 제공하고, 그들을 구비시키며, 국제적으로 연결하기 위해 존재한다. 이곳은 전문가 공동체로서 상호간의 배움과 훈련, 나눔이 일어나는 곳이다. 이는 하나님의 나라를 확장하고 그의 이름을 영화롭게 하고 높은 기준을 세워 멤버 케어 사역을 개발하는 데 헌신하고 있다.

2. Mobile Member Care Team. www.mmct.org - 트라우마에 관한 전단지와 '코뮤니케이션' 항목 아래 위기상담, 전환기, 타문화 사역자, TCK, 부부, 갈등해소 등의 주제들에 관한 자료를 포함하고 있다. 일차적으로 기독교 타문화 사역자들을 위한 것이나 다른 이들에게도 적실하다.

3. China Member Care Team. www.chinamembercare.com/en - 중국어와 영어로 된 중국인 사역자를 위한 자료

4. Headington Institute. www.headington-institute.org - 구제/선교 사역자들이 겪는 스트레스와 트라우마의 여러 측면에 관한 아주 유용한 글들. 무료로 다운로드할 수 있는 온라인 훈련 모듈을 포함하고 있다. 트라우마성 스트레스, 여행과 재입국 스트레스, 국내 스태프 지원, 대리 트라우마 등 광범위한 주제를 다루고 있다.

5. Mental Health Resources for Cross Cultural Workers(Ron and Bonnie Koteskey) www.crossculturalworkers.com - 타문화 이슈에 대한 무료 e-books를 포함하고 있다.

6. Global Connections, UK. www.globalconnections.co.uk - 일차적으로 기독교 단체들을 위한 웹사이트. '최고의 단기 선교 실천 규약'을 포함해서 해외 구제 사역과 관계된 많은 글을 담고 있다.

7. Barnabas International. www.Barnabas.org - TCK를 위한 재입국 세미나, 디브리핑, 무료 리트릿, 타문화 사역자를 격려하는 편지 등에 관한 정보

8. Families in Global Transition. www.figt..org - 자녀들과 가정에 관한 유익한 자료

9. Interaction International. https://www.interactionintl.org/home.asp "TCK와 국제적으로 움직이는 가정들을 위한 오늘날의 목소리." "TCK의 대부"로 알려진 데이비드 폴록 박사가 창설한 기관으로 성인 TCK의 삶에 초점을 맞춘 계간지 Among Worlds를 발행하고 있다.

10. International Critical Incident Stress Foundation. www.icisf.org-이 기관의 사명은 포괄적 위기개입 사역에 리더십, 교육, 훈련, 컨설테이션, 지원 서비스를 제공하며, 범세계적인 위기대처 전문직들과 여러 단체 및 공동체에게 재난행동건강서비스를 제공하는 것이다.

11. Member Care Media. www.membercareradio.com-Trans World Radio의 사역 중 하나. 미디어를 활용하여 기독교 타문화 사역자들을 격려하고 향상시키며, 지상명령을 성취하도록 그들을 더욱 잘 구비시키는 일을 한다.

12. Care and Counsel International. http://careandcounsel.org. CCI-선교로서의 돌봄과 상담에 관한 케이프타운 선언(2010)에 기초해 일하는 기관-그리스도를 좇아 사람들을 돕는 자들의 세계적 조직으로서 모임과 개발, 동원에 초점을 맞추고, 상담, 심리학, 정신의학, 사회복지, 영성 지도, 목회적 돌봄, 결혼과 가족 치료, 코칭, 위기 개입, 트라우마 치료, 외상 후 스트레스 등의 분야를 포함한다.

CCI는 주로 공동체의 리더들과 사역자들과 팀을 만들고 동반자관계로 일하는데, 사람들의 피부색, 인종적 배경, 종교적인 신념, 사회경제적인 신분, 정치적 관점과 상관없이 어려움에 처한 이들에게 영적이고 심리적인 돌봄과 상담을 제공하려는 기관이다.

선교사 멤버 케어 핸드북

초판 1쇄 인쇄 2016년 7월 21일
초판 2쇄 발행 2022년 5월 9일

지은이 로라 매 가드너
옮긴이 백인숙·송헌복

펴낸이 정선숙

펴낸곳 협동조합 아바서원
등록 제 274251-0007344
주소 경기도 고양시 덕양구 항동로 DMC플렉스데시앙 B동 1523호
전화 02-388-7944 | **팩스** 02-389-7944
이메일 abbabooks@hanmail.net

ⓒ 협동조합 아바서원, 2016

ISBN 979-11-85066-58-5